Christoph Kloft (Hg.)

... und mittendrin der Westerwald

Geschichten und Geschicke in Europas Mitte
Blickpunkte zwischen Mainz und Köln,
Rheingau und Siebengebirge

Christoph Kloft (Hg.)

... und mittendrin
der Westerwald

Geschichten und Geschicke in Europas Mitte
Blickpunkte zwischen Mainz und Köln,
Rheingau und Siebengebirge

Aus den Veröffentlichungen
von Hermann Josef Roth

paulinus

Impressum
Die Deutsche Bibliothek – CIP-Einheitsaufnahme
Die Deutsche Bibliothek verzeichnet diese Publikation
in der Deutschen Nationalbibliografie;
detaillierte bibliografische Daten sind im Internet
unter http://www.dnb.ddb.de abrufbar.

© Alle Rechte vorbehalten
Paulinus Verlag GmbH
Maximineracht 11c, 54295 Trier

1. Auflage 2008
Werkstattbeiträge zum Westerwald Nr. 19
Konzeption und Gestaltung: Adriana Walther
Satz & Herstellung: Adriana Walther
Druck & Weiterverarbeitung: Krüger druck, Dillingen/Saar
ISBN 978-3-7902-1627-1
www.paulinus.de

Grußwort

🍂   Vor nunmehr fünfzig Jahren hat Hermann Josef Roth seine Heimatstadt Montabaur verlassen, aber sie nicht vergessen. Erfolgreich abgeschlossene Studiengänge – zuerst Philosophie und Theologie, dann Naturwissenschaften – und die erstaunliche Laufbahn in Beruf, Wissenschaft und Publizistik haben ihm in Fachkreisen internationalen Ruf verschafft. Dennoch ist ihm seine Westerwälder Heimat ein besonderes Anliegen geblieben.

Dieses Buch trägt nicht etwa berufliche Leistungen vor, sondern zeugt von Begabung und Fleiß eines Amateurs im wahrsten Sinne des Wortes. Das Engagement von Hermann Josef Roth für Naturschutz und Denkmalpflege ist vielfach anerkannt. Darüber hinaus hat er als gern gelesener Autor seine Heimat in ihrer Vielfalt begeistert dargestellt und, wo angebracht, auch kritisch analysiert. Ich begrüße es, dass der Autor und langjährige Wegbegleiter Christoph Kloft eine Anthologie der Beiträge von Hermann Josef Roth für Zeitungen, Magazine und Rundfunksendungen in dieser Form neu herausgibt.

Viele Leserinnen und Leser werden den Verfasser schätzen, weil er dem kulturellen Leben in Rheinland-Pfalz wertvolle Impulse vermittelt hat. An dieser Stelle sei nur erinnert an seine Verdienste auf dem Gebiet der Kunstgeschichte des Mittelalters und der klösterlichen Kulturlandschaftsforschung, an die wissenschaftliche Auswertung von Leben und Werk des Naturforschers Maximilian-

Prinz zu Wied oder an Bemühungen um das interdisziplinäre Gespräch zwischen Natur- und Geisteswissenschaften, wie sie etwa in seinen Studien zur Bauplastik und mittelalterlichen Botanik ihren Niederschlag gefunden haben. Unvergessen sind auch die von ihm angeregten und fachlich begleiteten Ausstellungen, darunter „Rheinische Zisterzienser im Spiegel der Buchkunst" 1998/99 im Landesmuseum Mainz.

Nicht zuletzt hat Hermann Josef Roth einen besonderen Bezug zur Entstehung unseres Landes Rheinland-Pfalz: Als Sohn von Heinrich Roth, ehedem Landrat in Montabaur und St. Goar, hat der Junge als Zaungast Gespräche im Vorfeld der Gründung des Landes Rheinland-Pfalz aufgeschnappt. Peter Altmeier war als Regierungspräsident von Montabaur und noch als Ministerpräsident mit seiner Gattin wiederholt Gast der Familie Roth bei familiären und kirchlichen Anlässen.

Ich danke Hermann Josef Roth für alles, was er für Rheinland-Pfalz und seine Kultur geleistet hat. Meine besten Wünsche begleiten ihn. Ihnen, sehr geehrte Leserinnen und Leser, wünsche ich unterhaltsame und lehrreiche Stunden bei der Lektüre dieses Buches.

Kurt Beck
Ministerpräsident von Rheinland-Pfalz

Grußwort

🦋 Der Reichtum eines Landes misst sich nicht nur an seinen Denkmälern und Kunstwerken, an seinem Bruttoinlandsprodukt oder der Anzahl seiner Opernhäuser, sondern auch und vor allem an den Menschen, die in ihm leben, sich wohl fühlen und sich dort engagieren. Dr. Hermann Josef Roth hat sich in den vergangenen Jahrzehnten in vorbildlicher Weise für die Rheinlande eingesetzt. Ein beeindruckendes wissenschaftliches und publizistisches Werkverzeichnis macht deutlich, in welcher Intensität Dr. Roth sich besonders mit der rheinischen Natur- und Landschaftskunde, der Architektur und Kunstgeschichte des Mittelalters, der Kultur des Ordenswesens und dem Naturschutz auseinandergesetzt hat. Viele seiner Anregungen wie etwa der „Kölner Naturführer" als erstes ökologisch orientiertes Grundlagenwerk zur Natur in einer Großstadt setzten Maßstäbe, die in mehreren Fachdisziplinen aufgegriffen und weiterentwickelt wurden.

Sein Wissen stellt er vielen Institutionen und Arbeitsgemeinschaften in ehrenamtlichem Einsatz zur Verfügung. Diese vielfachen und vielfältigen Tätigkeiten haben zu einer Bereicherung des kulturellen Lebens im Rheinland entscheidend beigetragen. Für dieses unermüdliche und andauernde Engagement für Geschichte wie Naturschutz gebührt Herrn Dr. Roth unser aller Dank.

Menschen, die bisher nicht das Glück hatten, persönlich zu erfahren, mit welcher Liebe zur Sache er sein Wissen anderen zuteil werden lässt, anempfehle ich die Lektüre der vorliegenden Anthologie. Ich bin mir sicher, sie bereitet dem geschichts- und naturverbundenen Leser ein profundes Vergnügen.

Jürgen Rüttgers
Ministerpräsident von Nordrhein-Westfalen

Einführung des Herausgebers

🍂 **„… und mittendrin der Westerwald"** ist der Titel dieser von mir herausgegebenen Anthologie. Warum? Nun, die Antwort will ich hier weitgehend schuldig bleiben und sie dem überlassen, um den es hier geht und der sich im Anschluss zu Wort meldet. So viel darf ich aber schon verraten – der in den drei Bundesländern Rheinland-Pfalz, Hessen und Nordrhein-Westfalen gelegene Westerwald war schon immer in vielerlei Hinsicht Drehscheibe und Scharnier. Kreisstadt ist heute Montabaur, und aus diesem Montabaur stammt derjenige, von dem die hier abgedruckten Beiträge stammen und mit dem natürlich auch der Titel abgestimmt wurde: Der Theologe und Naturwissenschaftler Dr. Hermann Josef Roth. Der Gelehrte und Publizist ist weit über Heimat und Wirkungsstätten hinaus bekannt geworden, und man darf sicher behaupten, dass er dadurch auch seine Heimat ein Stück weit bekannter gemacht hat.

Roths ungewöhnlich breites Spektrum an Kreativität und Einsatz wird ergänzt durch sein Bemühen, fachliche Kenntnisse an jedermann zu vermitteln und für die gute Sache zu werben. Seine allgemeinverständlichen Aufsätze, Essays und Bücher, Interviews und Reportagen in Rundfunk und Fernsehen fanden stets lebhaftes Echo in der Öffentlichkeit und regten wiederholt zu neuen Initiativen an. Seine Reportagen in Tageszeitungen und Magazinen wurden von begeisterten Lesern wegen ihres bleibenden Wertes sogar gesammelt. Hermann Josef Roth erntete viel Anerkennung und erhielt hohe Auszeichnungen für sein beachtliches Engagement im ehrenamtlichen regionalen und überregionalen Naturschutz, in der Denkmalpflege, im Bildungswesen und in der wissenschaftlichen Forschung. Dazu gehört auch sein umfangreiches, in zahlreichen Aufsätzen und Buchveröffentlichungen vorliegendes Werk. Es ist nicht nur die Anzahl der Titel, die dabei beeindruckt, sondern die Tatsache, dass ihm mehrere grundlegende Werke gelungen sind, die immer wieder zitiert werden und ihm sogar international Anerkennung verschafft haben. Im Naturschutz hat Dr. Roth in manchem Pionierleistungen vollbracht. Die Bonner Oberbürgermeisterin nannte ihn zu gegebenem Anlass einen „führenden Vertreter des Naturschutzes in Nordrhein-Westfalen." Wissenschaftliche und allgemein verständliche Darstellungen vor allem über seine Heimatlandschaft Westerwald nehmen in seinem Werk einen breiten Raum ein. Das Landschaftsmuseum Westerwald wäre nach dem Urteil von Zeitzeugen ohne seine Beharrlichkeit nie zustande gekommen. Auf gründlicher Kenntnis der Heimat aufbauend konnte er Forschungsfelder betreten, die über enge Fachgrenzen hinausweisen. Ich kann nur Begriffe aufzählen wie Mittelalterliche Botanik, Klostermedizin, klösterliche Kulturlandschaften, monastische Architektur und Kunst sowie überseeische Forschungsreisen.

Als Autorenkollege, Journalist und Wegbegleiter habe ich vor einiger Zeit den Gedanken an ihn herangetragen, einige der wichtigsten seiner Aufsätze zusammenzustellen und anlässlich seines 70. Geburtstages in einer Anthologie zu veröffentlichen. Zu meiner Freude sagte er nach kurzer Bedenkzeit zu – natürlich unter der Voraussetzung, dass hier die Sache und nicht die Person im Vordergrund stehen soll. Wir einigten uns darauf, dass die geplante Anthologie nicht allein im Sinne einer Hommage gedacht sein sollte, sondern auch als Beitrag zur Belletristik, Landeskunde und Heimatpflege. Insofern sollte sie literarische Erwartungen ebenso erfüllen wie die von Regionalforschung und Heimatkunde. In Zusammenarbeit mit Vereinen und Heimatforschern habe ich dann begonnen, die Texte zusammenzutragen mit dem Ziel, das Beste daraus als Buch zu veröffentlichen.

„Der Westerwald, ein Notstandsgebiet?" Damit fing vor 35 Jahren alles an. Nach stillen Studienjahren und ersten wissenschaftlichen Erfolgen wagte Hermann Josef Roth, der Öffentlichkeit unbequeme Fragen vorzulegen. Das eindrucksvolle Echo sprach für sich, und ein Rechtsanwalt beim Oberlandesgericht Köln schrieb damals: „Ich wollte Ihnen für Ihren guten Aufsatz danken. Meine Familie und ich sind große Freunde des Westerwaldes … und haben keine Sehnsucht nach Spanien oder sonst wie ins Ausland zu gehen." Seitdem ist die Stimme von Dr. Roth aus der Diskussion über die vielfältige Wirklichkeit der Landschaft Westerwald nicht mehr wegzudenken. Nicht nur über die flüchtigen Botschaften von Hörfunk und Fernsehen, sondern noch mehr in den strenger nachprüfbaren Printmedien hat Hermann Josef Roth seine Forschungsergebnisse, Analysen, Erfolgsberichte und Kritiken zu fast allen Facetten der Wirklichkeit rechtsrheinischer Mittelgebirge mitgeteilt. Seine erste wissenschaftliche Arbeit galt Architektur und Kunst der Abtei Marienstatt, mit der er „etwas grundlegend Neues geschaffen" habe, wie Staatsarchivdirektor Prof. Dr. Struck 1968 in den Nassauischen Annalen schrieb. Das legte den Grundstein für eine wissenschaftliche Karriere als Ordenswissenschaftler und Kunsthistoriker. Auf die Monographie Marienstatt folgten Bücher über den Altenberger und den Kölner Dom. Der Baustein der Abteien und Dome interessierte auch als Schöpfung der Natur. Geologie, Mineralogie und Paläontologie von Westerwald, Sieg und Lahn hat Roth in Wort und Bild wissenschaftlich exakt und doch allgemein verständlich geschildert. Den Biologen fesselten besonders Fauna und Flora seiner Heimat. Eine erste Handreichung zur Naturkunde des Westerwaldes (1973) – die erste überhaupt – regte viele an, sich näher mit der Natur des Westerwaldes zu beschäftigen, wie unlängst der Botaniker Prof. Eberhard Fischer bekannte.

Ein Lieblingsprojekt war die Westerwälder Seenplatte, der er eine Monographie – wiederum die erste überhaupt – gewidmet hat (1973). Dort stieß Roth auf eine historische Gestalt, der die ersten faunistischen Beobachtungen im Westerwald (1841) zu verdanken sind: Maximilian Prinz zu Wied. Dieser bedeutende Naturforscher wurde weltberühmt durch Forschungsreisen nach Brasilien und Nordamerika. Leben und Wirken dieser Persönlichkeit hat Roth nie mehr losgelassen und ihm international Anerkennung verschafft. Hermann Josef Roth gehört zur aussterbenden Spezies der Universalgelehrten und ist damit ein ganz besonderer Autor. Schon seine Ausbildung erfolgte in zwei Phasen. Nach dem abgeschlossenen Studium der Philosophie und Theologie, einem praktischen Jahr in der Gemeinde- und Jugendarbeit studierte Hermann Josef Roth Physik, Chemie und Biologie. In seiner Person vereinigen sich in selten glücklicher Fügung Beruf und Berufung als Theologe, Lehrer, Wissenschaftler, Regionalkundler und Naturschützer.

Er hat sich bewährt in Forschung und Lehre, auf Kanzel und Katheder, in akademischen Zirkeln und Wanderclubs. Roth engagierte sich in Heimatvereinen und Umweltaktionen. Im Berufsleben betreute er vor allem Jugendliche, aber auch lange ein Altersheim. Ein Schüler schreibt: „Herr Dr. Roth ist ein Meister in seinem Fach, ohne Frage, und seine Fähigkeit, abstrakte Theorien mit alltäglichem Jargon zu erklären, ist unübertrefflich."

Ehe er sich äußert, recherchiert er so gründlich wie möglich. Das Studium geht immer der Belehrung voraus. Studienordnungen und Lehrpläne empfand er nicht immer als hilfreich. Diese Einsicht wandelte er ins Positive um und wagte neue Wege zu beschreiten.

„Der Mensch ist des Menschen erster und vorzüglichster Lehrer." Dass dieser Satz von Johann Gottfried von Herder völlig zutreffend ist, beweist die Person von Hermann Josef Roth. Er, der Sohn des Nazi-Verfolgten Heinrich Roth, hat diese Erfahrung aus seiner Kindheit aktiv verarbeitet und in seine Veröffentlichungen einfließen lassen. Es geht ihm nicht nur um das reine Vermitteln von Wissen, um rein fachliche Anliegen, sondern immer auch um den humanitären Gedanken. Schon dies allein machte die Zusammenstellung dieser Anthologie für mich so reizvoll. Dabei hatte ich natürlich auch dem Wesen des Autors Rechnung zu tragen: Hier soll kein Denkmal gesetzt werden, hier soll kein markanter Schlusspunkt unter ein großes Lebenswerk gesetzt werden, hier soll einfach einmal innegehalten werden auf einem eindrucksvollen Wege, der hoffentlich noch lange kein Ende nimmt.

Erfahren Sie mehr über Geschehnisse in Europas Mitte, über Bücherwürmer und Ausreißer, Glücksritter und Pechvögel, Gotteskrieger, Hexen und Warlords, Gottesstaat auf sanfte Art, den Todessturz des Indianers, ein geistliches Mistbeet und die letzten Schandtaten der Gestapo. Schauen Sie unter die langen Dächer, bedauern Sie jene, „die in der Kneipe sterben" oder von des Korsen Gnade lebten, hören Sie die Kindesklage: „Sie haben Papa geholt".

Holen Sie sich Antwort auf die Fragen: Warum kamen die Römer nicht bis Montabaur? Wo hat der Abt die Mitra her? Der Westerwald, wo liegt der eigentlich? und: Wäller – gibt's die?

Und so dürfen wir alle von den Schriften Hermann Josef Roths profitieren. Dies war die eine meiner Antriebsfedern als Herausgeber. Hinzu kommt aber noch eine andere, und ich darf dazu Cicero bemühen, der da einst die richtige Einsicht verlauten ließ: „Keine Schuld ist dringender als die, Dank zu sagen."

Mit der vorliegenden Anthologie möchte ich Hermann Josef Roth Dank sagen – dies war mein zweiter Beweggrund! Ich wollte mit dieser Arbeit ein wenig von der Schuld bei ihm abtragen, die sich bei uns, seiner Leserschaft, seit Jahrzehnten aufgehäuft hat!

Ich wünsche Ihnen viel Spaß bei der Lektüre!

19

Christoph Kloft

„Mittendrin" – wieso?

🦋 Nun, Geographen hatten errechnet: Die Mitte der Europäischen Union liegt im Westerwald, bei Großmaischeid (2004). Hier schmiedeten Männer wie Konrad Adenauer (seit 1935: Rhöndorf) und Walter Hallstein (seit: 1968 Rennerod) die Gemeinschaft der „sechs". Mit den Grenzen verschoben sich nur rechnerisch die Mittelpunkte. Auch die Rheinschiene blieb zentraleuropäische Hauptverkehrsachse. Petersberg und Bonn behielten internationale Bedeutung. Auch die Mitte der alten Bundesrepublik lag hier, bei Rennerod. In der Rhöndorfer Konferenz wurden 1949 die Weichen für deren erste Regierung gestellt. Im rechtsrheinischen Schiefergebirge bildet der Westerwald zwischen Taunus und Bergischem Land geographisch sowieso die Mitte. Geologen lehren, dass innerhalb des gewaltigen Faltengebirges des Erdaltertums der Bereich des heutigen Westerwaldes annähernd die Mitte zwischen französischem Zentralmassiv und Sudeten einnimmt.

Die Randlage innerhalb der drei rheinischen Kurstaaten des Alten Reiches wird unversehens zum Mittelpunkt, wenn man die Interessensphären von Trier, Mainz und Köln abschätzt. Sie treffen und überlappen sich zwischen Main und Sieg. Politische und wirtschaftliche Kräfte haben die Region zur Drehscheibe von Handel und Wandel werden lassen. Mehr als alles andere haben Straßen das Profil der Region bestimmt. Die modernste von ihnen, die ICE-Trasse zwischen Köln und Frankfurt zieht über das rechtsrheinische Gebirge, und die Züge halten mittendrin – in Montabaur. Wer hier daheim ist oder von hierher kommt, für den bleibt dies sowieso die Mitte, die Herzensmitte vielleicht. Das lässt sich nicht weiter begründen: „Wes das Herz voll ist, des gehet der Mund über." Also lassen Sie mich erzählen! (Matth. 12, 34 / Et abundantia cordis os loquitur.)

Begrenzt und nichtssagend war das Wort, als es vor 950 Jahren zum ersten Mal fiel. Westerwald – damit meinte eine Haigerer Urkunde (1048) den Wald westlich vom Herborner Fiskus um Marienberg, Emmerichenhain und Neukirch. Zäh klebte die Bezeichnung am Hohen Westerwald. Mal enger, mal großzügiger verstanden, hat der Name sich erst vor etwa 100 Jahren für den Großteil der Landschaft zwischen Lahn und Sieg durchgesetzt. Seit hier Menschen leben, haben sie die Region zum Durchgangsland für den europäischen Fernverkehr entwickelt. Mehr als je zuvor ist heute der Westerwald dem Zugriff von außen ausgesetzt. Die südlichen Nachbarn Lahntal und Taunus scheinen ein besseres Bild abzugeben. Die Lahn, einst Ziel kurtrierischer, kurmainzischer und hessen-thüringischer Expansion, markiert eine Kulturlandschaft eigener Prägung. Taunus gar taucht bereits im römischen Schrifttum auf. Doch blieb die Anwendung des Begriffes vage. Man redete einfach von der Höhe. Bad Homburg vor der Höhe heißt es noch heute. Bergisches Land bezeichnet die Machtsphäre der Grafen von Berg, die bis zum Siebengebirge und in den Niederwesterwald reichte. Als Landschaft erscheint dieser Raum zwischen Sieg und Wupper eher als niedrige Vorstufe zum Sauerland.

Die Erzbischöfe von Köln, Mainz und Trier haben als Kurfürsten und Landesherren die Geschichte nachhaltig geprägt. Kurtrier hat Teile von Westerwald und Taunus politisch und kulturell zusammengeführt. Sein Erbe trat für einige Jahrzehnte das Herzogtum Nassau (1803–1864) an, dessen Grenzen sich teilweise mit denen des Bistums Limburg decken. Innerhalb derselben gab es bis 1945 den Regierungsbezirk Wiesbaden. Noch bei der Neuordnung der Bundesrepublik Deutschland diskutierte man aufgeregt über das Schicksal der „vier nassauischen Kreise" St. Goarshausen, Unterlahn, Ober- und Unterwesterwald. Zusammengeschlossen zum Regierungsbezirk Montabaur im neu geschaffenen Land Rheinland-Pfalz mochte eine Option für Hessen theoretisch offen bleiben. Diese historischen Klammern sind noch immer wirksam. Neben dem kurtrierischen ist der rheinische Einfluss, wie er durch Kurköln ins Rechtsrheinische vermittelt worden ist, prägend. Bis heute gehören Pfarreien der Kreises Altenkirchen im Westerwald und an der Sieg zum Erzbistum Köln. Marienstatt und Ehrenstein, herausragende Kulturstätten des Westerwaldes, sind durch und durch rheinische Schöpfungen. Schließlich meldet sich im Rheingau und Südtaunus der kurmainzische Einfluss zu Wort, der dort allenthalben unübersehbar ist. Das alles hat über die Monotonie des rechtsrheinischen Schiefergebirges, die nur gebietsweise vulkanische Bildungen gemildert wird, eine Decke an vielfältigen Schöpfungen menschlicher Kultur ausgebreitet. Mächte von außen haben aufregende Schicksale erleiden lassen, aber auch zum Guten verholfen. Das alles ist es dann, was zur Beschäftigung mit den Landschaften zwischen Rheingau und Bergischem Land reizt, wo mittendrin nun einmal der Westerwald liegt.

Hermann Josef Roth

Blick über den Rhein

- 🦋 **Da kreuzen sich alle Pfade** *Pisten und Chausseen*
- 🦋 **Terror belli** *Schlachtfeld Westerwald*

1.1 Da kreuzen sich alle Pfade
Pfade, Pisten und Chausseen

❦ „Überfall in der Hermolder" – Die alte Schlagzeile macht deutlich, dass Reisen damals kein Vergnügen war. Schon gar nicht über die Mittelgebirge, die man auf gerader Linie möglichst rasch hinter sich zu bringen suchte. Gerade nach den Koalitionskriegen trieben um die Jahrhundertwende in den rheinischen Mittelgebirgen Räuberbanden ihr Unwesen. Ein Fuhrwerk, etwa auf der Steilstrecke in der Hermolder bei Großholbach, hatte bei einem Überfall einfach keine Chance. Wer unterwegs war, der war dazu gezwungen: als Händler auf dem Weg zur Messe in Frankfurt oder Leipzig, als Söldner auf dem Marsch zur Schlacht, als Pilger auf dem engen Pfad zum Himmelreich. Immerhin endete mit der Enthauptung des Schinderhannes am 8. Juni 1802 in Mainz die am Rhein wohl bekannteste Räuberkarriere. Von dem Balzar von Flammersfeld sei an anderer Stelle die Rede.

Den Pligerweg konnte man abkürzen. Wer es nicht nach Rom, Santiago oder Jerusalem schaffte, dem boten sich im Mittelalter Alternativen auch in der Heimat. So strebten Pilger nach Hilgenroth oder Marienstatt im Westerwald und nach Fischbach im Taunus. Nach der Reformation erloschen manche dieser Stätten, andere wurden neu gestiftet wie Beselich, Hadamar, Meudt und Salz im Westerwald, Nothgottes im Rheingau. Lange blieb die Wallfahrt vielen denn auch einziges Ventil für Abenteuer und Reiselust, die nun einmal im Menschen schlummern.

Sehen wir ab von den Scharen Namenloser, die sich über die Hohe, Leipziger, Eisen- oder Rheinstraße, Ahr- und Hühnerstraße quälten. Kutschen mit mehr oder weniger Geleit transportierten ja auch manche Prominenz über Berg und Tal. Eigentlich schade, dass niemand Gästebücher geführt hat!

Das imaginäre „Gästebuch" enthielte als frühen Eintrag Bonifatius, der von der Mosel her nach Amöneburg zog, später als Bischof von Mainz nach Fulda. Noch seinen Leichnam (†754) schleppte man über die Berge, woran eine Kapelle in Kriftel erinnern soll. Überhaupt waren Mönche auffallend oft mit allerlei Geschäften unterwegs. Eingetragen wäre der ersten „Chronist" unserer Heimat, Cäsarius von Heisterbach (ca. 1180–1240), auf dem Weg vom Siebengebirge nach Hachenburg und Hadamar. Sein Kollege aus Eberbach musste über den Taunus

1.2   Terror belli[1]
Schlachtfeld Westerwald

🍃   Wenn es im Westen Deutschlands gekracht hat, dann meistens auch im Westerwald. Und man sieht es noch. Schon der Limes war ja bestimmt keine Friedensgrenze. Doch lange vor den Römern stritten bereits Menschen zwischen Lahn und Sieg um Jagdgründe und Lagerplätze.

Nachrichten aus der Vor- und Frühgeschichte sind lückenhaft. Aber manchmal künden Indizien von Waffengeklirr. So erfahren wir von dem aus Mitteldeutschland anrückenden Rössener Volk, das bereits im dritten Jahrtausend vor Christus die bei Limburg und Koblenz ansässigen Bandkeramiker aggressiv überfremdete. Keltische und germanische Fluchtburgen (Ringwälle) gehören zur ältesten Ausstattung der Kulturlandschaften Berg, Westerwald und Taunus. Reste sind zu finden vom Bergischen Land bis zum Hochtaunus, angefangen von der riesigen Erdenburg bei Bensberg über die Wälle auf dem Petersberg bis zu denen auf dem Altkönig. Im Westerwald stößt man auf solche bei Leuterod (Malberg), Neuhäusel (Fichtenkopf), Sainerholz (Herzholz) oder Stein-Wingert. Viele wurden bereits im 4. Jahrhundert vor Christus, während der La-Tène-Zeit angelegt. So verschieden sie zeitlich oder anlagemäßig im Einzelnen auch sein mögen, sie verraten, wie friedlos es hier zuging.

Seit dauerhafte Pisten und Wege die uralten Siedlungsgebiete um Koblenz-Neuwied und Köln-Bonn einerseits, Limburg und Weilburg-Wetzlar andererseits miteinander verbanden, brachten sie auch Unruhe und Bedrohung ins Land. Von den Vorstößen der Römer einmal abgesehen dürfte Ludwig der Fromme (814–840) als erster eine reguläre Armee über den Westerwald geführt haben. Von Aachen her zog er in seinem letzten Jahr über die „Leipziger Straße" gen Hersfeld.

Die Fernwege mussten für Handel und Heer wirkungsvoll geschützt werden. Wohl schon in der Merowingerzeit entstanden befestigte Etappenstationen, die später (z. B. Montabaur) durch Burgenbauten abgelöst wurden. Sie garantierten Sicherheit auf der Straße, steckten Machtsphären ab oder besorgten beides, wie etwa Burg

---

[1]   *Terror belli, decus pacis* (Schrecken des Krieges, Zierde des Friedens). Inschrift des französischen Marschallstabes.

Hartenfels. Viel seltener aber, als uns Kinofilme oder Ritterromane weismachen wollen, waren sie Schauplätze von Kriegshandlungen.

Eher Ausnahme ist die „Grenzauer Fehde" (1347), bei der es auch um den Besitz der gleichnamigen Burg ging, wobei sich die verbündeten Westerwälder Adelsfamilien gegen die Machtpolitik des Trierer Erzbischofs auflehnten und dessen Heer durch einen listigen Überfall vernichteten. Doch drei Jahre später hatte sich Erzbischof Balduin (Baldewin) auch in Grenzau wieder durchgesetzt. Dafür blieb seine Belagerung der Hachenburg vergeblich. Sayn und andere Westerwälder Dynasten konnten so die trierische Expansion begrenzen.

Schon zuvor im Verlauf der Dernbacher Fehde soll eine Burg dieses Namens eine Rolle gespielt haben. Aber wie im Gerangel um Grenzau ging es um die Macht der Lokalgrößen gegenüber dem Landesherrn. Hier nun handelt es sich um eine fast hundertjährige Auseinandersetzung (bis 1333) zwischen dem Haus Nassau, mehreren Rittergeschlechtern und den Landgrafen von Hessen. Zankapfel waren die Besitzrechte an Herborn und um die „Herborner Mark". Die Ritter von Dernbach und die Herren von Bicken, trugen die Hauptlast der Fehde. Dadurch verzögerten sie lange den Übergang der Territorialherrschaft in diesem Raum an Nassau. Erst im Dreißigjährigen Krieg erlebte die Bevölkerung flächendeckend, was neuzeitliche Kriege bedeuten. Den traurigen Höhepunkt bildete das Jahr 1635, als die Franzosen Burg Grenzau und Sporkenburg zerstörten und Osnabrücker Truppen Hachenburg belagerten.

Während der Koalitionskriege (seit 1792) wogten viermal Kriegsgeschehen über den Westerwald. Den Rheinübergang dirigierten die Revolutionsgenerale von der Anhöhe über Weißenthurm. Das Denkmal, heute im Besitz der NATO, erinnert nicht nur an Geschichtliches, sondern von seinem Sockel aus überblickt man weit das Neuwieder Becken bis zur Montabaurer Höhe. Einer ihrer Gipfel (546 m) heißt Alarmstange, weil unter Napoleon hier ein Signalmast errichtet wurde (1809), mit dessen Hilfe weitreichende Kommandos ausgesandt werden konnten. Die Schlacht bei Altenkirchen ist sogar am Arc de Triomphe in Paris eingraviert. Die französischen Invasionstruppen starteten ihre Operationen von den Beckenlandschaften bei Neuwied und Siegburg aus.

Napoleons Ende wurde unter anderem auch im Westerwald generalstabsmäßig vorbereitet. Am 12. November war General Blüchers Hauptquartier in Westerburg. Vom 26. bis 29. November hatte General St. Priest vom 8. Korps der Schlesischen Armee das Hauptquartier der 11. Division in Montabaur, dann auf Ehrenbreitstein. Regimentsangehörige der 11. und 17. Division biwakierten in 45 Orten des heutigen Westerwaldkreises. Als in der Neujahrsnacht 1813 Blücher in Kaub den Rhein überschritt, setzte gleichzeitig St. Priest seine Truppen von hier aus in Marsch.

Vom Ersten Weltkrieg wurde unsere Heimat wie auch fast das ganze übrige Reichsgebiet nur indirekt berührt. Danach war es aber kein Zufall, dass gleich zwei der rheinischen Brückenköpfe, nämlich Koblenz und Köln, Teile des Westerwaldes umfassten (1919–1929).

Die Brücke von Remagen steht noch heute für das siegreiche Vordringen der Alliierten über den Rhein (1945). Viele Marschbewegungen der US-Army erinnern verblüffend an die Taktik französischer Revolutionsgeneräle.

Spätestens hier wird man fragen, warum es gerade den Westerwald immer wieder erwischt, wenn es ernst wird. Die geopolitische Lage im Fadenkreuz der europäischen Fernwege hat seit dem Mittelalter die Landschaft zwischen Lahn und Sieg geradezu prädestiniert. Die hochmodernen Transportmittel, die das Mittelgebirge im Stundentakt überwinden, ändern nichts daran, eher im Gegenteil. Nur die Art des Krieges dürfte sich wandeln, wie dies ja auch in der Vergangenheit ständig geschehen ist.

2

Sanctus
episcopus

Anno
coloniensis

Blick ins Land

Erzbischof Anno von Köln mit Modellen seiner Klostergründungen, darunter Siegburg (Miniatur um 1200)

2.1 Der Westerwald – wo liegt der eigentlich?

Erdkunde zum Einstieg

❦ Ja, wo liegt er eigentlich? Nähme man es genau, läge die Kroppacher Schweiz nicht im Westerwald. Schelderwald und Hörre aber gehören dazu, mögen manche auch noch so hartnäckig die Dill als „Ostgrenze" bezeichnen. Wo der Westerwald beginnt und endet, entscheidet sich eben nicht am Stammtisch, sondern an natürlichen Gegebenheiten. Zunächst muss klar sein, wovon die Rede ist. Dreierlei mindestens verbirgt sich unter dem Namen: 1. ein Naturraum, 2. der historische Begriff und 3. eine Planungs- und Wirtschaftsregion. Letzteres ist schnell ausdiskutiert, weil dabei „Westerwald" verwaltungstechnisch verstanden und je nach Zweck ausgelegt und angewendet wird.

Als geschichtlicher Begriff, wie er 1048 erstmals begegnet, umfasst Westerwald kaum die heutigen Verbandsgemeinden Rennerod und Bad Marienberg. Gut 400 Jahre später zählten schon die Diezer Pfarreien Hundsangen und Nentershausen „zum Westerwalde". Ein Katzenelnbogener Landschreiber fühlte sich 1429 für Hadamar und Ellar „uffme Westerwalde" zuständig. Der Kaiser schrieb 1547 unbekümmert weite Teile südlich der Lahn dem Westerwald zu, während ein Geograph des 17. Jahrhunderts die Grafschaft Wittgenstein einbezog. Und vor etlichen Jahren warben Plakate für den Fremdenverkehr im Westerwald mit Schloss Crottorf.

Anders als das Bergische Land bildete der Westerwald nie eine politische Einheit. Der „Westerwäldische Kreis" im 17. Jahrhundert war bloß ein Zusammenschluss der Grafschaften Wied, Sayn und Leiningen-Westerburg. Und der heutige Westerwaldkreis deckt nur Teile dieser Landschaft ab. Seine Verwaltungsgrenze greift über den von der Geographie gezogenen „Kreis" hinaus bis ins Sieggebiet und in die Randzonen des Limburger Beckens.

So kommt man also nicht weiter, denn die Namen wechseln mit dem Bedarf. Verlass ist nur auf die Natur. Ja, Berge und Wasserscheiden bilden Grenzen, große Flüsse verbinden. In alter Zeit waren sie mitunter die einzigen Verkehrswege, und ihre Ufer bevorzugte Siedlungsplätze. Rhein, Lahn und Sieg bilden eigene Landschaften, denen sich Bergisches Land, Eifel und Taunus anschließen. Der Westerwald ist von Natur aus Teil des Rheinischen Schiefergebirges. Von den Ardennen bis zum Rothaargebirge bildet es den Westteil der Mittelgebirgsschwelle zwischen Mainzer Becken und Niederrheinischer Bucht. Das Rheintal als selbständige Groß-landschaft zerlegt seinerseits den Gebirgsblock. Der Mittelteil des Ostflügels heißt Westerwald – ein „Gebirge im Gebirge". Mehr ist nicht drin! Von Natur aus je-denfalls.

Über die Flüsse kamen Menschen und Kultur zu uns. Lange schon vor den Römern war der Rhein ein Handelsweg. Die Seitentäler von Lahn und Sieg wurden später einbezogen. Der Sieg entlang baute das Erzstift Köln seinen Einfluss aus. Von der Mosel her zogen trierische Missionare die Lahn hinauf, woran die Legende von Lubentius erinnert. In den Flusslandschaften entstanden jene Siedlungen, von denen aus allmählich das hinderliche Waldgebirge erschlossen und überwunden worden ist. Bis heute blieb im Grunde diese Abhängigkeit von den Tälern ringsum bestehen. Städte wie Neuwied, Betzdorf oder Limburg liegen also keineswegs im Westerwald. Die Tallandschaften von Rhein, Lahn und Sieg greifen durch ihre Ne-bentäler dafür weit in das Mittelgebirge hinein. Augenfällig ist das bei der Neu-wieder Talweitung, dem Limburger Becken und der Köln-Bonner Bucht, durch die – Einfallstoren gleich – Autobahnen und Fernstraßen bergan ziehen. Nicht so deutlich erscheint auf den ersten Blick das Ausgreifen der Täler von Lahn und Sieg, etwa über Gelbach und Nister, in unseren Raum. Darin liegt der Grund, warum die Kroppacher Schweiz nicht zum Westerwald gerechnet wird, sondern zum Mit-telsieg-Bergland. Andererseits greift der „geografische Westerwald" stellenweise weit über jene „Grenzen" hinaus, die Touristikvereine der Natur diktieren möch-ten. Selbst manche Schulatlanten unterschlagen dabei den Ostteil des Schiefer-birges jenseits der Dill. Ähnlich wie die Wied, der längste Fluss im Westerwald, ist die Dill zu klein, um noch eine trennende Großlandschaft auszubilden. Anderer-seits ist ihr Talbereich weit genug, um seit jeher Verkehrswege aufzunehmen und Siedlungsplätze zu bieten. So kann sie als Teilraum des Westerwaldes den Übergang vom Oberwesterwald zum Gladenbacher Bergland vermitteln. Nach Oberflä-chengestaltung und Höhenlage lassen sich von Osten nach Westen leicht fünf Teil-räume unterscheiden: Gladenbacher Bergland, Dilltal, Hoher Westerwald, Ober- und Niederwesterwald.

Das gemeinsame Fundament verbindet unsere Heimatregion eng mit den Nach-barn im Schiefergebirge und schafft verblüffende Ähnlichkeiten. Nur mit der Eifel teilt sie eine Besonderheit: Ausgedehnte Decken von Basalten und ähnlichen Gesteinen verhüllen streckenweise den Untergrund. Sie erzählen von vulkanischen Aktivitäten entlang einer Linie von den Dauner Maaren bis zum Vogelsberg.

So gesehen mag man Eifel und Westerwald als „Geschwister" verstehen, denen der Vulkanismus das Merkmal einer so geologisch verstandenen Verwandtschaft verleiht. In ähnlichem Verhältnis zueinander stehen Hunsrück und Taunus, denen vulkanische Erscheinungen abgehen, die sich karge Bodenverhältnissen und eine dementsprechend schwächere Besiedlungsdichte teilen.

Viele „Westerwalde" also gibt es. Die meisten Definitionen sind mehr oder weniger willkürlich, eine davon falsch, nämlich die gebräuchlichste: Der Westerwald läge zwischen Rhein, Lahn, Sieg und Dill und diese Flussläufe bildeten seine „Grenzen". Das sollte man schleunigst vergessen!

2.2   Wald im Westen – Wald in Resten
Wald und Forst zwischen Lahn und Sieg

🍂   „Feindschaft" zwischen Menschen und Wald „ist heute noch überall da zu spüren, wo gesiedelt wird, wo es den Bauern an Land fehlt und wo Techniker planen und bauen", findet Herbert Schmidt (1973), der die Wald- und Forstgeschichte unserer Gegend erforscht hat. Der gewaltige Kahlschlag, den allein drei Autobahnen (A3, A45, A48) und die ICE-Trasse erforderten, bestätigt ihn.

Zwiespältig war schon immer da Verhältnis zum Wald. Wenngleich Mythen und Märchen, Sagen und Legenden in alter und neuer Zeit vom „finstern Tann" raunten, so sangen sie nicht minder häufig das Lob des „lieblichen Haines" und des „lichten Waldes". Einen Westerwald, der Heimatkundlern zufolge „ursprünglich fast geschlossen mit Laubwald bedeckt" war, hat es hier wohl nie gegeben.

Nachdem Alemannen und Verbündete Mainz – schon damals unsere Landeshauptstadt – besetzt hatten (406), räumten die letzten römischen Garnisonen am Mittelrhein (Koblenz, Andernach) ihre Quartiere. Das Sagen hatten jetzt die Franken, ein „Aktionsbündnis germanischer Stämme". Ihre Losung könnte ähnlich wie „go west" gelautet haben. Nach dem endgültigen Abzug Roms waren als erste die Mittelgebirge rechts des Rheines ihrem Zugriff ausgeliefert. Der Limes verkam, Römerstädte und Kastellplätze verödeten.

Der „Normalfranke" lebte lieber auf dem Land. Ortsnamen mit Grundworten wie -heim (Bladernheim, Moschheim) oder -dorf (Driedorf, Elgendorf, Rengsdorf) dürften in dieser Zeit entstanden sein.

Der Ausbau der Wohnplätze im Wester-Wald – also diesem Wald im Westen – wurde unter Merowingern, Karolingern und Ottonen (6.–11. Jh.) verstärkt. Ungehemmte Waldnutzung durch Ausholzen, Jagd oder Schweinemast muss schon damals als bedenklich empfunden worden sein. Jedenfalls verordnet die Satzung für die Landgüter der fränkischen Könige dabei Einschränkungen. Von einer planmäßigen Forstwirtschaft kann im Mittelalter jedoch keine Rede sein. Weltlichen und auch geistlichen Landesherren ging es in der Regel mehr um Jagd und Wild als um Holz. Doch erst seit dem 10. Jahrhundert setzten Rodungswellen größeren Stils ein. Aus dem Westerwald wurde Ackerland. Viele Dörfer nennen sich seitdem ganz waldgerecht -scheid (Bannberscheid, Hillscheid, Liebenscheid, Sainscheid), -hain (Emmerichenhain, Zinhain) und –ha(i)hn (Ebernhahn, Langenhahn, Siershahn, Weidenhahn) oder Baumbach, Eichenstruth, Schönerlen, Kammerforst, Sainerholz und Waldmühlen.

Schon im Mittelalter ist der Westerwald kein Hochwald mehr! Ortsnamen geben Auskunft: Struth bezeichnet je nachdem Buschwald oder Sumpf. Püschen kommt von Busch, Stockum von Baumstumpf. Jede geeignete oder verfügbare Fläche wurde beweidet oder kam unter den Pflug.

Industrie und Verkehrserschließung leiteten eine neue Rodungswelle (Ende 13. Jh.) ein, die im Grunde bis heute andauert. Zu den Getreide- und Ölmühlen (vgl. Hintermühlen) gesellten sich seit dem 15. Jahrhundert auch Eisenhütten und -hämmer. Für sie wurde von Köhlern massenhaft Holzkohle erzeugt, was entscheidend zur Entwaldung beigetragen hat. Die Standorte der Kohlenmeiler lassen sich oft noch heute nachweisen, wodurch das ganze Ausmaß dieses Industriezweiges samt seinen Folgen spürbar wird. Flurbezeichnungen künden gelegentlich von alten Industrien wie Kalk(h)ofen an der Lahn (1361) und die Wüstung Schmiedingen (1432) bei Steinen. Eher haben indes Verkehrsanlagen ihren Niederschlag in Ortsnamen gefunden. Die Furten des Mittelalters (Illfurth an der Nister, 1329) wurden durch Brücken modernisiert (Lautzenbrücken 1583, Brückenrachdorf, Brükkenmühle am Elbbach bei Niederzeuzheim, 1589).

Enorm war der Bedarf an Bau-, Werk- und Brennholz. So ein prächtiges Bürgerhaus in Montabaur oder Hachenburg benötigte für Ständerbau und Dachstuhl mindestens zwölf Eichenstämme. In die riesigen Dächer der Abteigebäude von Marienstatt sind Unmengen wertvollsten Holzes verbaut. Wissenschaftliche Untersuchungen konnten nachweisen, dass die betreffenden Bäume zum Teil schon im 13. Jahrhundert gefällt worden sind.

Seit dem 14. und 15. Jahrhundert verschlang das Eisenhüttenwesen im Wiedischen und Siegerländer Bergbaubezirk Massen an Holz und Holzkohle. Mit dem „Plentern" (= Plündern) war es vorbei. Später sollten „Waldordnungen" (z. B. Westerburg 1746) die Restbestände schonen helfen.

Alte Landkarten wecken fast den Eindruck, als sei gegen Ende des 14. Jahrhunderts der Westerwald dichter besiedelt gewesen als heute. Viele der dort eingetragenen Weiler und Dörfer sind wieder untergegangen. Man spricht von „Wüstungen". Sie scheiterten an der unbesonnenen Ausbeutung von Boden und Wald, fielen herrschaftlicher Siedlungspolitik zum Opfer oder erlagen dem Sog der Städte Montabaur, Westerburg, Hadamar oder Limburg. Nicht zuletzt aber forderten schon damals betriebsame Fernstraßen ihre Opfer. In deren Nähe hatten Hofleute und Kleinbauern oft genug das Nachsehen, wenn die äußere Sicherheit nicht mehr gewährleistet war oder wirtschaftliche Konkurrenz zum Aufgeben zwang. Urkunden melden dies bestenfalls zwischen den Zeilen. Zum Beweis bleiben nur Indizien. Sie zeichnen Westerwald und Taunus als Drehscheibe des Fernverkehrs, geprägt von Waldrodung und Landesausbau. Sie melden eine recht hohe Instabilität für jede Form der Niederlassung. Zudem müssen die Karten kritisch gelesen werden. Jeder Namenseintrag suggeriert die Vorstellung eines Dorfes. Aber allzu oft handelt es sich nur um Gehöfte oder winzige Weiler. Schon deshalb darf man nicht von einer damals insgesamt höheren Bevölkerungsdichte ausgehen.

Wiederholt haben Forscher den „Wüstungsquotient" für einzelne Landschaften von Westerwald und Taunus errechnen wollen. „Die letzte Hochrechnung" für den Hohen Westerwald kommt zu einem „Ortschaftsverlust" von 27 Prozent, also mehr als ein Viertel der im Mittelalter hier bestehenden und namhaft bekannten Siedlungen ist wieder verschwunden.

Dabei lasteten die Zwänge, die von Klima und Bodenbeschaffenheit, von Verkehrslage und Handelsbeziehungen ausgingen, keineswegs nur auf den so genannten kleinen Leuten. Die Mönche von Heisterbach, die seit 1215 im Westerwald ein Zisterzienserkloster gründen wollten, hätten schon nach sieben Jahren das Vorhaben beendet. Der Graf von Sayn wies ihnen sozusagen in letzter Minute jene Stelle im Nistertal zu, wo heute noch das Kloster Marienstatt steht. In dessen Annalen ist übrigens nachzulesen, dass auch anderswo ihre Brüder regelrecht umherirrten, ehe sie endgültig die geplante Abtei einrichten durften. Das gilt für die beiden Stammklöster von Marienstatt – Himmerod in der Eifel und Heisterbach im Siebengebirge – ebenso wie für das berühmte Kloster Eberbach im Rheingau und dessen Tochterkloster Arnsburg in der Wetterau, erst recht für Haina bei Marburg.

Wo Siedlungen nicht gleich wüst gefallen sind, hemmte das Waldland nicht selten ihre Entwicklung. Obwohl Driedorf (1305), Weltersburg (1314), Nordhofen (1357) und Liebenscheid (1369) sogar Stadtrechte erworben hatten, konnten sie diese nicht dauerhaft nutzen und sind bis heute Dörfer geblieben. Reste einer Stadtbefestigung erinnern in Driedorf wenigstens an den rührenden Versuch, mit den großen Nachbarn gleichzuziehen.

Seit dem 14. Jahrhundert regte sich verhalten eine Gegenströmung. Aus heutiger Mentalität möchte man fast sagen: Immerhin – „Schützer und Nützer" schienen sich zögernd die Hand zu reichen, wenn vielleicht auch nur nach dem Motto: Einschlag ja, Kahlschlag nein!

Im 17. und 18. Jahrhundert setzt eine gezielte Forstpflege ein, deren Erfolge durch den rücksichtslosen Holzeinschlag während der napoleonischen Wirren allerdings zunichte gemacht wurden. Das Herzogtum Nassau (1806–1866) organisierte erstmals eine straffe Forstverwaltung, die auch über die Gemeindeforsten Aufsicht führte. Die bei den Bauern beliebte Waldweide, der Eintrieb von Vieh also, wurde eingeschränkt oder ganz unterbunden.

Dem nassauischen Regierungsrat Wilhelm Albrecht gebührt das Verdienst, den Hohen Westerwald, wo einst der Name Westerwald geprägt worden war, wieder zu einem Waldland gemacht zu haben. Wegen des Holzbedarfs der Industrien im Siegerland und Sayntal lag er damals völlig entwaldet und litt unter starker Erosion. Seit 1837 ließ der herzoglich-nassauische Forstmann Reihen von Fichten anpflanzen, die wie grüne Riegel gegen den Wind standen. Die Dörfer Hohenroth und Homberg waren besonders stark dem Wind ausgesetzt und lieferten sozusagen den Modellfall für den „Generalkulturplan" der Regierung. Salzburg, Nieder- und Oberroßbach, damals ohne jeden Schutz gegen Windeinwirkung, folgten (um 1840).

Vom höchst gelegenen Dorf des Westerwaldes, Stein-Neukirch (638 m) an der Bundesstraße zwischen Rennerod und Haiger (B54) oder von nahe gelegenen Galgenberg (649 m) aus gesehen, entfaltete sich die Szenerie einer sanft gewellten Hochfläche, die von Streifen dunkelgrüner „Schutzhecken" geprägt ist. Stellenweise kehrte der Wald zurück, wo Landwirtschaft nicht mehr lohnte und Brachflächen aufgeforstet wurden. Geschlossene Hochwälder erhielten sich dort, wo die Ungunst der Böden keine andere Nutzung zuließ, wie der Quarzituntergrund der Montabaurer Höhe, den die Römer noch gemieden hatten, wo aber im Mittelalter kleine Dörfer, wie z. B. Lippersberg, entstanden. Beim Waldauf- und -ausbau spielen jedoch die Eigentumsverhältnisse eine ausschlaggebende Rolle. In den so genannten vier nassauischen Landkreisen Unter- und Oberwesterwald, Unterlahn und St. Goarshausen (1956) war immerhin ein Drittel der Fläche von Wald bedeckt. Der größte Teil davon aber war Gemeindeeigentum. Das hatte geschichtliche Folgen und wirkt bis heute nach. Prächtige Hochwälder konnten sich vor allem dort entfalten, wo der Landesherr auf sein Eigen achtete wie die Trierer Kurfürsten auf der Montabaurer Höhe oder die Fürsten zu Wied im Dierdorfer Forst. Manchmal erreichte man das Ziel sogar in Ablösung alten Gemeinschaftsbesitzes der Bauern (Markwald), wie es das Haus Nassau im Usinger Land betrieben hat. Heute sind wir für diese „grünen Lungen" dankbar. Sie werden unter dem Etikett „Naturpark" für Erholungszwecke, Landschafts- und Naturschutz gemanagt. Gegenwärtig zählen wir deren vier: Rhein-Taunus (1968), Nassau (1963), Rhein-Westerwald (1962) und Bergisches Land (1973). Das Siebengebirge soll folgen (ca. 2008). Der Westerwald ist wieder Waldland!

2.3   Romerike Berge
Nachbar Bergisches Land

🦋   Auf den kleinen Unterschied kommt es hier an! Gewiss ist die Landschaft zwischen Rhein, Ruhr und Sieg auch bergig. Bergisch indes wurde sie durch die Grafen von Berg, die im 11. und 12. Jahrhundert in diesem Raum ihre Vorherrschaft ausbauen konnten. Bergisches Land ist also ein historischer Begriff.

Dessen ehemalige Grenzen umfassen zwei natürliche Landschaftsteile. Im Westen ist es das Rheintal mit seinen Uferterrassen, die dann ostwärts zum ausgedehnten bergischen Bergland überleiten. Dieses stellt im Grunde nur den Westabfall des Sauerlandes dar. Außer den beiden prägenden Hauptlandschaften werden im Süden Teile des Siegtales und des Siebengebirges von den historischen Grenzen erfasst und die Nordabdachung des Westerwaldes berührt. Offenbar um Ausgleich bemüht, haben Wissenschaftler beide Gebirgsteile unter dem Kunstnamen Süderbergland zusammengefasst.

Gegenüber dem verwandten Sauerland, aber auch im Vergleich mit Eifel und Westerwald, ist das Bergische Land landschaftlich weniger aufregend. Es fehlen die hochragenden Höhen des östlichen und die bizarren Vulkanrelikte der südlichen und westlichen Nachbarn. Es ist eher eine „bucklige Welt", der unser Besuch gilt. Dafür mutet sie aber auch ausgeglichener oder, wer will, lieblicher an.

Vor über 300 Millionen Jahren entstand aus Ablagerungen eines Meeres, das damals das Rheinland bedeckte, das heutige Gestein, das den Sockel des gesamten Rheinischen Schiefergebirges bildet. Es sind hauptsächlich Grauwacken, Tonschiefer oder Kalke. Darin eingeschlossen findet man allenthalben Reste der einstigen Fauna und Flora, vor allem Muscheln, Schnecken, Armkiemer (Brachiopoden), die merkwürdigen Seelilien (Crinoiden) und Korallen. Als das Meer nach Norden abfloss und das Land freigab, tat sich nichts mehr. Nur Niederschläge und Wind modellierten fortan die Erdoberfläche.

Allerdings begannen vor etwa 30 Millionen Jahren Rheingraben und Niederrheinische Bucht einzusinken, wodurch Eifel und Bergisches Land voneinander getrennt und erst zu eigenständigen Landschaftsteilen innerhalb des Mittelrheingebietes geworden sind.

Auch die geschichtliche Entwicklung verlief im Wesentlichen ohne dramatische Zuspitzung. Zwar trieben sich hier schon in prähistorischer Zeit primitive Jäger herum, deren Skelettreste man im vorigen Jahrhundert (1856) entdeckt hat. Aber es war noch nicht der heutige Mensch, der in den Kalkhöhlen des Neandertales bei Düsseldorf hauste. Dessen erste Spuren lieferte vielmehr ein 1914 freigelegtes Doppelgrab in Bonn-Oberkassel, in dem Menschen aus der jüngeren Altsteinzeit beigesetzt waren.

Träger der „Urnenfelder-Kultur" der jüngeren Bronzezeit und dann Kelten drangen wohl in unser Gebiet ein. Doch noch die Römer betrachteten das Land an Wupper und Sieg bestenfalls als Aufmarsch- und Durchzugsgebiet für ihre Legionen. Zu sehr verwehrten ausgedehnte Urwälder die dauerhafte Besiedlung der Höhenlagen und verwiesen den Menschen auf die natürlichen Siedlungskammern in den Flussniederungen. Mancherorts im Wald verborgene Überreste alter Wallanlagen dienten wohl lediglich als Fliehburgen. Wenige nur reichen in vorchristliche Zeit zurück, viele entstanden erst im Mittelalter.

Franken und Sachsen legten die ersten ständigen Siedlungen an, nachdem die Römer im Jahre 456 Köln an die ripuarischen Franken verloren hatten.

Mit der Niederwerfung der Sachsen durch Karl den Großen verlor der Rhein seinen Grenzcharakter. Die Karolinger organisierten zentralistisch ihr Reich, das durch Gau- und Pfalzgrafen verwaltet wurde. Doch sank deren Bedeutung in unserem Raum wieder. Das war d i e Chance, für die Kölner Erzbischöfe ebenso wie für die kleinen Adelsgeschlechter auf dem Lande! Eines davon war die Grafen von Berg, deren Stammburg im Dhünntal als unbedeutender Hügel übrig blieb. Dieser „alte Berg" wurde 1133 Mönchen zur Klostergründung überlassen, nachdem man eine neue Burg zwischen Remscheid und Solingen über der Wupper erbaut hatte.

Erst 1059 werden die Grafen von Berg urkundlich fassbar. Doch schon hundert Jahre danach hatten sie fast den gesamten Raum zwischen Rhein, Ruhr und Sieg in ihre Hand gebracht. Um 1160 wurde ihr Territorium geteilt. Im Osten entstand die spätere Grafschaft Mark. Diesseits der späteren Grenze zwischen dem Rheinland und Westfalen bildete sich nun die Grafschaft Berg aus.

Gegenüber solchen Emporkömmlingen wie den Grafen von Berg oder linksrheinisch den Grafen von Jülich dominierte allerdings der Kölner Erzbischof. Seine

Haltung war für den König wie für das Domkapitel, in dem der einheimische Adel Sitz und Stimme hatte, gleichermaßen wichtig. Gegenüber den Kandidaten des Königs konnten gelegentlich auch solche des Adels durchgesetzt werden, darunter vier Erzbischöfe aus dem Hause der Grafen von Berg: Bruno II. (1131–1137), Friedrich II. (1156–1158), Bruno III. (1191–1193), Adolf I. (1193–1205, 1212–1216) und Engelbert der Heilige (1216–1225).

Die Amtszeit des letzteren markiert einen einsamen Höhepunkt in der bergischen Geschichte. Der ungewöhnlich begabte Mann gewann als letzter männlicher Angehöriger seines Familienclans die Grafschaft Berg, als sein Bruder, Graf Adolf, 1218 auf dem Kreuzzug starb. Er war nun Erzbischof von Köln, Graf von Berg und außerdem Herzog in Lothringen und Westfalen. König Friedrich II. bestellte ihn überdies zum Reichsverweser in Deutschland und übertrug ihm die Vormundschaft über den Kronprinzen Heinrich.

Den Machtzuwachs nutzte der Erzbischof zielstrebig zum Nutzen seiner Herrschaftsgebiete. Er hatte allerdings auch allerhand wieder gutzumachen! Im vorangegangenen Reichsschisma, bei dem auch das Erzbistum gespalten war, verdiente sich der „Heilige" die Bezeichnung „Räuberhauptmann", als er mit plündernder Soldateska durchs Land zog. Damals noch Dompropst, traf ihn sogar der Bannfluch des Papstes, gegen den er sich auf die Seite der Staufer geschlagen hatte. Aus dieser unseligen Vorgeschichte löste sich Engelbert und wurde zu einem klugen und umsichtigen Reichsverweser. Eine Belanglosigkeit kostete ihn vorzeitig das Leben. Im alltäglichen Streit zwischen einem Kloster und dessen Schutzvogt, nämlich Stift Essen und Graf Friedrich von Isenburg, suchte er wie so oft zu vermitteln. Der erzürnte Isenburger überfiel 1225 den Erzbischof zwischen Gevelsberg und Schwelm in einem Hinterhalt und tötete ihn. Seither bestieg kein Graf von Berg mehr den Kölner Bischofsstuhl. Von da an verharrte Berg eher als „Statist in der deutschen Geschichte". Die Hintergründe der Ermordung Engelberts werden unterschiedlich beurteilt. Sicher hat sich der tüchtige Erzbischof Feinde geschaffen, als er der Willkür des Landadels entgegentrat, Recht und Ordnung nach kölnischer Vorstellung durchsetzte, dabei aber auch Vorteile für seine Stammlande erwirkte. Sicher dürfte ihm auch seine Karriere viel Neid beschert haben. Die heutige Bevölkerung hat die dunkle Vergangenheit vergessen. Um Engelberts Bild rankt sich längst die Legende. Sein Herz ruht im Altenberger Dom.

Das Haus Limburg begründete eine neue Dynastie der Grafen von Berg. Die Grafschaft geriet zunehmend in Gegensatz zum Erzstift Köln, das sich unversehens zwischen das Herzogtum Limburg und die Grafschaft Berg eingeklammert und beim Zutritt zu seinen östlichen Besitzungen behindert sah. Als 1280 das Haus Limburg ausstarb, trat Graf Adolf V. von Berg seinen Anspruch an Herzog Johann I. von Brabant ab, der eine Vormachtstellung am Niederrhein anstrebte. Das widersprach der aggressiven Territorialpolitik der Kölner Erzbischöfe. Erzbischof Siegfried von Westerburg wusste zwar die Grafen von Geldern, Luxemburg und Nassau auf seiner Seite, doch stand ihnen eine Koalition zwischen dem Herzog von Brabant, den Grafen von Berg, Mark und Jülich sowie den Kölner Bürgern entgegen. Bei Worringen kam es 1288 zu einer fürchterlichen Schlacht. Bergische Bauern erfochten unter dem Schlachtruf „Heia, romerike Berge" die Entscheidung und schleppten den Erzbischof gefangen auf Schloss Burg. Unter anderem erpresste man die Abtretung der Vogteien Werden und Deutz an Berg. Im gleichen Jahr erhielt Düsseldorf Stadtrechte. Das Erbe der bergisch-limburgischen Regenten trat 1348 Graf Gerhard I. von Jülich an, der außerdem die Grafschaft Ravensberg bei Bielefeld in die Herrschaft einbrachte. Der Sohn Gerhards I. erlangte die Herzogwürde und erhob Düsseldorf zur Residenz. Nachdem sich Jülich schon 1423 von Geldern getrennt und mit Berg vereinigt hatte, leitete eine Erbfolgefrage gegen Ende des Jahrhunderts eine Umstrukturierung der Herrschaft ein. Herzog Johann III. von Kleve-Mark, seit 1510 mit Maria von Jülich-Berg vermählt, konnte 1521 die alleinige Herrschaft über die vier Herzogtümer antreten. Ein Territorium von beachtlicher Wirtschaftskraft war entstanden.

Im Zeitalter der Reformation übten zunächst die Humanisten einen erstaunlichen Einfluss am Düsseldorfer Hof aus: Der Arzt Johann von Weyer, Gegner der Hexenverfolgung, Konrad von Heresbach, Gründer eines bedeutenden Gymnasiums, und Gerhard von Mercator, Mitbegründer der modernen Geographie, zählten zu den bekanntesten humanistisch Gebildeten der Residenz. Besonders Konrad von Heresbach dürfte die Herzöge zu ihrer in konfessionellen Dingen eher abwartenden Haltung bewegt haben.

Allenthalben bildeten sich evangelische Gemeinden. Von großer Bedeutung wurde der aus Buscherhof bei Lüttringhausen stammende Adolf Clarenbach, der als Prediger das Land durchzog. Doch 1529 wurde er in Köln verhaftet und wie der Student Peter Fliesteden auf dem Scheiterhaufen hingerichtet. Mit Peter Loh begann 1552 ein anderer bedeutender bergischer Reformator seine Tätigkeit. Bald warben niederländische Emigranten auch für den Calvinismus, der seit etwa 1560 in Elberfeld eine Hochburg besaß. Der katholische Glaube verschwand fast völlig aus dem Bergischen Land.

Mit dem geistig labilen Herzog Johann Wilhelm I. erlosch 1609 der männliche Stamm des Hauses Jülich-Cleve-Berg und damit bereits die vierte bergische Dynastie. Wie früher schon entbrannte ein Erbfolgestreit, der 1614 durch den Vertrag von Xanten beendet wurde. Dieser teilte die herzoglichen Territorien auf zwischen dem Kurfürsten von Brandenburg und dem Pfalzgraf von Pfalz-Neuerburg, die beide Erbrechte geltend machten, wobei Jülich-Berg letzterem zufiel. Ähnlich wie im Kölner Erzbistum stand nun auch das Bergische Land etwa zweihundert Jahre lang unter dem Einfluss der Wittelsbacher. War soeben noch durch den Xantener Vertrag die Gefahr eines Erbfolgekrieges gebannt worden, so taumelte das Bergische Land wie ganz Deutschland vier Jahre später in die Wirren des Dreißigjährigen Krieges. In dem Durcheinander versuchten die Erben des Hauses Berg, ähnlich wie die anderen rheinischen Fürsten, eigene Interessen neben der großen Politik durchzusetzen. Der Pfalzgraf glaubte, das Bergische Land wieder katholisch machen zu können, wogegen Brandenburg erbitterten Widerstand leistete. Die Gegensätze entluden sich 1651 im „Kuhkrieg von Düsseldorf". Im Hauptvergleich von Kleve (1651) wurden die territorialen Grenzen des Xantener Vertrages endgültig festgeschrieben und die freie Religionsausübung in Berg und den übrigen Ländern garantiert.

Schon während der Glaubenskriege hatte sich ein starker französischer Einfluss im Rheinland bemerkbar gemacht, der sich unter dem Sonnenkönig verstärkte und für die kulturelle Entwicklung des Gebietes von großer Bedeutung werden sollte. Anfangs konnten sich die rheinischen Fürsten aus den Kriegen Ludwigs XIV. heraushalten, wenngleich Jülich-Berg schon im Holländischen Krieg den Franzosen freien Durchzug gewährt hatte. Der Pfälzische Erbfolgekrieg zog auch den in die Erbfolgefrage verwickelten Pfalzgraf Philipp von Jülich-Berg in die Auseinandersetzungen. Von der Politik der verbrannten Erde beim Rückzug der Franzosen blieb Kaiserswerth verschont, das zu deren eigenem Schutz zusätzlich befestigt und verteidigt wurde.

Herzog Johann Wilhelm II., seit 1690 Kurfürst von der Pfalz, Graf von Pfalz-Neuburg und Herzog von Jülich-Berg, schlug sich auf die Seite des Kaisers. Die so errungenen Vorteile verlor er bei Friedensschluss jedoch wieder. Eine weitaus glücklichere Hand bewies „Jan Wellem", wie er im Volksmund noch heute heißt, als Kunstmäzen. Nach seinem Tod wurde die Residenz von Düsseldorf nach Heidelberg verlegt. Jülich-Berg war zu einem Nebenterritorium innerhalb des riesigen Herrschaftsgebietes der Wittelsbacher geworden.

Erst Karl Theodor aus dem Haus Pfalz-Sulzbach zeigte wieder stärkeres Interesse an den niederrheinischen Besitzungen, was im Bau von Schloss Benrath seinen Niederschlag fand. Vielleicht hat ihm seine Abwesenheit zu jener Popularität verhelfen, die bis heute lebendig geblieben ist. Er verschonte ja so seine bergischen Untertanen mit einer kostspieligen Hofhaltung in Düsseldorf. Außerdem genossen sie, weitab von fürstlicher Aufsicht, die Vorteile eines relativ liberalen Regiments.

Die Französische Revolution wurde demnach im Bergischen kaum als Befreier vom feudalen Joch begrüßt. Die pietistisch eingestellten Bevölkerungskreise fanden zudem auch innerlich keinen Zugang zu den Ideen der Aufklärung. Die französische Besatzung in Düsseldorf musste nach dem Frieden von Lunéville (1801) wieder abziehen. Das Herzogtum verblieb im Besitz des Kurfürsten von Pfalz-Bayern. Doch nach den napoleonischen Siegen verzichtete Bayern auf Berg (1805). Der französische Kaiser erweiterte es um klevische Gebiete und übertrug es 1806 seinem Schwager Joachim Murat.

Durch die Rheinbundakte erhielt Berg den Rang eines Großherzogtums und wurde unter anderem um Deutz, Königswinter und Homburg vergrößert. Dem schloss sich später weiterer Gebietszuwachs an der tief auf den östlichen Westerwald übergriff. Seit 1808 wurde Berg unmittelbar von Paris aus verwaltet. Französische Verwaltungspraxis und Rechtsgepflogenheit bewirkten tief greifende, durchaus günstige Veränderungen.

Andererseits zogen die Auseinandersetzungen mit England und Russland allmählich immer spürbarere Nachteile für die expandierende bergische Wirtschaft nach sich. Bald steigerte sich der Unmut und entlud sich Anfang 1813 im so genannten Knüppelrussenaufstand im Bergischen Land. Ronsdorf und Solingen gelangten zeitweilig in die Hände der Aufständischen. Der Aufruhr erfolgte leider zu früh, noch waren die Befreiungsarmeen der Preußen und Russen zu weit entfernt.

Das zu groß geratene Großherzogtum Berg fiel 1815 an Preußen und wurde auf-gelöst. Es entstand die preußische Provinz Jülich-Kleve-Berg mit der Hauptstadt Köln. Sie umfasste die Regierungsbezirke Köln, Düsseldorf und Kleve. Schon 1822 wurde diese Provinz mit dem preußischen Großherzogtum Niederrhein (Ko-blenz) zur Rheinprovinz vereinigt. Der Anschluss an Preußen brachte vor allem wirtschaftliche Vorteile. Umso spürbarer war der Rückschlag durch den Ersten Weltkrieg. Im Zusammenhang mit den alliierten Reparationsforderungen wurde 1921 auch Düsseldorf besetzt, östlich von Köln war schon vorher ein Brückenkopf gebildet worden. Politische Agitatoren beherrschten zunehmend das Feld, von den Separatisten bis zu Joseph Goebbels, der 1923 in Elberfeld seine berüchtigte Laufbahn begann: „Elberfeld soll das Mekka des deutschen Sozialismus werden". Bald regte sich Widerstand gegen die politische Bevormundung, der besonders aus den freiheitlich gesinnten protestantischen Kreisen erwuchs. In Wuppertal-Bar-men tagte 1934 die konstituierende Synode der „Bekennenden Kirche". Nach dem Zweiten Weltkrieg hat die kirchlichpolitische Tradition fortdauernde Kräfte freisetzen können und wesentlich zur Neugestaltung Deutschlands beigetragen. Diese Kreise verstanden sich als Bollwerk gegen atheistische und – oft arg miss-verstandene – sozialistische Strömungen. In Wuppertal waren Otto Schmidt und Klaus Brauda, in Essen Gustav Heinemann führende Köpfe auf evangelischer Seite. Mit Politikern des früheren katholischen Zentrums riefen sie 1945 eine christli-che Partei ins Leben, die Christlich-Demokratische Union. Anfang 1946 wurde in Opladen die Freie Demokratische Partei begründet. Im jetzigen Bundesland Nord-rhein-Westfalen existiert das Bergische Land nicht mehr als politische Einheit. Darüber wird leicht vergessen, dass dieser Landstrich eines der ältesten hoch in-dustrialisierten Gebiete Deutschlands war und ist. Noch im 19. Jahrhundert wirk-ten gegenüber Barmen oder Elberfeld Orte wie Düsseldorf, Duisburg oder Essen eher kleinstädtisch! Schon um das 11. oder 12. Jahrhundert war im Bergischen die Gewinnung und Verhüttung von Eisenerzen aufgekommen, die etwa seit dem 15. Jahrhundert zu einem tragenden Wirtschaftszweig wurden. Dank des Wasser-reichtums entstanden überall Wasserhämmer und Schleifkotten. Den nötigen Brennstoff lieferten damals Köhler.

Unter Preußen wurde konsequent der Standortvorteil am Südrande des Kohle-reviers genutzt und im Einsatz von Wasserkraft und Dampfmaschine die alten

Techniken weiterentwickelt. Zwischen Ruhr und Wupper verkehrten von Pferden gezogene Kohlebahnen. Zwischen Düsseldorf und Erkrath (1841 bis Elberfeld) fuhr schon 1838 die erste ausschließlich von Dampflokomotiven betriebene Eisenbahn Deutschlands. Textil-, Kleineisen- und Maschinenindustrie sowie die Papierherstellung haben mit ihren Produkten internationale Bedeutung erlangt. Barmen und Elberfeld drangen mit Spezialartikeln wie Bänder, Litzen und Spitzen auf den Weltmarkt. Solinger Klingen errangen Weltruf und überflügelten zum Teil sogar britische Konkurrenz. Erzeugnisse der Kleineisenindustrie von hervorragender Qualität kamen aus Remscheid (Werkzeuge), Cronenberg oder Velbert (Beschläge und Schlösser). Die alte Gohrsmühle am Strunderbach in Bergisch Gladbach wurde zu einem Gütezeichen für erlesene Papiersorten. Die Konzentration der Bevölkerung in den Industriezentren führte jedoch auch zu schweren sozialen Problemen und Konflikten. Diesen versuchten der Barmer Kaufmann Friedrich Engels und der Elberfelder Kaplan Adolph Kolping (Gesellenverein) entgegenzuwirken. Vor solchem Hintergrund versteht man, warum die bürgerliche Revolution von 1848 gerade im Bergischen Land auch deutlich proletarische Züge aufwies. In Elberfeld, Solingen und Lennep kam es sogar zu Angriffen auf Fabriken und Fabrikantenwohnungen. Das fehlende Gespür führender Kreise für ihre soziale Verantwortung darf nicht über die Leistungen des bergischen Unternehmertums hinwegsehen lassen. Bedeutendste Gestalt ist vielleicht der preußische Handels- und Finanzminister der Bismarckzeit August von der Heydt (†1895). Damals wirkten Carl Leverkus (†1889) in Wermelskirchen und Friedrich Bayer (†1880) in Wuppertal. Ihr Werk führte später Carl Duisberg (†1935) aus Barmen weiter. Aus Remscheid kamen die Brüder Mannesmann – um nur einige Namen zu nennen. Daneben haben Land- und Forstwirtschaft durchaus ihre Bedeutung behalten. Guten Ruf hat der Obstbaum um Leichlingen, Neukirchen und Witzhelden. Das Oberbergische wird spöttelnd Haferspanien genannt. Die Lößvorkommen im Schwarzbachtal und um Mettmann sichern hohen Ertrag. Wirtschaftlich hat das Gebiet seinen ersten Platz abtreten müssen, politisch ist es keine eigenständige Größe mehr. Dafür spielt dieser geografische Übergangsraum umso ehrlicher seine bescheidene Rolle, zwischen den Aktivzonen an Rhein und Ruhr und im Münsterland einen ruhenden Pol zu bilden.

Seit jeher kam dem Bergischen Land diese Funktion zu. Die angestammten Volksdialekte spiegeln noch heute diese Situation wieder. Bei Marienheide verläuft die Sprachgrenze zwischen niederdeutsch-sächsisch und oberdeutsch-fränkisch. Die Sülz scheidet dort mitunter streng die Ausdrucksweisen des Volksmundes. So begegnet man an diesem Bach dem Kuriosum, dass ein Ort hüben und drüben verschiedene Namen trägt: Siemeringhausen heißt es diesseits, Siemerkusen jenseits. Solche Gegensätze werden aber immer in bergischem Gleichmut und jahrhundertealter Liberalität bewältigt.

Blickpunkt
Westerwälder mit Mitra und Kurhut zu Köln:
Arnold von Wied (1151–1156)
Siegfried von Westerburg (1275–1295)
Hermann V. von Wied (1516–1546)
Friedrich IV. von Wied (1562–1567)
Salentin von Isenburg-Grenzau (1567–1577)

2.4 Seine vil liebe Stadt
Siegburg und Anno

Von der Autobahn ist er nicht zu übersehen. Weithin beherrscht der Michaelsberg, eine steile Kuppe aus Tuffbasalt, den Ausläufer der niederrheinischen Bucht. Diese zwängt sich hier zwischen die Höhen des Bergischen Landes und des Westerwaldes und ergießt sich in die zuletzt wirren Mäander der Sieg. Eine Burg bildete einst den Mittelpunkt des karolingischen Auelgaues, der im 10. Jahrhundert an die Pfalzgrafen fiel. Als Pfalzgraf Heinrich um 1058 eine Fehde gegen den Kölner Erzbischof verlor, trat jener Mann in der Geschichte von Burg und Siedlung auf oder am Michaelsberg ein, der diesem Gebiet bleibend seinen persönlichen Stempel aufdrücken sollte: Erzbischof Anno II. (1056–1075). Anno wandelte 1064 die Burg in ein Benediktinerkloster um, aus der Sigeburch wurde der Michaelsberg. Was heute als friedliches Tun aussehen mag, hatte damals zugleich höchst irdische Bedeutung. War doch gerade Anno einer der mächtigsten kirchlichen Würdenträger, die sich kurz vor dem Investiturstreit noch sehr ausgeprägt als die eigentlichen Träger des Reiches empfanden. Mit seinen gewaltigen Befestigungen war dieses Kloster nichts anderes als eine Festung und damit Garant erzbischöflicher Gewalt. Nomen est omen, auch hier! Denn St. Michael, der oberste Kriegsheld der Engel, sollte gleichzeitig die Mächte der Finsternis besiegen, die in heidnischer Zeit hier und auf den vorgelagerten Wolsbergen (vielleicht „Wodansberge") ihr Wesen getrieben haben mochten. Er sollte aber ganz konkret den Kampf um die territoriale Vorherrschaft gegen die Landesherren anführen, gegen die Grafen von Sayn auf Blankenberg und auf der Löwenburg, gegen die Grafen von Berg in Bensberg und auf Windeck. Die Pfalzgrafen waren mit als erste dem Expansionsdrang des Erzbischofs erlegen, die anderen Herrschaften vermochten sich zu behaupten. Auch Anno erfuhr seine Grenzen!

Von der frühromanischen Kirche, die Anno 1066 einweihte, blieb nur die 1080 umgebaute Krypta übrig. Wie diese Kirche im Ostbau ausgesehen haben mag, zeigt am besten die von Oberpleis, da sie sich an Siegburg als Vorbild anlehnt. Ausgrabungen haben ergeben, dass es eine dreischiffige Pfeilerbasilika gewesen ist. Deren Chor hatte man 1410 neu aufgeführt und im 17. Jahrhundert gotisierend eingewölbt. Nach einem Brand (um 1649) entstand auch das Langhaus neu, wobei trotz barocker Grundstimmung bewusst auf gotische Gestaltungsweisen zurückgegriffen wurde. Hier bahnte sich bereits jene pseudohistorische Sicht an, die „mittelalterlich" mit „sakral" gleichzusetzen beliebte und unterschwellig bis heute noch lebendig ist. Diese Mentalität leitete noch den Wiederaufbau nach den Zerstörungen des letzten Krieges.

Anno hat allem Anschein nach schon zu Lebzeiten den späteren Kult um seine Person vorbereitet. Jedenfalls befand sich sein Grab außerhalb des Chores im Schiff, wo das einfache Volk ungehindert hinzutreten durfte. Ungeachtet seines Lebenslaufes, der ihn zu einer „der finstersten Gestalten des Mittelalters" stempelt, wurde er 1183 heiliggesprochen. Nun „zur Ehre der Altäre erhoben" gebührte seinen Gebeinen eine vornehmere Grablege.

Vermutlich Nikolaus von Verdun vollendete zu diesem Zeitpunkt einen überaus kostbaren Schrein, der von jetzt an die Reliquien aufnahm. Was der bedeutendste

Goldschmied der damaligen Zeit geschaffen hatte und was als Hauptwerk der rheinisch-maasländischen Kunst Würdigung fand, wurde nach der Säkularisation (1803) teilweise geplündert und eingeschmolzen. Doch auch der Torso wirkt immer noch eindrucksvoll und lässt vielleicht für Augenblicke Blut und Tränen vergessen, die durch Untaten des heiligen Anno vergossen wurden.

Spätmittelalterliche Wehrmauern mit einem Rundturm („Johannistürmchen") umgeben teilweise die heutigen Klostergebäude, die nach dem Krieg in Anlehnung an die zerstörten Trakte des 17./18. Jahrhunderts neu entstanden. Nach Aufhebung des alten Klosters dienten sie als Kaserne, Irrenanstalt und Zuchthaus. Heute leben wieder Mönche darin.

Schon in pfalzgräflicher Zeit schmiegte sich eine Siedlung an den Fuß des damaligen Burgberges. Aber erst Anno führte seine „vil liebe Stadt" zu Wohlstand und Ansehen, wobei er in der ihm eigenen zupackenden Art auch vor Umsiedlungen von Bürgern nicht zurückschreckte und die gesamte Ortschaft kurzerhand seinem Kloster überwies. Indem Anno aber gleichzeitig die so erweiterte Siedlung mit Privilegien überhäufte, so dass sie bereits 1182 Stadtrechte besaß, führte er sich blendend in die Gunst der Siegburger ein.

Eine schon im 10. Jahrhundert von den Pfalzgrafen gegründete Servatiuskirche fiel mit dem Ort an die Abtei und wurde später dieser ganz einverleibt. Etwa seit 1170 begann man mit dem Neubau der jetzigen dreischiffigen Emporenbasilika mit ihrem gewaltigen Westturm. In hochgotischer Zeit baute man den Chor völlig neu, wobei man offenbar den Rat des Kölner Dombaumeisters Arnold (1271) einholte. Erst im 16. Jahrhundert wurde dann auch das Langhaus bis zur gleichen Höhe emporgezogen und mit spätgotischen Gewölben geschlossen. Begleitende Maßnahmen veränderten stärker das ursprüngliche Aussehen der Basilika, das sich nun an ähnliche Bauten in Köln und Koblenz anschloss. Trotz dieser etwas verwickelten Baugeschichte verbinden sich romanische und gotische Elemente harmonisch miteinander. Außer dem alles überragenden Westturm ist Romanik noch in Spuren erkennbar. Die Gotik präsentiert sich wohl am vollkommensten in der Choranlage, die an die des Kölner Domes erinnert. Architekten und Steinmetzen der Dombauhütte übertrugen nämlich die dort entwickelte Aufrisskonzeption und die bauplastischen Ornamente nach Siegburg. Man findet solche Stilelemente etwas bescheidener auch in der ehemaligen Stiftskirche von Vilich wieder.

Eine spätgotische Innenausmalung hat man erneuert. Hochaltar und nördlicher Seitenaltar haben Antependien des 18. Jahrhunderts. Einfach, dennoch eindrucksvoll ist das mittelalterliche Taufbecken (13. Jh.). Die wertvollsten Ausstattungsstücke stellen aber die Heiligenfiguren dar. Die fast lebensgroßen Apostelfiguren fertigte (bis auf zwei später ergänzte Statuen) der bedeutende Steinmetz Tilmann von der Burch (1508–1510) an, der auch in Kloster Marienstatt gewirkt hat. Die Holzfigur einer stehenden Muttergottes soll aus der Hand des nicht minder berühmten Jeremias Geiselbrunn stammen. Beide Meister hinterließen vor allem in Kölner Kirchen ausgezeichnete Werke, die mit denen in Siegburg auffallende Ähnlichkeiten aufweisen.

Die größten Kostbarkeiten aber enthält der Kirchenschatz. Nirgendwo sonst im Rheinland findet man so viele Meisterwerke der romanischen Goldschmiedekunst beisammen wie hier! Der Schrein der Heiligen Mauritius und Innozentius sowie der des hl. Benignus (um 1180/90) befinden sich stilistisch deutlich in Nachbarschaft zum Annoschrein und kommen aus einer Kölner Werkstatt. Der Schrein des hl. Honoratus (Ende 12. Jh.) dagegen ist offenbar in Siegburg angefertigt worden. An den Kirchenschatz der Lambertikirche in Düsseldorf erinnert der Schrein des hl. Apollinaris (1446).

In der zweiten Hälfte des 12. Jahrhunderts entstanden die beiden Tragaltäre des hl. Mauritius und des hl. Gregorius. Aus niedersächsischer Werkstatt kommt der Reliquienkasten des hl. Andreas (Ende 12. Jh.). Die elfenbeinerne Krümme eines Bischofstabes und einen Kamm aus demselben Material soll der hl. Anno benutzt haben.

Nördlich der Servatiuskirche liegt der Marktplatz. An seiner gestreckten Form erkennt man, dass er wie bei vielen alten Städten im Rheinland entlang einer Durchgangsstraße entstanden ist. Dort hielt man nicht nur Waren feil, sondern stellte auch Übeltäter an den Pranger. Das Schandmal ist noch erhalten, ein Pfosten aus Trachyt (14. Jh.), dem man auf zwei Seiten die Gestalt eines Gefesselten eingemeißelt hat.

Die mittelalterliche Stadt schmiegt sich halbmondförmig an den Michaelsberg. Durch Tuchherstellung, Lederbearbeitung, Weinhandel und Steinzeugmanufaktur war sie unter Ausnutzung der annonischen Privilegien rasch zu Wohlstand gelangt. Vom Ende des 12. Jahrhunderts an begann man mit der Befestigung, die

53

erst 1860 abgebrochen wurde. Nur die Ruine eines Rundturmes und ein Rest der Stadtmauer mit zwei Halbtürmen blieben erhalten.

Einige Häuser halten das Andenken an die Stadtgeschichte wach. Wie der Name andeutet, stand anstelle der so genannten Schützenburg (1849) die Stadtburg der Klostervögte. Das „Haus zum großen Winter" an der Ecke Griesgasse/Kirchplatz soll ins 12. Jahrhundert zurückreichen. Das „Haus zum Tannenbaum" in der Holzgasse, das „Haus zum Geyer" und das „Haus zu Arcken" sollen um 1400 erbaut worden sein. Das heutige Amtsgericht ist Geburtshaus des Komponisten Engelbert Humperdinck (1854–1921). Die Friedhofskapelle (1772) gehörte zur ehemaligen Propstei des Klosters. An der Zeughausstraße steht noch jenes Zeughaus, das 1849 Bonner Freischärler unter Führung von Karl Schurz und Gottfried Kinkel zu stürmen versuchten.

Die Aulgasse trägt ihren Namen nach den Töpfern oder Eulnern (Ulnern), die zum Wohlstand der mittelalterlichen Stadt erheblich beigetragen haben. Ihre Siedlung lag in der Vorstadt und war eigens befestigt. Die Produktion dürfte im 12. Jahrhundert begonnen haben. Sie erreichte um 1550 bis 1600 ihren wirtschaftlichen und künstlerischen Höhepunkt. Siegburger Irdenware wurde durch Kölner Exporteure bis nach Skandinavien und auf den Balkan ausgeführt. Gegenüber der Irdenware anderer Herkunft zeichnete sich die Siegburger Ware durch ihre Salzglasur aus. Die Wirren des Dreißigjährigen Krieges mit ihren Folgen veranlassten viele Töpfer zur Auswanderung vor allem in den südlichen Westerwald, wo die Tonvorkommen des „Kannenbäckerlandes" ihrem Handwerk eine neue Grundlage boten. Ganz im Schatten von Stadt und Abtei standen zwei Rittersitze in der Umgebung. An der Straße nach Kaldauen liegt Haus zur Mühlen, das nach einer Klostermühle seinen Namen trägt. Einen Fronhof zu Sieglar, heute ein Troisdorfer Stadtteil, entriss der hl. Anno den Pfalzgrafen und übertrug ihn seinem Kloster in Siegburg. Nur das Kirchenpatronat mussten die Mönche mit anderen, darunter den Herren von Löwenburg, teilen.

Von dem romanischen Bauwerk (um 1150) blieb lediglich der Westturm erhalten. Das Langhaus wurde 1824 durch eine klassizistische Halle ersetzt, wobei man Anregungen aus dem evangelischen Kirchenbau des Barocks aufgriff. Ein romanischer Taufstein (um 1200) und die barocke Kreuzigungsgruppe in Lebensgröße (1763) am Turm verblieben von der alten Ausstattung.

Zum Kirchspiel gehören zwei ehemalige Wasserburgen. Der Rotterhof ist Teil des alten Hauses Rott. Von Haus Broich blieb das Herrenhaus erhalten. Erst 1969 wurde aus mehreren zum Teil alten Orten die Großgemeinde Sankt Augustin gebildet. Im „Haus der Völker und Kulturen" lenkt eine sehenswerte völkerkundliche Sammlung den Blick in die weite Welt. Sie wurde von einer Missionsgesellschaft, die hier ihre Zentrale hat, zusammengetragen, ist aber zurzeit für die Öffentlichkeit geschlossen.

In der Vergangenheit vermehrten die in diesem Raum ansässigen Klöster auf andere Weise ihren Besitz. Wieder einmal muss da Erzbischof Anno an erster Stelle genannt werden, der vom Bonner Cassiusstift die Kirche in Niederpleis erwarb und dem Siegburger Kloster überwies. Sie war einst in Nachbarschaft zu einem Burghof entstanden, der hier den Übergang über die Sieg sicherte.

Anno hat im Vorfeld des Westerwaldes eine hemmungslose Expansionspolitik betrieben, wie es viel später der Trierer Erzbischof Baldewin von Lützelburg (Balduin von Luxemburg, 1285–1354) an der Lahn treiben sollte. Gegen den Willen der Kölner zu hohen Würden gelangt, bemächtigte er sich sogar der Reichsgeschäfte, indem er den Thronfolger aus der Reichszollstätte Kaiserswerth gewaltsam entführte (1062). Die Zeitgenossen kritisierten seine Härte bei der Niederschlagung eines Aufstandes der Kölner (1074) und dass er Verwandte skrupellos auf Bischofssitze hievte. Wie man noch heute ahnen kann, hatten seine Methoden Erfolg. Nur das scheint zu zählen! Im Annolied jedenfalls, einem der ersten literarischen Zeugnisse aus unserer Gegend, wird seine Rolle heilsgeschichtlich verklärt. Seit 1183 ist Anno offiziell ein Heiliger.

2.5 Doch den Nachbar soll man ehren
Lahntal und Taunus

„Im Festgeleit ihrer waldumrauschten Berge kommt sie einher, die liebliche Lahn.
So haben sie die Dichter erkannt und besungen, seitdem Goethes elegischer Wert-
herschmerz an ihren Ufern geweint, Brentanos romantische Liebe auf ihren In-
selchen erblüht war. Eine ganz besonders getönte Heimseligkeit ruht auf diesem
„stillen Fluss der Ruhe", und das deutsche Geschick ist auf ihr lebendiges Wesen
gezogen von den keltischen Zügen bis in die jüngste Vergangenheit."
So versuchte – im Stile seiner Zeit – Albert Henche (1886–1958) das Lahntal zu
charakterisieren. Was uns heute formal nicht mehr so recht gefallen mag, das können wir inhaltlich umso mehr bestätigen.
Die Jubiläen, die man seinerzeit Goethe und jüngst der Elisabeth von Thüringen
widmete, haben die Lahn und die alten Städtchen an ihren Ufern erneut in den
Blickpunkt gerückt. Eine Reise auf oder am Fluss beschwört in der Begegnung
mit historischen Stätten spannungsgeladene Szenen deutscher Geschichte: In Marburg rangen Luther und Zwingli um das rechte Verständnis des Abendmahls, in
Gießen entwickelte der Chemiker Justus Liebig Verfahren gegen die Hungersnöte
zu seiner Zeit, in Wetzlar tagte Jahrhunderte lang das Reichskammergericht, Weilburg war eine der Residenzen des weit verzweigten und zu internationaler Geltung gelangten Hauses Nassau, in Bad Ems probten die deutschsprachigen
Kirchenfürsten den Aufstand gegen Rom („Emser Punktation", 1786), und die
Übergabe einer Depesche im dortigen Kurpark an den Kaiser nahm Bismarck zum
Vorwand, den deutsch-französischen Krieg auszulösen (1870).
Der Zweite Weltkrieg suchte Städte wie Gießen und Nassau in furchtbarer Weise
heim. Doch die meisten Dörfer und Städte behielten ihre historische Bausubstanz
in einem so hohen Maße, dass die alten Ansichten in Fotoalben manchmal fast
als Abbild gegenwärtiger Verhältnisse (1983) angesehen werden könnten. Aber
mehr als die Bombenhagel der Fliegerangriffe forderte die hemmungslose Bauwut
der Nachkriegsjahre hier überall ihre unzähligen Opfer.
Der Taunus fand, anders als sein rauer Nachbar nördlich der Lahn, der Westerwald,
erst spät seinen Namen. Der soll von dem keltischen Wort dun für „Höhe" stam-

men. Die Römer hätten daraus das Land Taunus gemacht, den Nachbarn zwischen Wetterau und Rhein. Später geriet diese Bezeichnung in Vergessenheit, und man redete nur von der „Höhe". Bad Homburg vor der Höhe heißt es ja heute noch.

Viel früher schon, seitdem Menschen an Lahn und Rhein siedeln, haben sie Wege über die Mittelgebirge gebahnt, die wie Barrieren zwischen den Siedlungsplätzen lagern. Manche der uralten Wege haben ihre Bedeutung bewahrt oder gesteigert. Von der Lahn aus wollen wir ihrer Einladung folgen und unsere nostalgisch gestimmte Reise in den Taunus unternehmen. Wir folgen konsequent von Osten, also in der Fließrichtung der Lahn, mehreren dieser Nord-Süd-Verbindungen: Wetterau, Weiltal, Goldener Grund, Hühnerstraße, Aar- und Bäderstraße. Wir steigen unterwegs zum Hochtaunus und wandern über den Einrich, gelangen an den Rhein, zuletzt dann trägt uns der große Strom an die Ufer des Rheingaues und nach Wiesbaden, von wo wir immer wieder die Taunushöhen erklimmen, Aussichten genießen und in den kleinen Orten abseits des geschäftigen Rheintales Einkehr halten.

Zu dem Zeitpunkt, als man die Umwelt mit der Kamera darzustellen vermochte, waren Teile des Taunus wie viele Mittelgebirge noch Notstandsgebiete, während die Badeorte dank ihrer Heilquellen zu internationaler Geltung gelangten. Wiesbaden erhielt als Hauptstadt des Herzogtums Nassau (bis 1866), dann als Sitz der preußischen Bezirksregierung und schließlich als hessische Landeshauptstadt eine zentrale Bedeutung für den ganzen Taunus. Die klimatisch bevorzugten Orte im sonnigen Rheingau oder im waldreichen Hoch- und Vordertaunus konnten sich als Luftkurorte erfolgreich im Fremdenverkehr etablieren. Im Südosten haben neuerdings die Taunusorte die Rolle von Wohnstätten für die Großstadt Frankfurt übernommen. Das alles hat seit dem letzten Viertel des vorigen Jahrhunderts nachhaltige Änderungen der ländlichen Umgebung bewirkt, auf die man bei Betrachtung alter Ansichten fortwährend stößt.

Lahntal und Taunus waren nie Nachbarn, die sich abschotteten. Wie der Westerwald, seit eh und je Durchgangszonen für Jagd- und Sammelpfade, Wander-, Pilger-, Reise- und Handelswege, sind sie stets schicksalhaft miteinander verbunden und aneinander gekettet gewesen. Die uralten Eisenwege der vorgeschichtlichen Menschheit zogen vom Siegerland zum Rhein-Main-Gebiet. Römische Legionäre patrouillierten zwischen Dierdorfer Wald und Taunuskamm. Die Wege

Blick zurück

Reichsgraf Melander von Holzappel (Handskizze: Ferdinand Ebert †)

3.1 Hinter Wachtturm und Palisade
Warum kamen die Römer nicht bis Montabaur?

Sie machten Halt, wo heute Hillscheid liegt. Dabei war der Westerwald schon lange vor den Römern besiedelt. Wege und Trampelpfade führten zu Weilern, Fluchtburgen und Friedhöfen. Ein Vormarsch der Legionen wäre machbar gewesen.

Bodenfunde widerlegen Tacitus. Der sah in Germanien wenig Zivilisation, dafür schaurige Wälder und gefährliche Sümpfe. Die Wirklichkeit war anders. Bereits zur Bronze- und zur Eisenzeit, Jahrhunderte vor Christus also, bewohnten Menschen befestigte Höhen: Dielkopf bei Welschneudorf, Bornkasten bei Nomborn, Malberg bei Moschheim, Schemberg bei Niederahr, oder südlich der Lahn etwa Alte Burg bei Singhofen, Weiseler Höhe bei Katzenelnbogen sowie die „Rentmauern" bei Rod an der Weil und bei Wüstems. Vorgeschichtliche Gräber bei Eitelborn, Heiligenroth, Horbach und Simmern zeugen von einer pietätvollen Bevölkerung. Alle Funde zusammengenommen, muss bereits damals mit einer erstaunlichen Besiedlungsdichte gerechnet werden: Die Römer betraten kein Niemandsland! Der hohe kulturelle und wirtschaftliche Entwicklungsstand der Einheimischen machte erst den Einmarsch der Fremden lohnend.

Den ersten Brückenschlag über den Rhein wagte Gaius Iulius Caesar im Neuwieder Becken (55– 53 v. Chr.). Außer militärischen Vorstößen über den Rhein scheint es auch ernsthafte Versuche einer zivilen Kolonisierung gegeben zu haben, wobei das Lahntal geografisch günstige Voraussetzungen bot. Neben einem Militärlager bei Dorlar hat es inzwischen sichere Hinweise für den Versuch zur Gründung eines Verwaltungsmittelpunktes bei Waldgirmes gegeben, also schon östlich des engeren Westerwaldes. Nach der so genannten Schlacht am Teutoburger Wald (9 n. Chr.), die vermutlich aber am Rande des Wiehengebirges tobte, dürften die Römer die Nase voll gehabt haben.

Als sie viel später die Brücke zwischen Koblenz und Ehrenbreitstein schlugen (49 n. Chr.), mag das vielleicht auch vor dem Hintergrund germanischer Aufstände geschehen sein. Bataker, Usipeter und Chatten (Hessen) hatten die Besatzer Selbstbewusstsein und Schlagkraft der Einheimischen spüren lassen.

Umso dringender wurde die Sicherung der Grenzen des Imperiums. Das schafften die Römer so gut, dass man es bis heute sehen kann. Auf dem einfachen Grenzpfad patrouillierten Legionäre, die von rückwärtigen Stellungen ausrückten. Den ersten Heerlagern (Kastelle) bei Heddesdorf, Niederbieber und Bendorf folgten später ähnliche Anlagen bei Hillscheid, Höhr-Grenzhausen, Neuhäusel und Bad Ems, bei Holzhausen, Kemel und Zugmantel. Ihre Grundrisse sind durch Ausgrabungen bekannt. Man könnte sie nachbauen, so wie es im Taunus mit der Saalburg sehr aufwendig geschehen ist. Die rechteckig oder quadratisch angelegten Kastelle waren von Mauer mit Ringgraben umgeben und oft durch Türme verstärkt. In den achtziger Jahren des ersten Jahrhunderts n. Chr. begann man unter Kaiser Domitian im Vorfeld der Lager mit dem Bau einer geschlossenen Grenzwehr (Limes). Sie nahm ihren Anfang bei Bad Hönningen und zog zunächst entlang der Randhöhen des Westerwaldes, dann mehr landeinwärts bergauf und bergab in Richtung Anhausen, Hillscheid und Arzbach. Zwischen den beiden Kastellen bei Bad Ems überschritt die Grenze die Lahn, um jenseits durch den Taunus weiterzuziehen der fruchtbaren Wetterau entgegen.

Zunächst bildete eine Kette von Wachttürmen die sichtbare Markierung. Sie standen möglichst in Rufweite und waren untereinender durch einen Weg für die Patrouillen verbunden. Meist lagen in ihrer Nähe auch Grenzübergänge und Wege zur militärischen Etappe. Jedes Ereignis im Vorfeld konnte so rasch weitergemeldet und die Streitmacht aus den rückwärtigen Kastellen angefordert werden. Anhand von Bodenfunden und nach Angaben der antiken Literatur hat man einige der Türme rekonstruiert, so am Rhein bei Bad Hönningen, im Wald bei Hillscheid und auf dem Teufelskopf bei Arzbach.

Das System musste im zweiten Jahrhundert unter Kaiser Hadrian verstärkt werden durch fortlaufende Palisaden in der Art, wie sie bei Holzhausen bestaunt werden können. Hartnäckig hielt sich bis in unsere Tage die Bezeichnung „Pfahl" für den Limes, so in der Gegend von Dierdorf und Bad Ems. Selbst in Urkunden des Mittelalters werden Grundstücksgrenzen im Taunus gelegentlich „bis zum Pfahl" (usque ad Phal) definiert. Pohl bei Nassau, Pohlfeld und Pohlbach bei Adolfseck und der Pohlborn, die Quelle des Emsbaches, beziehen alle ihren Namen vom „Heidengraben", wie man ebenfalls bei uns zu sagen pflegte.

Erst in der späten Kaiserzeit erhielt der Limes mit Wall und Spitzgraben seine endgültige Gestalt. Bis um 260 n. Chr. hielt die Anlage militärisch stand, dann wurde sie mitunter bei erbittertem Widerstand der Belagerten geräumt. Ausgrabungen in Niederbieber haben nachgewiesen, dass die Gewalt urplötzlich über die Besatzung hereingebrochen sein muss. Ein Soldat saß noch im Quartier mit dem Wurfspieß in der Hand. In einem verlorenen Fahnenschild steckte eine Waffe fränkischer Herkunft. Heute ist in Waldgebieten wie auf der Montabaurer Höhe der Verlauf des einstigen Wallgrabens stellenweise auf längere Strecken als niedriger Erdbuckel noch leicht zu verfolgen.

Als der Rhein wieder ausschließlich die Grenze zwischen Rom und Germanien bildete, versuchte man noch einmal auf der Westerwaldseite Fuß zu fassen und legte turmartige Kleinkastelle (burgus) an. Das „Alte Kloster" südlich von Rheinbrohl und das „Heidenmäuerchen" bei Engers gehen auf solche burgi zurück. Um das Jahr 370, also recht spät erst, entstand ein solcher Wehrturm auch bei der heutigen Johanniskirche nahe der Lahnmündung. Dieser „Lahnstein" lieh der heutigen Stadt am Rande des Westerwaldes den Namen. Sogar unter dem Kirchturm von Lorch hat man einen solchen burgus vermutet.

Nun war der Limes kein „Eiserner Vorhang", sondern blieb durchlässig. Gelehrte und Heimatforscher haben immer wieder über römische Straßen ins Hinterland spekuliert. Sicher ist, dass bereits die vorrömische Bevölkerung ein Wegenetz über Westerwald und Taunus benutzt hat. Dieses haben die Römer in ihrer Reichweite mitbenutzt und in ihrem Einflussbereich auch sicherer gemacht durch Einrichtung von Posten an markanten Punkten, wie man aus Inschriften im Taunus schließen kann. Als solche „Römerstraßen" werden die Hühnerstraße und die Höhenstraße von Rüdesheim über Espenschied und Lipporn nach Braubach genannt. Über den Westerwald sind mindestens sporadisch über west-östliche Verbindungen vom Koblenz-Neuwieder-Becken aus ins Weilburger Lahntal gezogen, wie Funde vermuten lassen.

Nachdem sich vereinzelt römische Siedler im Rechtsrheinischen niedergelassen hatten, blieben auch Germanen dort weiterhin ansässig, wie Funde bei Gladbach und Heddesdorf belegen. Die militärische Sicherung stabilisierte das Grenzgebiet und schuf Vorteile für beide Seiten, vor allem durch geordnete Handelsbeziehungen. Tauschwaren und Gelder flossen ins Hinterland, was der Fund von Denaren auf dem Millersberg bei Obererbach beweist. Die Einheimischen, hier

65

vorwiegend Sugambrer und Tencterer, boten sicher auch Dienstleistungen an. Sie dienten sogar beim römischen Militär Unter römischem Kommando bildeten sie Hilfsmannschaften (*auxiliarii*), denen langfristig attraktive Vergünstigungen winkten bis hin zu Erlangung des römischen Bürgerrechts. Umgekehrt profitierten die germanischen Völker vom technischen Know-how der Römer und übernahmen neben Errungenschaften einer fortgeschrittenen Zivilisation auch deren Umgangsformen. Trotz allem: Rom rückte nicht vor! Ein Blick auf den merkwürdigen Grenzverlauf dürfte weiterhelfen. Von Bad Ems aus zieht der Limes recht geradlinig in südöstliche Richtung über den Rhein-Taunus. Vom Kastell bei Kemel an schwenkt er ostwärts und folgt der Kammlinie des Hochtaunus. Auf dieser Strecke liegen die Kastelle von Zugmantel, Heftrich, Feldberg und die Saalburg. Von ihnen blickt man hinab zum Rheingau. Innerhalb der Reichsgrenze liegen demnach die seit alters her bekannten warmen Quellen von Schlangenbad, Bad Homburg, Bad Schwalbach, Bad Soden und Wiesbaden (*aquae mattiacae*).

Im Westerwald nun beginnt die Grenze (*caput limitis*) bei Bad Hönningen, genau gegenüber der Mündung des Vinxtbaches (*ad fines*), der die Provinzgrenze von Nieder- und Obergermanien bildete. Der wiederum bezeichnet mit dem Ahrtal zusammen in etwa eine Klimascheide. In seinem weiteren Verlauf folgt der Limes genau dem Höhenkamm zum warmen Rheintal und hält sich später auch landeinwärts immer diesseits der Montabaurer Höhe. Er grenzt deren wenig ertragreiche Quarzitböden aus und schwenkt erst dann zum Teufelskopf oberhalb Arzbach. Von hier folgt er ziemlich genau dem Ostrand der Blei- und Silbererzganges und erreicht dabei die Emser Thermalquellen, die so dem Imperium einverleibt sind. Daraus ist abzulesen, dass die Römer den Grenzverlauf nicht nur unter militärischen Gesichtspunkten planten. Neben den strategisch wichtigen Geländevorteilen achteten sie auch auf die klimatischen Bedingungen und auf die Bodenverhältnisse, die landwirtschaftlichen Ertrag verhießen. Spuren römischer Metallschmelzen im Lahntal und bei Holzhausen auf dem Taunus verraten industrielle Aktivitäten. Der Römersteinbruch am Drachenfels zeugt mit vielfältigen Spuren vom technischen Niveau und der hohen Abbauleistung, mit der die Baustellen am Rhein gut versorgt werden konnten. Nicht zuletzt dachten die Römer an ihr Vergnügen: Warme Bäder mochten Italiener auch damals nicht missen. Da konnte der Westerwald einfach nicht mithalten, der Taunus schon.

Nicht nur Ruinen und Thermalbäder erinnern an die Römer. Auch in unserer Sprache schwingt öfter lateinischer Zungenschlag, von der Applikation (*applicatio*) am Computer (*computus*) bis zum Zitat (*citatio*) aus einem Skript (*scriptum*). Weinbau und Weingenuss war für die Leute in Westerwald und Taunus derart neu, dass sie ihr Vokabular mit neuen Begriffen auffrischten, die wir noch immer verwenden: Wein (*vinum*), Winzer (*vinitor*), Most (*mustum*) oder Keller (*cella*). Damals gab es allerdings hierzulande noch keine Weinberge (*vinea*), sondern nur Weingärten (Wingert = *vinetum*) in ebener Lage, wie sie für Irlich und Gladbach im Neuwieder Becken nachgewiesen sind.

Nicht nur Bonn (*bonna*), Koblenz (*confluentes*) und Köln (*colonia*), Lorch (*loricum*) und Mainz (*moguntiacum*) erhielten damals ihren heute gültigen Namen, sondern auch die „Grenzflüsse" des Westerwaldes Rhein (*rhenus*), Lahn (*laugona*) und Sieg (*siga*) sowie seine Nachbarlandschaften Eifel (*eiffila*) und Taunus (*mons taunus*). Da standen gelegentlich ältere Bezeichnungen Pate oder Lateinisches ist mit einheimischen Begriffen verquickt worden. Nassau, in Westerwald und Taunus stolzer Name eines Adelsgeschlechts, einer Stadt und eines Territoriums, verbindet das lateinische *nasa* (= Fischreise) mit der germanischen Silbe *aha* für Bach oder Rinnsal. Wenn Dorf- und Gemarkungsnamen Weiler oder Weyer lauten, so steckt darin die Bezeichnung für ein römisches Landgut (*villa*) und sein Zubehör (*villaris*).

Dort aber, wo man von „Römerberg" oder „Römerstraße" redet, ist Vorsicht geboten. Da haben Gymnasialprofessoren des 19. Jahrhunderts eine Rombegeisterung entfacht, die nicht immer historisch stichhaltig war. Es vermischen sich in der Volkssage Phantasie und Wirklich, hier aber ganz zu Recht. Wenn demnach westlich der Lochumer Heide bei Totenberg nächtens die Geister gefallener Sugambrer gegen römische Legionäre zu fechten scheinen, so beleuchtet die Szene durchaus geschichtliche Erinnerungen an Strafexpeditionen über den Limes hinaus tief in den Westerwald. Nach der Sage vom „Waffenfeld" östlich von Höhn nahe Schellenberg und Neustadt soll sogar Cäsar persönlich, ausnahmsweise mal mit den Chatten verbündet, die Sugambrer in blutigem Gefecht bis in ihre Schlupfwinkel auf dem Stöffel und dem Höhrhahn bei Bad Marienberg vertrieben haben. Inzwischen sind die Spuren des Imperiums so gut wie möglich archäologisch gesichert, Bauten rekonstruiert und der Limes zum Weltkulturerbe erklärt worden.

Sogar immer mehr Schüler lernen inzwischen lieber Latein als Französisch. Rom, so möchte man fast meinen, ist nie untergegangen!

3.2 Trierer Vorposten
Lubentius und Dietkirchen

Es soll schon Verwechslungen mit Limburg gegeben haben, wenn Besucher lahnabwärts kommend zuerst den steilen Felsen von Dietkirchen mit der ehemaligen Stiftskirche erblickt haben. Und doch weht hier ein ganz anderer Geist. Wie vorher bereits erwähnt, war der Kalkfelsen schon in schriftloser Vorzeit Zufluchtsstätte der Menschen (Urnenfelderzeit). Im 6. Jahrhundert dürfte die Gegend christianisiert worden sein. Schon 841 findet ein Kollegiatstift zu Dietkirchen Erwähnung. Seine Kirche wurde zur Mutterkirche des Lahngaues und war seit 1021 Sitz des Archidiakons aller rechtsrheinischen Kirchen der Erzdiözese Trier. Um trierische Ansprüche auch ideologisch durchzusetzen, erwies sich die Legende vom moselländischen heiligen Lubentius als hilfreich. Das Wort sei einem der besten Kenner dieser Gegend erteilt, Ferdinand Ebert (1907–1982):
„Die Legende erzählt: Von Trier kam Lubentius, ein Freund des hl. Castor, und verkündigte das Evangelium an Mosel und Lahn. Schon früh entstand an der alten Thingstätte des Lahngaues, dem Reckenforst, die ‚Dietkirche'. In Kobern an der Mosel, seiner letzten Wirkungsstätte, soll Lubentius um 400 gestorben sein. Die Legende erzählt von der Lahnfahrt des toten Lubentius. Die Leute von Mosel und Lahn stritten in Kobern um den Leichnam des Heiligen. Man legte ihn in ein Schiff – und siehe, die Wellen der Mosel, des Rheins und der Lahn trugen den Leichnam gen Osten. Bei Niederlahnstein soll das Schiff gerastet haben, dort wo die Lubentiusquelle bei dem heutigen Lubentiuskapellchen entsprang. Dann – so berichtet die Legende – fuhr das Schiff weiter lahnaufwärts bis Dietkirchen; der hohe Felsen erzitterte wie bei einem Erdbeben und gab so die Ruhestätte des Heiligen wundersam kund. Unter dem Hochaltar der heutigen Kirche befindet sich ein Steinsarg, der die Inschrift trägt: Hic requiescit corpus Sti. Lubentii Conf. –

‚Hier ruht der Leib des heiligen Bekenners Lubentius'. Viele Prozessionen zogen einst hinauf zum hohen Gotteshaus nach Dietkirchen, zur ‚glücklichen Basilika', und sangen das alte Wallfahrtslied und grüßten dort das Haupt des hl. Lubentius. Die Lahnschiffer verehrten den Heiligen als Patron. Den Wind, der die Schiffe aufwärts trieb, nannten sie ‚Lubentiuswind'; und wenn der Nebel über dem Fluss noch einen Streifen zur Schifffahrt frei ließ, dann lenkten sie dankbar das Schiff auf dieser Lubentiusstraße".

Vermutungen lauten, dass unter Erzbischof Hetti (816–847) die Lubentiusreliquien hierher übertragen worden sind. Grabungen legten Reste einer karolingischen Anlage unter der Kirche frei. Im Kern stammt die heutige vom Ende des 11. Jahrhunderts. Die einzigartige Lage lässt sie größer erscheinen als sie tatsächlich ist. Im Prinzip handelte es sich um eine schlichte dreischiffige Basilika mit zwei Westtürmen, Querschiff und drei Apsiden. Während der zweiten Hälfte des 12. Jahrhunderts erfolgte eine Erweiterung zur Emporenbasilika mit vierteiligen Arkaden. Man folgte ähnlichen Vorhaben an der unteren Lahn jenseits der hessischen Grenze, etwa Bad Ems und Niederlahnstein. Schließlich ist auch noch der Chor neu gebaut worden. Gleichzeitig erhielt das Querschiff seine Einwölbung (zweites Viertel 13. Jh.). Die romanische Ausmalung konnte inzwischen wieder hergestellt werden. Die Fresken an den Vierungsgewölben entstanden bei der letzten Umbauphase und verraten auffallende Ähnlichkeiten mit denen im Limburger Dom. Sie zeigen die vier Paradiesesflüsse. Die ornamentale Bemalung der Decke des Mittelschiffs geschah im Frühbarock.

An der Sakristeitür dräut ein Löwenkopf als Türklopfer (13. Jh.). Ihn umgeben die Symbole der vier Evangelisten. Das Kopfreliquiar des heiligen Lubentius ist eine hervorragende mittelrheinische Goldschmiedearbeit. Dessen silbervergoldeter Kopf (13. Jh.) und Büste (1477) haben verschiedenen Ursprung. Ein romanischer Taufstein und eine kleine Pietà (15. Jh.) ergänzen die alte Kirchenausstattung. Unter der Sakristei wurde 1387 die Dreifaltigkeitskapelle ausgebaut. Sie hat einen kleinen Altar (1687) und eine Kreuzigungsgruppe. Wohl noch vor der angedeuteten Erweiterung entstand die im Kern möglicherweise ottonische Michaelskapelle nordöstlich der Kirche.

Die sehr summarische Beschreibung der tatsächlich viel verwickelteren Baugeschichte geschieht bewusst, weil an dieser Stätte weniger die vielen Formen beeindrucken, sondern mehr das, was man den Genius Loci zu nennen pflegt. Er wird gespeist aus dem frühen missionarischen Christentum, das sich in Hessen viel später als im römischen Rheinland durchsetzen konnte. Er atmet in den vergrabenen Mauern der ersten, plump rechteckigen Kirche, bei der man froh war, überhaupt schon einen solchen Bau in ungewisser Zeit zu besitzen. Er entfaltet sich in der Basilika, die das gewonnene Selbstvertrauen der Kirche wiedergibt. Er siegt in dem überlieferten Bauwerk, das über dem steilen Felsen herrscht als Vorposten gefestigter trierischer Macht.

Und doch ist auch in den scheinbar sichersten Zeiten die Sorge an dieser Stätte nie ganz verstummt. Als das Stift noch stand, muss ihm fast der Charakter einer burgartigen Wehranlage angehaftet haben, nach allem was bei Ausgrabungen recherchiert werden konnte. Dem umwohnenden Volk bot die trutzige Gottesburg – und wenn auch nur symbolisch – Schutz gegen Teufel und Sünde, aber ebenso Zuflucht vor bewaffnetem Angriff. Ein Kuriosum mag damit in Zusammenhang stehen. Beide Türme verbindet ein wohl noch mittelalterlicher Laufgang, der sie zu einem vielseitigen Auslug und Bollwerk machte. Auch die Limburger Georgskirche, unser Dom, war ähnlich ausgerüstet, womit beide Bauten in Lage und Auftrag sich brüderlich verketten. Wie dort ruhen auch hier im Schatten der Kirche einige alte Fachwerkhäuser (um 1700), in Dietkirchen freilich in dörflicher Spärlichkeit.

3.3   Katastrophal wie Stalingrad
Kreuzfahrer von Westerwald und Lahn

❧ Ende Oktober 1096 geriet ein deutscher Heerhaufen in einen türkischen Hinterhalt. Trotzdem folgten viele vom Westerwald und von der Lahn den Kreuzzügen. Etwa 35.000 Männer, Frauen und Kinder, hatten sich auf den Weg gemacht, ehe die reguläre Kreuzfahrer-Armee formiert war. Sie hofften ihr Glück zu machen und Palästina den „Heiden" zu entreißen, womit sie die Moslems meinten. Die aber lockten den ungeordneten Haufen in einen Hinterhalt, wo die deutschen Habenichtse zermürbt und hingemetzelt wurden.

Zeitlich nahe am Stichtag tagte im Oktober 1998 ein Konvent des Internationalen Ökumenischen Templer-Ordens in Limburg und beschwor die Ereignisse vor tausend Jahren. Noch heute nämlich sind die Spuren dieser Zeit im Westerwald und Lahngebiet greifbar. Sie könnten vielleicht auch Anknüpfungspunkte bilden für das multikulturelle Gespräch von heute.

Nach der Katastrophe damals wurde man leider nicht klüger. Fast 200 Jahre lang bildeten sich immer wieder Heeresgruppen, um den Krieg gegen Araber und Türken zu führen. Da mochte religiöser Fanatismus mitspielen, aber auch jede Menge Abenteuerlust und nicht zuletzt der Gedanke, im reichen Orient Beute zu machen.

Die Propagandisten des Kreuzzugs waren schon 1096 so erfolgreich, dass viele einfache Leute auf eigene Faust loszogen und sich nicht selten in marodierenden Haufen durch die Donauländer wälzten. Daheim probte man die Schlacht gleich mit den „Ungläubigen“. Und das waren hierzulande die Juden. Neben großen Pogromen in Mainz und Worms kam es zu zahlreichen Übergriffen auch bei uns. Selbst der Mainzer Erzbischof, zu dessen Territorium ein großer Teil des östlichen Westerwaldes und des Lahngebietes gehörte, war da machtlos. Er konnte nicht einmal die Juden schützen, die sich in sein Haus geflüchtet hatten. Viele begingen Selbstmord, als der Pöbel den Palast stürmte.

Während die Teilnehmer aus der Bevölkerung namenlos blieben, sind die Namen der geistlichen und ritterlichen Kreuzfahrer gut überliefert. Viele einheimische Familien tauchen auf. Schon 1096 war ein Herr von Westerburg dabei. Später gingen Mitglieder aller wichtigen Sippen auf Kreuzfahrt. So liest man neben vielen anderen die Namen Arnold von Wied, Rupert III. und Walram I. von Nassau, Grafen von Isenburg, Sayn und Diez, Heinrich von Dehrn und Siegfried von Runkel. Die nassauischen Grafen engagierten sich zwar erst nach dem Fall von Jerusalem (1187), dann aber umso intensiver. Im Auftrag Barbarossas waren sie in diplomatischer Mission unterwegs zu den Residenzen des byzantinischen Kaisers und des Sultan Saladin. Als dennoch der Waffengang unausweichlich schien, zögerten sie nicht, das Kreuz zu nehmen. Vor allem Graf Robert der Streitsüchtige (Rudpertus bellicosus), der sich bereits bei Einsätzen in Italien als Haudegen hervorgetan und das Vertrauen Barbarossas erlangt hatte, machte seinem Name alle Ehre. Makaber mutet die Beteiligung der Nassauer am vierten Kreuzzug (1202–1204) an, der auf Betreiben Venedigs und gegen den ursprünglichen Willen Roms statt nach Palästina nach Konstantinopel zog, die ostkirchliche Metropole plünderte und in der Person des flandrischen Grafen Balduin ein lateinisches Kaisertum inthronisierte. Dieser „Kaiser" schenkte seinem Kumpan, einem Ritter Heinrich von Ulmen, als Kriegsbeute eine große Reliquie des Kreuzes Jesu, die in einer überaus kostbaren Lade aufbewahrt wird. Dieses Kunstwerk aus dem Besitz des byzantinischen Kaisers kam dann auf Umwegen nach Limburg. Somit ist ausgerechnet eines der bedeutendsten Kunstwerke und zugleich der wohl bekannteste Andachtsgegenstand im Nassauer Land die Beute aus einem Krieg von Christen gegen Christen.

Nicht zu unterschätzen ist die Wirksamkeit der Propagandisten. Als Kreuzzugsprediger engagierten sich aus unserer Gegend Abt Heinrich von Heisterbach, der Gründer des Klosters Marienstatt im Westerwald, und Konrad von Marburg, der später sogar zum ersten Ketzerrichter (Inquisitor) Deutschlands aufstieg. Die Besatzung von Burg Dernbach bei Herborn erschlug ihn schließlich wegen seines gnadenlosen Vorgehens (1233). Leidtragende des Kreuzzugsgeschehens waren nächst Juden und Moslems vor allem die Frauen daheim. Manche Ritter kehrten nie mehr oder gar mit einer anderen zurück. Prominenteste unter den Betroffenen ist die hl. Elisabeth, die beim sechsten Kreuzzug ihren Mann, den Landgrafen von Thüringen, verlor und sich seitdem in Marburg guten Werken widmete. Das Volk will wissen, sie sei damals über den Westerwald gereist, um auf der Neuerburg bei Graf Heinrich von Sayn Beistand zu erwirken.

Die wirren Zeiten spülten Abenteurer und Gesindel empor. In Wetzlar gab sich ein Thilo Kolup gar erfolgreich als Kaiser aus, bis er schließlich entlarvt wurde. Manche Edelherren vermachten vor ihrer Teilnahme an Kreuzzügen ihr Hab und Gut an die Kirche. So erhielten die Zisterzienser von Marienstatt bei Hachenburg Zehntrechte zu Nister und Grundbesitz in Langenbach von adeligen Kreuzfahrern (1270). Das aber reichte bei weitem nicht, um die Front zu halten und die eroberten Gebiete zu sichern. Die Kreuzfahrer-Heere waren vielmehr auf Rekruten und Nachschub aus der Heimat angewiesen.

Eine wichtige Rolle fiel dabei den neuartigen Ritterorden zu, einer merkwürdigen Verbindung von Mönch- und Rittertum. Wohl als erste waren die Templer entstanden. Sie wurden schon bald auch am Mittelrhein ansässig. In Bad Hönningen,

Bad Breisig und Boppard stehen noch heute Reste ihrer Komtureien (Ordens-häuser). Im Westerwald und an der Lahn verfügten sie außerdem über beachtlichen Landbesitz. Der Deutsche Orden hatte in Koblenz eine mächtige Basis, woran der Name Deutsches Eck noch heute erinnert. Ausgedehnter Besitz zwischen Rhein und Lahn, später auch eine Niederlassung in Waldbreitbach, sorgten für eine beachtliche Präsenz im Westerwald. Auf Dauer nützte alles Engagement dann doch nichts. Als 1291 die letzten christlichen Bastionen im Hl. Land an die Sarazenen verloren gingen, setzte bei den Ritterorden eine Identitätskrise ein. Der Deutsche Orden konnte sich im „Heidenkrieg" gegen die Slawen profilieren und in Nord-Ost-Europa eine neue Front aufbauen. Die Johanniter fanden auf Malta einen Er-satzstützpunkt und heißen seitdem (auch) Malteser. Nur die Templer schafften den Anschluss an die neue Situation nicht. Als ihr Stern zu sinken begann, sahen Neider ihres bisherigen Erfolgs Chancen, die ungeliebte Konkurrenz zu beseitigen oder gar ihr Vermögen an sich zu bringen. Der französische König Philipp IV. ließ 1307 unter dem unbegründeten Vorwurf der Irrlehre die Ordensleitung verhaf-ten und auf dem Scheiterhaufen hinrichten. Papst Clemens in Avignon bestätigte auf dem Konzil zu Vienne (1312) die Auflösung des Ordens.

Der unglaubliche Justizmord erregte schon damals die Gemüter und grub sich tief ins Volksbewusstsein ein. Sagen und Legenden bildeten sich. Typisch ist die Überlieferung von Burg Lahneck, wonach dort „die letzten Tempelherren" ver-zweifelte Gegenwehr geleistet hätten und noch heute spuken sollen.

Das Erzählgut des Volkes weiß auch sonst viel aus der Kreuzzugszeit zu berichten. Kuno von der Maienburg bei Mengerskirchen unternahm eine legendäre Sühne-wallfahrt ins Heilige Land. Der Ritter von Steinebach soll sogar mit einer saraze-nischen Frau zurückgekehrt sein und sie mit Duldung seiner Gattin auf der Talburg bei Hachenburg als zweite Frau bei sich behalten haben. Den Gangolfus-Brunnen in Meudt „waschen" noch heute die jungen Männer des Ortes und erinnern hier ungewollt an die antisemitischen Ausschreitungen vor 900 Jahren.

Auch edlere Töne erklingen dazwischen. So pries der Minnesänger Zilies von Sayn in einer Dichtung den Kreuzfahrer Heinrich von Montabaur. Manch Erbauliches weiß auch der Zisterzienser Cäsarius von Heisterbach über die Kreuzfahrer zu be-richten. Die Kunde vom Edlen Gerhard von Holbach aber fällt ganz aus dem Rah-men und scheint von ihm erstmals notiert worden zu sein. Dieser Ritter war ein

Verehrer des Apostels Thomas. So machte er sich auf, um an dessen Grab in Indien zu beten. Nach gefährlicher Pilgerfahrt und längerem Aufenthalt unter den „Thomaschristen" wurde er, obwohl der Teufel seine Hände im Spiel hatte, auf wunderbare Weise in seine Heimat bei Montabaur geleitet. Die Legende lässt ahnen, dass es damals manch Wagemutigen weit über Palästina hinaus bis zu den Gestaden Indiens geführt haben muss.

Sie kündet aber auch von der friedlichen Begegnung zwischen Orient und Okzident, wie sie in der Zeit nach den Kreuzzügen anbrach. Gegenüber Wallfahrern mit Muschelhut und Pilgerstab erwiesen sich die muslimischen Herrscher erstaunlich tolerant. Wirtschaftliche Vorteile dürften ihnen das erleichtert haben. Die religiöse Unruhe vor der Reformation trug deutlich zum Anwachsen der Pilgerzahlen bei. Neben namentlich unbekannten Frommen war auch Prominenz unterwegs.

So trat Graf Johann V. von Nassau-Dillenburg im Frühjahr 1484 mit einigen Gefolgsleuten, darunter Wilhelm von Runkel, die beschwerliche Reise an. Von Anfang an hatten die Pilger mit Problemen zu kämpfen. Wilhelm erlag bereits in Bozen einer Infektionskrankheit. In Venedig bestiegen die Westerwälder ein Schiff, das sich möglichst in Sichtweite der Küste bis Jaffa schlich. Die Rückreise zur See über Rhodos und Korfu endete in Otranto, von wo aus die Pilger das Apostelgrab in Rom aufsuchten. Endlich, am 28. Januar 1485, stand Johann an der Wiege seines zweiten Sohnes, den Gräfin Elisabeth kurz zuvor geboren hatte. Schon drei Tage später kniete der Graf in der Liebfrauenkirche zu Hadamar, um für das Familienglück und die gute Heimfahrt zu danken. Unter dem Eindruck der bei den Franziskanern in Jerusalem erlebten Gastfreundschaft förderte er den Bau eines Klosters dieses Ordens in Siegen. Verdient durch Reformen im Wirtschafts- und Justizwesen wurde er 1505 sogar kaiserlicher Rat. Dennoch verfügte er, dass man ihn nach seinem Tod in der Kutte der Minderbrüder oder „Barfüßer" in seiner Stiftung beisetzen solle, was auch geschah (†1516). Sein politisches und religiöses Leben bietet also gegenüber den Brutalitäten vieler Kreuzfahrer ein Beispiel der guten Art. Das Erbe der Kreuzzüge und das Echo der Pilgerfahrten sind in Bauwerken unserer Gegend wahrnehmbar. In Anlehnung an die Grabeskirche zu Jerusalem entstanden mehrfach Rundkirchen (Rotunden), deren schönste St. Matthias in Kobern über der Mosel ist. Ein spätes Beispiel bietet die Rotunde auf dem Weilburger Friedhof (1495, 1505). Die katholische Volksfrömmigkeit verehrt seitdem mit Vorliebe das Kreuz Jesu. Eigene Kreuzkapellen entstanden in Arborn, Helferskirchen, Limburg, Mengerskirchen, Montabaur, Niedertiefenbach und Tringenstein. Nur selten konnte dabei ein winziges Teilchen aus dem angeblichen Kreuz Jesu zur Verehrung ausgesetzt werden. Einzig Limburg besitzt (seit 1827) einen ungewöhnlich großen Kreuzessplitter in der bereits erwähnten Lade (Staurothek). Als Beutestück aus Konstantinopel mag der wohl berühmteste Teil des Domschatzes heute auch zwiespältige Gefühle wecken. Eine religiös fast ebenbürtige Reliquie ist das Haupt des Apostels Matthias in Trier. Graf Johann von Sayn brachte das hoch verehrte Stück nach Sayn (1347) und dann nach Hachenburg, von wo es über Ehrenbreitstein (1381) schließlich nach Trier gelangte. Das einzige Apostelgrab nördlich der Alpen befand sich so vorübergehend mitten im Westerwald!

Viele Kreuzzugserinnerungen sind eher profan. Montabaur verdankt dem Berg Tabor (lateinisch *mons Tabor*) seinen Namen. Noch heute reden wir arabisch in Worten wie Algebra, Diwan oder Gamasche. Selbst die „Quetsche" (Zwetschgen) der Westerwälder Mundart kommen aus dem Arabischen, ebenso wie Joppe, Kümmel, Reibach, Sirup und Spinat. Bis in den Alltag reicht der damals einsetzende Einfluss feiner orientalischer Lebensart, sei es nun das Tässchen Kaffee oder Mokka, oder die Gitarre des Wandermannes. Kriege aber bringen es nun einmal mit sich, dass beim Gegner Waffentechniken abgeschaut werden. An Burg Lahneck und an der Sporkenburg bei Arzbach wollte man sarazenische Einflüsse erkennen. Von friedlicherem Tun kündet noch heute die Nagelschmiede in Isenburg bei Bendorf. Einer der Burgritter soll das Handwerk von Moslems gelernt und in den Westerwald verpflanzt haben. Kehrseite der damaligen Mobilität bildeten nicht zuletzt eingeschleppte Krankheiten, vor allem der Aussatz (Lepra). Spezielle Krankenhäuser für diese Fälle entstanden in Diez, Nassau und Montabaur („Almosenhof"). Ein leprakranker Prälat aus Trier soll auf dem Klosterhof Adenroth bei Breitenau bis zu seinem Tod in Quarantäne gelebt haben.

Die Begegnung mit dem Islam hat neue Aktualität gewonnen. Beim Golfkrieg war zu spüren, dass sich die Kreuzzüge als Trauma tief in arabische Gemüter eingegraben haben. Westerwald, Lahn und Taunus haben dazu einst ihren Beitrag geleistet. Der Rückblick möge Stoff zum Nachdenken liefern!

3.4 Wie der Herr, so's Gescherr
Evangelisch oder katholisch?

❦ „Da erklang in Wittenberg ein neues Lied, und seine Melodien fegten wie ein Sturmwind hinein in manche Schuld, die sich ins alte, heilige Gotteshaus eingeschlichen hatte. Nun sollte das Haus Gottes wieder hell erglänzen. Doch wurde leider mit dem Schmutze auch das Gotteshaus selber gestoßen und zerkratzt", klagte in seiner unnachahmlichen Sprache Ferdinand Ebert (†1994), Pfarrer in Oberelbert/Welschneudorf und Osterspai.

Doch das Volk hörte kaum hin. Die Reform der Kirche war überfällig, das ahnte man. Theologische Feinheiten verstanden nur wenige und blieben Sache der Gelehrten. So stritt der aus Holzhausen an der Haide stammende Wilhelm Nesen eifrig und kenntnisreich für Luthers Lehren. Über der Nachricht vom tödlichen Unfall des Professors aus dem Taunus brach der Reformator in Tränen aus.

Konkret jedoch blieb die Reformation Sache der Mächtigen, von Adel und Klerus. Mit als erste traten die Grafen von Nassau-Weilburg und Nassau-Dillenburg auf die Seite Luthers (1526, 1531). Erstes Kirchspiel neuer Ordnung im Westerwald war Elsoff (bis 1606). Neunkirchen dürfte hier als erste Gemeinde eine evangelische Kirchenvisitation erlebt haben (1536).

Nach Luthers Tod trat man auf der Stelle. Eine Zwischenlösung (Augsburger Interim, 1548) führte zu den merkwürdigsten Vermischungen in Lehrmeinungen und Brauchtum. So predigte der Pfarrer von Rod an der Weil im Kirchort evangelisch, las aber in Hasselbach die katholische Messe. Und das war kein Einzelfall. Nicht wenige Geistliche folgten in Ritual und Predigt den Wünschen ihrer Gemeinde. Selbst Klostergemeinschaften gab es, in denen katholische und „lutherische", zölibatäre und verheiratete Brüder und Schwestern nebeneinander wohnten. Erst der Augsburger Religionsfriede (1555) erklärte die Überzeugung des Landesherrn als verbindlich. Der lateinische Spruch „cuius regio, eius religio" lautet in Mundart: „Wie der Herr, so's Gescherr."

Manchen ging es nicht schnell genug. Der Reichsritter Franz von Sickingen von der Ebernburg gar führte Bewaffnete gegen Trier (1552/23). Doch die kurfürstlichen Truppen mit ihren Verbündeten erledigten nacheinander die Genossen des

Sickingers, nämlich Hartmut von Kronberg, Brömser von Rüdesheim, Hilchen von Lorch und zuletzt den Rädelsführer selber. Im Trierischen blieb danach so ziemlich alles beim Alten und fügsam „unterm Krummstab".

Kaum anders liefen die Dinge im Kölnischen, obwohl dort der Erzbischof höchstpersönlich zur evangelischen Lehre neigte. Dieser, Hermann von Wied, scheiterte an der Sturheit des Kölner Domkapitels und musste abdanken. Den Rest seines Lebens verbrachte der tieffromme Mann auf Burg Altenwied bei Neustadt. In seiner Heimatgrafschaft wurde die Reformation erst vier Jahre nach seinem Tod (1552) offiziell eingeführt.

Nun gehörte zwar der nordöstliche Westerwald, wie übrigens zum Teil heute noch, kirchlich zur Erzdiözese Köln, staatlich aber zu den Grafschaften Berg und Sayn. So wie Dietkirchen die Oberinstanz für den kurtrierischen Westerwald war, so unterstanden die Gemeinden Hachenburg, Altenkirchen, Alpenrod, Kroppach, Kirburg, und Roßbach dem Archidiakon in Bonn und waren Teil des Landkapitels Siegburg. Als Johann VI. zu Sayn, letzter katholischer Graf, in der Abteikirche Marienstatt beigesetzt wurde (1560), war die neue Lehre längst in der Grafschaft eingesickert. Die Grafenfamilie übernahm alsbald das evangelische Bekenntnis und erklärte es als verbindlich (1561). Die beiden „Hausklöster" indes, Sayn bei Bendorf und Marienstatt, waren mit erzbischöflicher Protektion katholisch geblieben und bangten von nun an um ihre Existenz.

Schlusslichter der Reformationen waren die Grafschaften Leiningen-Westerburg (1563, mit Schaumburg und Schadeck) und Diez (1564). Im „Diezer Vertrag" des gleichen Jahres fielen Hundsangen, Meudt, Nentershausen und Salz, Dietkirchen, Elz, Niederbrechern und Niederselters endgültig an Trier und blieben katholisch.

Heute liest man verwundert, wie das Volk ohne erkennbaren Widerstand den Wechsel im Bekenntnis mitmachte. Nun wurde der so behutsam und äußerlich unauffällig eingefädelt, dass es die meisten Leute kaum merkten. Der Sonntagsgottesdienst oder die Taufe liefen weiter so ab, wie man es schon immer gemacht hatte, nur halt auf Deutsch. Abgeschafft wurde nur, was in Gegensatz zur neuen Lehre stand: manche Volksandachten, Wallfahrten oder Reliquienkult. Die Aufgabe des Zölibats scheint kaum Beunruhigung ausgelöst zu haben. Erasmus Sarcerius, der Reformator von Nassau-Dillenburg, schrieb eine „Instruction für die einfältigen Pfarrherren und Kirchendyner" (1537), die sich heute beinahe so liest, als stamme sie aus dem Vatikan. Die subtilen Unterscheidungslehren blieben – wie wohl zu allen Zeiten – dem Kirchenbesucher ohnehin ein Buch mit sieben Siegeln. Wenn die Neuerung dazu noch in Form der Kirchenvisitation durch den Landesherren auftrat, war das Gewissen allemal beruhigt.

Dennoch kam es vereinzelt zum Widerstand. Die Leute von Ruppenrod gingen weiter zur Messe über die Landesgrenze nach Kirchähr, bis es ihnen die Grafen von Holzappel verboten. In Oberweyer warf man dem von Nassau-Diez eingesetzten evangelischen Pfarrer die Fenster ein.

Doch die Kirche der Reformation spaltete sich. Das Reformierte Bekenntnis, der Calvinismus, eroberte Teile des Westerwaldes. In den Grafschaften Nassau-Dillenburg (1578), Wied (1589) und Sayn (1605) wurde diese dritte Konfession offiziell eingeführt. Eine kulturelle Hochblüte ausgerechnet in diesen drei Herrschaften war der unerwartete Lohn.

Leiningen-Westerburg und Nassau-Weilburg blieben lutherisch, der Rest katholisch. Auch hier im „wahren Christentum" blieben Westerwald und Taunus ein heterogenes Gebilde, was für die ehemals nassauischen Lande geradezu typisch ist. Liest man das alles, so könnte man meinen, die Auseinandersetzung um die „neue Lehre" sei eher Provinzgeplänkel geblieben. Aber meistens waren die Entwicklungen in den rheinischen Kurstaaten und den kleinen Grafschaften und Fürstentümern zwischen Rheingau, Taunuskamm und Siebengebirge das Echo von Ereignissen auf europäischer Ebene. Man kann es sogar sehen: Wer von Montabaur nach Ehrenbreitstein und Koblenz fährt, bemerkt etwa auf halbem Weg am Horresser Stock ein kleines, aber wuchtiges Basaltkreuz. Die merkwürdige Inschrift unter der Kreuznische ist nicht ganz leicht zu entwirren und lautet:

1589

manige

wehr

Spaniser

Krick

Brengts

Datum mit

Des Rätsels Lösung führt zurück in die Unabhängigkeitskriege der eher calvinistischen Niederländer gegen das katholische Spanien. Nacheinander angeführt durch zwei Westerwälder, Graf Moritz von Nassau-Dillenburg (1567–1627) und Fürst Wilhelm von Oranien (1533–1584), auch „Wilhelm der Schweiger", und unterstützt durch England errangen die Aufständischen in den Nordprovinzen der Niederlande die Oberhand. Hier im Rheinland aber hielten sich die Spanier und besetzten sogar das kurkölnische Bonn. Kurtrier erwies sich ebenfalls als machtlos, um die Bevölkerung an Rhein und Lahn gegen plündernde Söldner zu schützen. In dieser Not dürfte der Votivstein gesetzt worden sein, an dem heute wohl die meisten Autofahrer acht- und ahnungslos vorbeifahren.

Die Holländer aber huldigen noch heute dem „Schweiger" aus Dillenburg, dem einzigen Westerwälder, dem eine Nationalhymne gilt.

Blickpunkt
Nationalhymne der Niederlande (ca. 1568)
(1. Strophe):
Wilhelmus von Nassouwe
Ben ick van Duytschen bloet,
Den Vaderland ghetrouwe
Blijf ick tot in den doet;
Een Prince van Oraengien
Ben ick vrij onverveert,
Den Coninck van Hispaenien
Heb ick altijt gheeert.
Wilhelm von Nassau
Bin ich von deutschem Blut,
Dem Vaterlande treu
Bleib ich bis in den Tod.
Ein Prinz von Oranien
Bin ich ganz unverzagt,
Den König von Spanien
Hab ich allzeit geehrt.

3.5 Bet' Kind, bet', morgen kommt der Schwed'!
Gotteskrieger – Hexen – Warlords

Schon längst nicht mehr ging es um Religion, sondern um Macht. Die kaiserlichen Truppen der katholischen Liga stritten gegen die der protestantischen Union, Spanier gegen Schweden. Wie in jedem Krieg traf es die Zivilbevölkerung am härtesten. Herren und Grenzen wechselten, selten aber auf Dauer. Und wieder einmal lag der Westerwald in den dreißig Kriegsjahren (1618–1648) fast ungeschützt. Knotenpunkte europäischer Fernwege lenkten die Marschkolonnen über seine Höhen in alle Richtungen. Politisch und konfessionell zersplittert, war wirksamer Widerstand kaum zu befürchten und wechselnde Koalitionen leicht zu schmieden. Regulären Truppen folgten marodierende Banden, Hunger und Seuchen.

Allzu oft hörte man jetzt auch dort fremdsprachige Töne, wo man bisher geglaubt hatte, unter sich zu sein, wie auf den Höhen von Westerwald und Taunus. Damit ging es bald nach Kriegsausbruch los. Schon 1620 rückten von der Pfalz her Spanier bis nach Kaub. Zehn Jahre später sollte dann schwedisch zur tonangebenden und gefürchteten Sprache unter den Invasoren werden. Neben den regulären Truppen trieben „Freicorps" und Banditen ihr Unwesen. Auch ohne blanke Gewalt waren die Bedrängnisse durch Kontributionen und Einquartierungen für die Westerwälder bald unerträglich.

Schließlich schrieb man die maßlose Not angeblichen Hexen in die Schuhe. Seit über hundert Jahren war diese Masche bekannt, willkürlich Sündenböcke zu benennen und durch die Obrigkeit verurteilen zu lassen. Jetzt aber förderten die wirren Zeiten den kollektiven Wahnsinn. Nicht selten waren die Angeklagten vom „lieben Nachbarn" derart bezichtigt worden. Die nötigen Geständnisse erzwang man durch die Folter. Zahlen allein aus den Jahren 1629 bis 1632 belegen das Ausmaß des Grauens: Es starben in Dillenburg 35, in Driedorf 30 und in Herborn gar 90 „Hexen"; in Dierdorf waren es außer 86 Frauen auch vier Männer.

Oft genug steckte Gewinnsucht hinter Klagen und Verfahren. Selbst nach Kriegsende zeigten sich manche enttäuscht, wenn ein Prozess nach dem anderen platzte. Der Schultheiß Tönges von Hellenhan und Hans Zirvas von Öllingen rechneten dem Landesherrn vor, welche Verluste an Vieh sie infolge Hexerei hätten. Doch der Herrscher wollte „keineswegs zugeben, dass Untertanen selbst Urgichten gegen Verdächtiger einholten", und schärfte das Einhalten des Amtsweges ein. Den scheuten die Verleumder allerdings. Noch 1677, also lange nach Kriegsende, wurde in Idstein eine Frau als „Hexe" verbrannt.

Die grausamen Ereignisse haben sich tief im Volksbewusstsein eingeprägt, wovon Sagen und Legenden künden. Oft mussten Frauen als Ursache auffälliger Erkrankungen herhalten, wie bei der Hexe von Wienau. Man phantasierte, dass sich die bösen Weiber heimtückisch durch Tiergestalten, vorzugsweise Katzen, tarnten, wie man in Flammersfeld und Rennerod erzählte. Vor allem in abgelegenen Tälern spukten die Zauberinnen, wie das dem Müller am Friedewälder Bach bei Daaden widerfuhr. Noch in aufgeklärten Zeiten neigte man dazu, unerklärliche Naturerscheinungen oder Bodendenkmäler mit der Hexerei in Verbindung zu bringen, wie beim so genannten Hexenkreis im Kasbachtal.

Der herrschende Adel paktierte nach Eigennutz. Das Übergewicht der kaiserlichen Seite, das bei uns schon durch den Aufmarsch der Spanier an Mittelrhein und Taunus sichtbar geworden war, machte es möglich, Hessen-Kassel aus der Niedergrafschaft Katzenelnbogen zu verdrängen. Die Nassauer, das hier wohl wichtigste, aber durch Erbteilungen geschwächte Geschlecht, hatten zum Teil auf die falsche Karte gesetzt und für die Kurpfalz Partei ergriffen. Gegen die Grafen der ottonischen Linie lief schon ein Prozess. Da reiste Graf Johann Ludwig von Hadamar persönlich nach Wien (1629) und bat den Kaiser kniefällig um Nachsicht für seine merkwürdige Schaukelpolitik. Nach Zuteilung des Hadamarer Landes (1607) war er zunächst in den protestantischen Hochburgen Dillenburg und Herborn wohnen geblieben und erst 1620 in das neu errichtete Schloss zu Hadamar umgezogen. Aber schon neun Jahre später wurde er katholisch. Seine Westerwälder Untertanen „bekehrten" sich im Jahr darauf. Religion oder Politik – das ist wieder einmal die Frage.

Kein Wunder, dass die Protestanten den Aufmarsch des Schwedenkönigs Gustav Adolf begeistert begrüßten (1631). Die Rheinbrücke in Koblenz bestimmte seine Marschrichtung und riss den Westerwald nun endgültig ins Kriegsgeschehen. Graf Ernst von Sayn, die Grafen von Wied sowie die lutherischen und calvinistischen Familien der verzweigten Nassauer Grafen traten auf seine Seite. Die Spanier und ihre

Verbündeten flogen raus aus Kaub, während die Schweden an der Lahnmündung Quartier bezogen. Gustav Adolf schloss einen Pakt mit Frankreich – eine merkwürdige evangelisch-katholische Allianz! Jetzt war alles möglich. Die Machtverschiebung erlaubte es, alte Rechnungen zu begleichen. So wurde tief im Westerwald das alte Zisterzienserkloster Marienstatt, dem protestantischen Sayner seit langem ein Dorn im Auge, schlichtweg zum Eigentum der schwedischen Krone erklärt.

In katholischen Gegenden sah man die Entwicklungen natürlich anders, vor allem in der Bevölkerung, die am Hergebrachten hing. Doch ausgerechnet ihr Landesherr und Oberhirte, der Trierer Kurfürst und Erzbischof Philipp Christoph zu Soetern, schwenkte indirekt auf die Seite der Schweden. Um die „Neutralität" von Kurtrier zu betonen, hatte er sich an Frankreich angelehnt. In seiner Rivalität gegenüber dem Kaiser unterstützte aber das katholische Land den Kaiser. Der Hochwürdigste Herr saß mit den Königen von Frankreich und Schweden auf einer Bank, zwei Katholiken und ein Protestant gegen die katholischen Habsburger – wer sollte das noch verstehen! Kampflos räumte Trier den Ehrenbreitstein und entlastete Schweden. Genützt hat das nicht viel, denn die Franzosen bekamen aus Paris weder Sold noch Verpflegung und hielten sich deshalb an den Westerwäldern schadlos. Vom Ehrenbreitstein operierende Truppen verwüsteten sogar die Burgen Grenzau und Sporkenburg, immerhin trierische Lehen (1635).

Frankreich hatte nicht viel vom Sieg. Ehrenbreitstein wurde vom Gegner belagert. Der populäre kaiserliche General Jan van Werth verhinderte mit der „Schlacht von Grenzhausen" den Entsatz der Belagerten. Die Franzosen waren bald ausgehungert und ergaben sich (1637). Die Schweden waren nicht weniger zimperlich. Die Dörfer Wingenfrenz und Roth zwischen Girod und Steinefrenz radierten sie von der Landkarte. Die Kirchen von Elsoff, Lahr, Rennerod und Rotenhain (eigentlich: Rotzenhahn) wurden von ihnen ausgeplündert. Den Pfarrer von Höhn trieben sie halbnackt vor sich her, den von Villmar ermordeten sie. Klar, dass die Bevölkerung Widerstand leistete, wo sie eine Chance sah! So wurde ein schwedischer Trupp, der nach gelungenem Überfall auf Molsberg seinen billigen Sieg begoss, von Bauern niedergemacht. Damit aber eskalierte die Gewalt weiter.

Schließlich mussten die Schweden eine entscheidende Niederlage einstecken. Das geschah zwar in der Ferne (Nördlingen, 1634), aber bald flutete die Armee zurück. Im Verlauf der kopflosen Flucht ihrer Alliierten wurde die Lahnbrücke in

Diez gesprengt. Ihre Trümmer hielten bis in unsere Zeit das Andenken an die Notzeit wach. Die Landbevölkerung floh womöglich in die Städte. Seuchen und schließlich die Pest rafften – so in Braubach und St. Goarshausen – fast ebenso viele Menschen hinweg wie die Massaker auf dem Lande.

Das sind Momentaufnahmen im ständigen Hin und Her. Wie die Abfolge der Schrecken aussah, mag Montabaur lehren. Vor ihrer Niederlage hatten Schweden die Stadt gestürmt (1833). Da sie das wehrhafte Schloss nicht erobern konnten, zogen sie ab, kehrten aber bald wieder, äscherten die Vorstadt Pfaffenacker ein (das Gelände ist erst im 20. Jahrhundert wieder bebaut worden) und führten Geiseln mit sich. Nach dem Sieg von Nördlingen belagerten nun Spanier das Schloss, bis dieses von Nassau-Dillenburg entsetzt wurde (1635). Dafür marschierten Ende des Jahres Franzosen ein. Ihnen musste die Kleinstadt wöchentlich dreizehneinhalb Gulden zahlen. Als das Geld nicht mehr aufgebracht werden konnte, kassierte Kommandant Roschebrun kurzerhand 24 silberne Ratsbecher. Das ging in den folgenden Jahren weiter, so dass die Stadt durch Abgaben und Einquartierungen praktisch pleite war. Trier gestattete schließlich, dass die Schulden auf die Bürger umgelegt werden durften (1641). Das kennt man ja, pikant daran aber ist, dass sich die Soldaten des Landesherrn laut Klage des Stadtrates (1638) „schlimmer als der Feind selbst" betragen hätten. Als nichts mehr half, knöpfte man sich die Juden finanziell vor (1642). Sogar nach Kriegsende mussten noch einmal 400 Reichstaler und 100 Malter Hafer an zwei schwedische Regimenter abgeführt werden. Allerdings sind diese Kosten später erstattet worden.

Auch sonst bekamen die Verbündeten der Schweden hierzulande zu spüren, dass sich das Blatt gewendet hatte. Jede Schwäche des bisherigen Gegners wurde ausgenutzt. Als mit Graf Ludwig von Sayn die regierende protestantische Familie ausstarb (1636), zog Kurköln schleunigst das Amt an sich und belehnte damit den Bischof von Osnabrück samt Verwandtschaft (Grafen von Wartenberg). Ihre Truppen eroberten Hachenburg. Der gräflichen Witwe blieb nach aufregender Flucht nur noch Friedewald mit Kirburg und Höchstenbach. Katholiken aus Osnabrück und Köln zogen nun ins Land.

Größter Westerwälder Haudegen war zuletzt Peter Eppelmann, genannt Melander aus Hadamar. Zuerst zog er an der Spitze von Einheiten aus Hessen-Kassel, die als schwedische Hilfstruppen Im Einsatz waren, zu Felde. Das hatte sich gelohnt, denn der Emporkömmling konnte – inzwischen im Rang eines Generals und zum Reichsgraf geadelt – Nassau-Hadamar die Esterau abkaufen. Seine erste Residenz auf Westerwälder Boden hatte er übrigens in Lülsdorf im heutigen Rhein-Sieg-Kreis. Entgegen seiner vertraglichen Zusicherung, die katholische Konfession zu dulden, zwang der Calvinist seine Untertanen in den Kirchspielen Holzappel und Eppenrod noch während des Krieges zum Glaubenswechsel. Dennoch wurde die Esterau zur Reichsgrafschaft Holzappel erhoben (1643). Opportunistisch wechselte Melander zuletzt abermals die Fahnen und wollte nun „seinen grauen Kopf zum Verderben der Schweden" hinhalten. Er fiel gegen die Franzosen im Friedensjahr 1648. Nicht unähnlich den Warlords unserer Tage hätte er sich in Friedenszeiten wohl kaum so recht wohl gefühlt.

Aber die Krieg führenden Parteien waren die Dauerfehden leid und einigten sich im „Westfälischen Frieden". Bei den Vorbereitungen in Münster wirkte Graf Johann Ludwig von Nassau-Hadamar als kaiserlicher Generalbevollmächtigter. Immerhin, sein Kotau damals hatte sich gelohnt!

Und dann platzte zuletzt noch die Nachricht herein, ausgerechnet Christine, die Tochter Gustav Adolfs, sei katholisch geworden. Nach ihrer Abdankung als Königin von Schweden reiste sie auf dem Weg zum Papst von Brüssel her über Altenkirchen und Wallmerod nach Frankfurt (1655). Wieder mal führten buchstäblich „alle Wege nach Rom"…

Ihr Weg führte durch verheertes Land. In Heiligenroth, unweit der Hohen Straße von Köln nach Frankfurt (heute in etwa die B8) war die Kirche so ruinös, dass nicht einmal mehr die Heilige Wegzehrung dort aufbewahrt werden konnte, sondern im Notfall aus Montabaur zum Sterbenden gebracht werden musste. Paramente gab es dort sowieso nicht mehr. Die Gemeinden Helferskirchen und Hartenfels wurden von einem Pastor versorgt, so wenige Leute gab es zu betreuen. Ausgeraubt war die altehrwürdige Kapelle von Oberherschbach. Die in Herschbach befand sich zwar in leidlich gutem baulichen Zustand, verfügte aber über keinerlei Einkünfte mehr und die in Marienrachdorf drohte gar einzustürzen. Solche Eintragungen wiederholen sich in den meisten Pfarrbüchern von Taunus und Westerwald.

Traumatische Erinnerungen haften in volkstümlichen Geschichten. Sie erzählen von Schweden in Herschbach und Montabaur, auf der Grenzau und der Neuer-

burg. Sie wissen noch von untergegangenen Dörfern wie Mörtingen und Oberherschbach und der Entweihung alter Heiligtümer wie der Marienkapelle auf dem
Reichenstein bei Westerburg oder der Apostelkapelle zwischen Dorndorf, Frickhofen und Wilsenroth. Sie künden vom Leid der Flüchtlinge im Wied- und Fok-
kenbachtal, der Qual bedrängter Frauen am Tränenquell von Oberherschbach. Im
Kloster Eberbach zeigt man noch heute den „Schwedenturm". Die Glocke von
Hadamar schwang der Sage nach zum Zwist des Feldherrn Tilly mit dem Reichs-
baron zu Wallmerod. Damals soll das Gebet formuliert worden sein:

„Bet', Kind, bet',
morgen kommt der Schwed',
morgen kommt der Oxenstern,
der wird die Kinder beten lern'n."

Verlernen sollten die Menschen das Beten auch später nicht. Über Rhein und Lahn
würde auch weiterhin die Kriegsfurie rasen. Und – wegen seiner geographischen
Lage – mittendrin der Westerwald!

3.6 Einheirat und Machtgerangel
Pfälzer machen sich breit

🦋 Manchmal ist zu hören, Rheinland-Pfalz sei „Besatzungskind", Kunstprodukt der Nachkriegszeit. Dabei hat das Land längst seine Lebensfähigkeit bewiesen. Doch scheint unklar, was entfernte Landesteile wie Westerwald und Pfalz miteinander verbindet. So ist der Westerwald gar kein historisches Gebilde, sondern ein Naturraum. Nie kannte er ein eigenes Territorium, sondern war stets in viele Herrschaften aufgeteilt, ähnlich wie heute durch die Bundesländer Hessen, Nordrhein-Westfalen und Rheinland-Pfalz.

Ganz anders die Pfalz. Sie darf sowohl geographisch als auch historisch verstanden werden. Als Landschaft umfasst sie den Pfälzer Wald, das Nordpfälzer Bergland, den Westrich und das Pfälzer Gebrüch. Ungenau wird auch die Vorder-Pfalz (mit Teilen von Oberrhein und Haardt) hinzugerechnet.

Der Name Pfalz geht auf die Pfalzgrafschaft bei Rhein zurück. Sie war durch Verschmelzung der lothringischen Pfalzgrafenwürde mit den rheinfränkischen Besitztümern der Salier entstanden. Die Bestätigung der Kurwürde (1356) festigte die Stellung im Reich. Von da an spricht man auch von der Kur-Pfalz im Gegensatz zur Ober-Pfalz, die im Jahre 1623 endgültig an Bayern fiel.

Ist der Westerwald innerdeutsches Grenzland, so liegt die Pfalz zwischen Frankreich und dem übrigen Deutschland. Das hat Konflikte begünstigt, wie sie sich an Grenzen leicht entzünden. Nicht ganz so verworren wie im Westerwald mit seinen Klein- und Kleinstaaten haben sich die Dinge in der Pfalz entwickelt. Aber seit 1410 mussten auch die Pfälzer Aufteilungen erleben und eine Schwächung ihres Landes hinnehmen.

Verhängnisvoll wirkte sich die Grenzlage im Pfälzischen Erbfolgekrieg (1688–1697) aus. Frankreichs König Louis XIV. verfocht dabei Erbansprüche für seine Schwägerin Charlotte von Orleans, bekannt als „Lieselotte von der Pfalz", und brachte viel Leid über das Land. Bayern holte sich 1777 auch noch die Rhein-Pfalz, musste sie aber vorübergehend an Frankreich abtreten (1801–1813).

Ähnlich diktierte Napoleon dem Westerwald neue Grenzen: Große Teile – auch Herborn und Westerburg – schlug er zum Großherzogtum Berg (1806–1813).

Als die Siegermächte 1945 Deutschland neu gestalteten, verfuhren sie kaum zartfühlender. Den bayrischen Regierungsbezirk Pfalz schlug man Rheinland-Pfalz zu. Ähnlich wurden Teile des Regierungsbezirks Wiesbaden von Hessen abgetrennt und dem neuen Bundesland einverleibt.

Aber mehr als nur äußerliche Parallelen verbindet beide Landstriche. Seit es schriftliche Nachrichten über Westerwälder Gebiete gibt, tauchen darin Pfalzgrafen auf. Schon im 10. Jahrhundert waren sie gleichzeitig Grafen im Auelgau (Vorder-Westerwald) und Vögte des Bonner Stiftes Cassius und Florentius.

Daneben übten noch andere Mächte aus dem Pfälzischen bei uns Einfluss aus. So verfügte der Bischof von Worms über das Stift Weilburg und dessen Eigengut im Westerwald und an der Lahn. Als später die Grafen von Nassau mit diesen Besitztümern belehnt wurden, begann praktisch deren Karriere. Schritt für Schritt nämlich konnten sie einen Großteil des Lehnsgutes von Worms erwerben.

Überhaupt sahen die religiösen Orden eine überregionale Zusammenarbeit als geradezu selbstverständlich an. So waren Äbte des Westerwälder Klosters Marienstatt wiederholt mit Kollegen aus pfälzischen Zisterzienserklöstern in Amtsgeschäften unterwegs.

Die Pfalzgrafen verlagerten ihren Schwerpunkt aus dem Bonner Raum zur Mosel hin und schließlich weiter nach Süden. Da sie am Mittelrhein wichtige Rechte erworben hatten, konnten sie politische Entwicklungen im Westerwald kräftig mitbestimmen. Die Pfalzgrafen traten zwar kaum als Grundherren in Erscheinung, wirkten aber als Lehensherren (13./14. Jahrhundert). Damit hatten sie große Teile des Westerwaldes im Griff. Alte Rechte besaßen die Pfälzer gegenüber den Grafen von Arenstein und von Laurenburg/Nassau. Schließlich waren mit der Pfalzgrafschaft sowohl die Oberhoheit über die Grafschaften Wied, Sayn, Solms und über die Haigermark als auch die Vogtei über das Erzstift Trier verbunden. Nur langsam konnten sich einheimische Herrschaften im Westerwald dem Zugriff der Pfälzer entziehen.

Eine Zeitlang stellte man sogar die Uhren pfälzisch. Am Mittelrhein besaßen die Pfalzgrafen die einträgliche Zollstelle in Kaub. Landgraf Wilhelm d. J. von Hessen wollte sie 1504 in seine Gewalt bringen, musste aber die Belagerung abbrechen Die Westerwälder Bauern rechneten noch Jahre später bei Altersangaben nach dieser „Kauber Fehde" (nachweislich noch 1568).

Selbst die Religionszugehörigkeit unserer Vorfahren wurde von fern her bestimmt. Kurfürst Friedrich III. von der Pfalz führte 1560/65 anstelle des lutherischen das reformierte Bekenntnis ein. Die Hohe Schule in Herborn galt als „Kaderschmiede" des Calvinismus und hatte Zuzug sogar aus der Pfalz (1584).

Durch den Sieg des Hauses Neuburg (1685) bekamen die Katholiken in der Pfalz Oberwasser. Viele Reformierte wanderten aus, unter anderem in den „pfälzischen Westerwald". Wo die Grafen von Sayn-Wittgenstein Mitregenten waren, erhofften die Aussiedler mehr Toleranz, leider vergebens. So wurden 1740 in Höhr die Reformierten praktisch ausgewiesen.

Überhaupt wurde der Calvinismus bei uns am aktivsten durch die oranisch-dillenburgische Linie der Nassauer und die Kurpfalz verkörpert. Die von der Kurpfalz ausgehende Sammlung der anti-katholischen Kräfte sollte mit zur Auslösung des Dreißigjährigen Krieges beitragen, der gerade auch dem Westerwald so viel Unglück beschert hat.

Die engste Verbindung zur Pfalz aber hatte die Grafschaft Westerburg. Durch eine Erbtochter war 1467 die Grafschaft Leiningen an das Haus Westerburg gefallen. Die Stammburg in Alt-Leiningen bei Bad Dürkheim ist, wenn auch verändert, erhalten. Dorthin verlagerte sich zunächst der Schwerpunkt der Westerburger Grafschaft. Doch schon 1557 wohnten Seitenlinien der Grafen von Leiningen-Westerburg wieder auf ihrer hiesigen Burg.

Wiederholte Landesteilungen schwächten bald die Herrschaft. Schließlich besaßen zwei Linien, nämlich Alt- und Neuleiningen, Westerburg gemeinsam (1703). Das aber war immerhin ein dicker Brocken, denn außer der Burg befanden sich zwei Drittel der Stadt in pfälzischer Hand. Als Westerburg 1806 „bergisch" wurde, hielt der nassauische Zweig der Neuleininger Linie noch den alten Besitz in Westerburg. Ihnen folgten die Altleininger, die bis zuletzt das Schloss bewohnten.

Die evangelische Pfarrkirche, ursprünglich St. Dionysius, gehörte einst unmittelbar zum Schloss. Drei Bildnisgrabsteine der Grafen Leinigen-Westerburg aus den Jahren 1580, 1584 und 1597 erinnern an die Herrscher eines der vielen winzigen, aber unabhängigen Territorien des Alten Reiches, das nicht zuletzt daran zerbrechen musste (1806), als ein Stärkerer an der Spitze einer geschlossenen Staatsmacht die politische Bühne betrat.

3.7 Unterm Krummstab ist gut leben
Gottesstaat auf sanfte Weise

Tatsächlich lebte die Mehrzahl der Bevölkerung von Westerwald und Taunus über Jahrhunderte hinweg „unterm Krummstab", und das gar nicht mal schlecht.

Die „Christianisierung" von Westerwald und Taunus verlief wenig dramatisch. Händler und Soldaten waren wohl die ersten, die das Evangelium über den Limes brachten. Professionelle Glaubensboten gelangten von Trier, Mainz und Köln her in unser Gebiet. Einer davon blieb namentlich in Erinnerung, Lubentius (†350 in Kobern). Die spätere Legende begrub ihn zu Dietkirchen an der Lahn.

Hinter der Story steckt mehr. Die Glaubensboten vermittelten nicht nur die Botschaft vom Gekreuzigten, sondern versuchten ihre Hörer zugleich auch an ihre Mutterkirche zu binden. Nach Rückschlägen durch die „Völkerwanderung" erwuchsen daraus handfeste Ansprüche der Bischöfe, die über die religiösen hinausreichten.

Verlassenes Römergut war nach Frankenrecht dem König zugefallen. „Rodung schafft Eigen" hieß ein anderes Prinzip, das in Westerwald und Taunus als „Land der Möglichkeiten" kräftig angewendet wurde. So konnte Königsgut legal in neue Hände gelangen. Gelehrte Bücher reden deshalb häufig von „Bestätigung", „Schenkung" oder gar „Entfremdung", was im Grunde nichts anderes meint als die „Überschreibung" von Krongut etwa an die Kirche.

Nur wenig aus dieser Phase ist aktenkundig. So wird 841 erstmals das Stift Dietkirchen erwähnt. Die Legende von St. Lubentius propagierte geschickt den trierischen Anspruch auf diese „Mutterkirche des Lahngaues". Seit 1021 ist denn auch Dietkirchen Sitz des erzbischöflichen Stellvertreters (Archidiakons) für dessen rechtsrheinische Gebiete.

Drei Jahre zuvor war Koblenz aus königlichem Besitz entlassen worden. Kurz danach scheint der Trierer Oberhirte den Ehrenbreitstein und die Siedlung im „Tal" (Ehrenbreitstein) erworben zu haben. Von hier aus konnte er seinen Einfluss über den Westerwald bis zur mittleren Lahn ausbauen. Der Boden war gut vorbereitet. Der erste deutsche König, Konrad I., hatte großzügig das Georgenstift zu Limburg (seit 910) gefördert und das Walpurgisstift in Weilburg neu gegründet (ca. 900). Sein Neffe, Herzog Hermann von Schwaben, besaß die Nutzungsrechte für das Königsgut Koblenz. Von hier aus hatte er den Bau der Burg Humbach (später: Mons tabor = Montabaur) als Mittelpunkt des Bannforstes Spurkenwald betrieben. Gleichzeitig gründete er das Florinsstift in Koblenz und übertrug ihm Humbach (Montabaur) mit allen Rodungseinkünften.

Aus Königsgut war Kirchenland geworden. Erzbischof Dietrich von Wied restaurierte die konradinische Burg Humbach (13. Jh.), die sein Nachfolger, Arnold von Isenburg, bereits als Residenz nutzte. Damit war klar, wer von nun an in diesem Teil des Westerwaldes das Sagen hatte. Der Erzdiakon (Archidiakon) von Dietkirchen und in gewisser Weise das Florinsstift in Koblenz waren verlängerte Arme des Trierer Oberhirten sowohl in geistlicher als auch in weltlicher Hinsicht. Sie waren durch Verwaltung und Seelsorge wohl eher „volksnah" als manche Behörde von heute.

Im nordöstlichen Westerwald hatte sich das Erzbistum Köln von Siegburg aus bis Marienstatt und Hachenburg vorgearbeitet, was hier nicht im Einzelnen verfolgt werden kann. Gemeinsam mit Trier ließ sich jetzt die Ausdehnung saynischer Macht unterbinden. Die älteren Grafen hatten nämlich einen kometenhaften Aufstieg erlebt und am unteren Mittelrhein, an Sieg und Nister lange den Ton angegeben. Ausgerechnet deren Erben aus sponheimischer Linie verwiesen sie endgültig in ihre Schranken. Die Sayner bleiben wie die übrigen Adelsfamilien fortan zweitklassige Mächte und mehr oder weniger auf ihre Stammlande beschränkt. Da half oft nur „Schaukelpolitik" zwischen den Großen.

Im Erzbistum Mainz, in Rheingau und Taunus, gilt ähnliches, auch was das Nebenund Nacheinander von Licht und Schatten betrifft. Da war es noch im Jahrhundert der Französischen Revolution möglich, dass Erzbischof Franz-Ludwig von Neuerburg nicht mal die Priesterweihe, dafür aber noch Einkünfte aus anderen Bistümern besaß. Längst schien verspielt, was tüchtige Vorgänger aus dem im Taunus beheimateten Geschlecht derer von Schönborn aufgebaut hatten.

Wie man sieht, schafften es Angehörige mancher Adelsgeschlechter durchaus, zur Würde des Erzbischofs (und Kurfürsten) aufzusteigen. Grafen von Wied, Nassau, Isenburg, Schönborn und Walderdoff hielten den Krummstab in Trier, Grafen von Wied, Westerburg und Isenburg-Grenzau den in Köln. Mitra und Kurhut von Mainz trugen neben anderen vier oder fünf Sprossen derer von Eppstein, vier von Nassau und zwei von Schönborn.

Wer heute zum Schlosskonzert nach Engers fährt, dort optisch und akustisch im Kunstgenuss schwelgt, mag dankbar an die kurtrierische Herrschaft zurückdenken, die diesen schmucken Bau als Jagdschloss für Johann Philipp von Walderdorff aus Molsberg im Westerwald errichten ließ (1759–1762). Hofbaumeister Johannes Seiz hat die Planung betont zum Rhein hin angelegt und in der Architektur vielleicht eine gewisse Öffnung zu moderneren Zeiten hin andeuten wollen. Demgegenüber wirkt das burgartige Schloss zu Montabaur (1686–1699) eher noch altmodisch. Doch unterhalb des Wahrzeichens der Stadt wehte auch damals schon frischer Wind, wie hübsche Barockbauten spüren lassen, etwa die Lateinschule (1713, jetzt Verkehrsamt) und der Marstall (1768, jetzt Polizei).

Wie überall hatte die geistliche Herrschaft, die bis zum Ende des Alten Reiches (1803) währte, natürlich ihre Schwächen. Es gab sogar unverzeihliche Entgleisungen wie die heftige Hexenverfolgung im Trierischen. Dennoch empfand das Volk die klerikale Regentschaft milder, und das nicht ohne Grund.

Die Kleriker mussten zölibatär leben. Etwaige Kinder hatten somit kein Erbrecht. Das aber schaffte durchaus andere Verhältnisse als unter weltlichen Herrschaften, bei denen Erbfehden nicht selten auch die Untertanen in Mitleidenschaft zogen. Außerdem hatte es der Klerus nicht so eilig mit der Ablösung eines vorzeitig gealterten Regenten, zumal der kraft Weihe lebenslänglich in Amt und Würden blieb. Da mochte sich harmloser Schlendrian wohltuend breit machen. Wenn dann vielleicht auch noch im Nachbarland der gräfliche Vogt die Knute schwang, dankte der kurtrierische Westerwälder oder der kurmainzische Rheingauer seinem Gott aus vollem Herzen, denn „unterm Krummstab war gut leben".

3.8   Von des Korsen Gnade
Man wird französisch

Der Regierungschef zog als Flüchtling in Montabaur ein. Am 5. Oktober 1792 hatte der letzte Trierer Kurfürst, Clemens Wenzeslaus von Sachsen, vor den herannahenden Franzosen sein gerade erst fertig gestelltes Schloss zu Koblenz verlassen. Vom Westerwald zog er bald mit seinem Gefolge weiter über Frankfurt und Schwetzingen nach Augsburg. Dort war der bisherige Landesherr nebenbei auch Bischof. Die Festung Ehrenbreitstein allerdings widerstand noch lange der feindlichen Belagerung. Und so blieb der Kurstaat rechtsrheinisch formal bestehen, führte aber ein Schattendasein.

In mehreren Wellen brandeten nun Kriegsereignisse über Westerwald, Lahn und Taunus. Noch Jahre später (1798) musste zum Beispiel die Stadt Montabaur an die Franzosen hohe Abgaben zur Finanzierung der Belagerung von Ehrenbreitstein entrichten und Bürger zu Schanzarbeiten freistellen. Im Frieden von Lunéville (1801) ordneten die Sieger dann unsere Heimat neu. Für ihre linksrheinischen Verluste wurden die rechtsrheinischen Fürsten aus Kirchengut entschädigt. So übernahm Nassau-Weilburg nach der Verzichterklärung des Erzbischofs die ehemaligen kurtrierischen Ämter Montabaur, Herschbach, Vallendar mit Grenzau, Ehrenbreitstein mit Simmern und Teile der Augst.[1]

Ungeniert bediente man sich an Klostergut. Unersetzliche Kulturwerte gingen nicht nur beim Abriss von Kirchen (Montabaur, Tiefenthal) und Klöstern (Arnstein) verloren, sondern auch bei bloßer Profanierung der altehrwürdigen Stätten (Eberbach, Nothgottes, Rommersdorf, Sayn, Ehrenstein, Marienstatt).

Inzwischen war Napoleon durch einen Staatsstreich an die Macht gekommen. Die Fürsten von Nassau wandten sich opportunistisch vom Reich ab und dem Aufsteiger zu. Mit anderen Reichsfürsten traten sie dem Rheinbund bei (1806). Zur Belohnung wurden den Nassauern die wiedischen Gebiete mit Freirachdorf und dem Amt Grenzhausen-Selters zugeschlagen. Immerhin milderten sich dadurch ganz erheblich die Belastungen und Belästigungen durch Einquartie-

92

---

[1]   Augst (= wohl keltischer Herkunft: „Bach in der Au"); Gebiet der Gemeinden Arzbach, Eitelborn, Kadenbach, Simmern

rungen, denen die Bevölkerung auch nach dem Frieden ausgesetzt blieb. Aber die Nassauische Herrschaft stammte nun mal von des Korsen Gnade. Und dessen Leute ließen das die Rheinländer auch spüren, vor allem nach dem Triumph über Preußen bei Jena und Auerstedt (1806). Da erfährt man, dass französische Truppen die Bäckerei Mehlbach in Montabaur restlos ausplünderten (1807) und ahnt, was an Leid hinter den martialischen Siegesmeldungen steckt.

Unmittelbar unter französische Kuratel gerieten dagegen alle Einwohner der Nassau-Oranischen Lande, weil diese dem Rheinbund fern geblieben waren. Die oranischen Stammlande samt der Herrschaft Westerburg wurden dem Großherzogtum Berg einverleibt. Diesen neu geschaffenen Pufferstaat regierte Joachim Murat, ein Schwager Napoleons und von diesem geadelt. Als Großherzog Joachim I. König von Neapel wurde (1810), vereinigte Napoleon das Großherzogtum mit Frankreich und gliederte die Verwaltung neu in Départements (zum Beispiel Sieg), Arrondissements (zum Beispiel Dillenburg), Kantone (Rennerod und Westerburg) mit Mairien (Rennerod, Marienberg, Höhn, Emmerichenhain und Westerburg, Gemünden).

Mit den Befreiungskriegen (1813/14) verschwand die Fremdherrschaft, freilich nicht ganz beschwerdefrei. Wieder hatte die Bevölkerung Kriegslasten zu tragen und Einquartierungen zu erdulden. So rückten Ende Oktober 1813 von Hadamar her Kosaken in Montabaur ein, wo der russische Kommandeur sein Hauptquartier aufschlug. Mitte November erreichten dann die Alliierten den Rhein. Der Westerwald war wieder deutsch.

Die französische Herrschaft wurde zunächst nur von ganz wenigen Intellektuellen begrüßt. Die Mehrheit der Bevölkerung dürfte sich mit den Gegebenheiten abgefunden haben. Aber die Verwaltungsreform zeigte spürbare Wirkungen, die zum Teil bis heute als Errungenschaft gelten müssen: Abschaffung der Leibeigenschaft (1808), einheitliche Steuergesetzgebung, transparente Gerichtsorganisation oder Gleichheit vor dem Gesetz. Was damals eingeführt wurde, ist heute oft noch selbstverständlicher Alltag wie etwa Ziviltrauung, individuelles Grundeigentum, metrisches Maß- und Gewichtssystem. Keine Gegenliebe fanden die Franzosen mit ihrem neumodischen Kalender, der altvertraute Namen und Zählweisen ersetzen sollte.

Vor allem aber schnappten Kinder und Jugendliche wie zu allen Zeiten die Sprache der Besatzer auf und ahmten ihre Moden nach. Französisch war schon längst Sprache der Gebildeten und durchsetzte nun auch noch den Dialekt, nicht anders als heutzutage angloamerikanisch. Vieles, was manche jetzt für „Westerwälder Platt" halten, ist im Grunde französischen Ursprungs.

3.9 Ausreißer und Auswanderer
Wenn's eng wird im Westerwald

❧ Heun liegt in Nebraska, Urbach im Gebiet der Wolga, Nassau in Delaware und auf den Bahamas. Urbach ist mittlerweile russisch umbenannt und war wohl nur zufällig namensgleich mit der Westerwälder Gemeinde. Aber deutschen Ursprungs sind sie allemal. Gerade die Westerwälder trieb es immer wieder davon. Die frommen Sehnsüchte des Mittelalters werden uns noch beschäftigen (vgl. Kapitel 5). Man reise aber auch anders und aus anderen Gründen zu anderer Zeit. So suchten nach dem Dreißigjährigen Krieg so viele Westerwälder im Bergischen, in der Pfalz und in Lothringen Arbeit, dass der Graf von Sayn-Hachenburg 1665 die Abwanderung per Verordnung untersagte, weil nach den Kriegszerstörungen zu Hause noch genug zu tun sei.

Liest man in alten Chroniken, kann man nur staunen, wo überall in der Welt sich Westerwälder tummelten und wie häufig umgekehrt Ausländer hierzulande Arbeit gefunden haben. Für schnelles Geld und um wohlklingender Versprechen willen tauschte mancher Haus und Hof gegen eine ungewisse Zukunft in der Ferne. Oder es waren nachgeborene Söhne, die weder beim Bruder Knecht sein noch Geistlicher oder Lehrer werden wollten. Mit hellem Kopf und starker Hand war man überall gefragt. Und wenn alles nichts half, hieß es: „Ab nach Kassel!" oder sonst wohin, wo Kriegsdienst winkte. Wie es den armen Kerlen erging, die sich in London nach Amerika einschifften, hat bereits 1709 Ezechiel von Hachenburg beschrieben.

Wie einst Landgraf Karl von Hessen-Kassel (1670–1730) Söldner anwarb und nach ausländischen Kriegsschauplätzen vermittelte, so waren im 18. Jahrhundert Fremdenlegionäre in den spanischen Kolonien Mittel- und Südamerikas gefragt, wo die Unabhängigkeitskriege tobten. Nicht zuletzt der Hungerwinter 1816/17 trieb so manchen in die Fremde.

Mehr als die Söldner haben Ingenieure, Investoren, Geistliche, Lehrer, aber auch Offiziere und Politiker in fremden Ländern mitgemischt. An ihrer Spitze steht der aus Dillenburg stammende Graf Johann Moritz von Nassau-Siegen (1604–1679), der sieben Jahre segensreich als Gouverneur von Pernambuco (Brasilien) gewirkt hat.

Preußen propagierte von 1722 bis 1726 systematisch die Auswanderung nach Ostpreußen, weil dort eine Epidemie die Bevölkerung dezimiert hatte. Allein aus dem Kirchspiel Marienberg folgten im Jahre 1724 insgesamt 134 Personen dem Ruf nach Osten.

Katharina II., seit 1762 Zarin, benötigte Siedler für die endlosen Weiten Südrusslands. Sie köderte unsere Landsleute mit der Aussicht auf Steuerfreiheit und Befreiung vom Militärdienst. Die Westerwälder folgten wegen mehrerer Missernten dem Ruf umso bereitwilliger. Dazu kam, dass der Absolutismus ein für viele unerträgliches innenpolitisches Klima erzeugt hatte. Auch die dünn besiedelten Gebiete in Polen und Rumänien waren lockende Ziele für Kleinbauern, deren Höfe durch Erbteilung entwertet waren, oder für Handwerker, deren Betriebe nicht mehr mit Industrieprodukten konkurrieren konnten. Allein im Jahre 1763 sind rund 27 000 Deutsche der kaiserlichen Einladung gefolgt. Als Stalin 1941 mit der brutalen Vertreibung begann, lebten 400.000 Deutsche allein an der Wolga.

Unter Zar Alexander I. gab es 1803 und 1814 abermals Werbekampagnen. Es entstanden in Russland die beiden Kolonien Alt- und Neu-Nassau, in denen die Leute von Westerwald, Lahn und Taunus bis 1874 weitgehende Freiheiten genießen durften. Die dann einsetzende Knebelung war Vorspiel zum Ende in Weltkrieg und Revolution. Doch blickte man in Westerwald und Taunus nicht nur nach Osten, auch West- und Südeuropa lockte.

In Holler nannten sie ihn den „Spanier". Dabei war er waschechter Westerwälder und wohnte „auf dem Acker" (heute: Niederelberter Straße). Jahrelanger Aufenthalt in Katalonien hatten ihm den Spitznamen eingebracht. Solche Leute wurden vor fünfzig Jahren im Westerwald noch bestaunt oder aber mit Kopfschütteln bedacht. Hieß es doch: Bleibe im Lande und nähre dich redlich!

Doch die Versuchung war groß. Immer wieder wagten Einzelne, diese Schulweisheit in den Wind zu schlagen. In allen Richtungen zog der Fernverkehr über den Westerwald und zeigte den Einheimischen, was draußen so los war. Die wiederum profitierten durch Verkauf und Dienstleistung. Nur wenige Dörfer waren so entlegen, dass sie von alledem nichts mitbekommen hätten. Die Mär von der Abgeschiedenheit unserer Gegend stammt aus der Zeit, als die Eisenbahn vorübergehend den Massenverkehr an sich zog. Aus Neuwied stammt ein Mann, der maßgeblich zur Erforschung beider Amerikas beigetragen hat. Maximilian Prinz zu

Wied (1782–1867), dem Vorbild und Rat des Alexander von Humboldt folgend, durchstreifte die Regenwälder der brasilianischen Atlantikküste und den „Wilden Westen" am Missouri. Seine völkerkundlichen und zoologischen Sammlungen gehören heute zu den Prunkstücken großer Museen in Berlin, Stuttgart und New York.

In Holzappel diskutierte Goethe 1815 mit dem Bergrat Johann Christian Lebknecht Schmidt über Gangverschiebungen im Grundgebirge des Westerwaldes. Dieser Schmidt war Begründer und Leiter der Bergschule in Siegen, an der viele Westerwälder ausgebildet worden sind. Fast 50-jährig raffte er sich noch auf und wanderte nach Mexiko aus, wo er allerdings zwei Jahre später an der Ungunst des Klimas starb (1830).

Den Hintergrund bildete die Gründung des Deutsch-Amerikanischen Bergwerkvereins durch die Brüder August und Christian Jung aus Kirchen/Sieg (1824). Dessen Manager war Wilhelm Stein, der ebenfalls aus Kirchen stammte. Als Sekretär im Oberbergamt Bonn hatte er dienstlich mit Gruben in unserer Gegend zu tun. So konnte er eine Reihe von Bergleuten zur Auswanderung nach Mexiko überreden, dessen Silbervorkommen unerschöpfliche Reichtümer verhießen. Die Listen nennen verbreitete Familiennamen wie Heuser, Leyendecker, Loch oder Mockenhaupt.

Texas wurde zum begehrten Ziel für Unternehmungslustige, als Herzog Adolf von Nassau 1842 den „Verein zum Schutz deutscher Einwanderer in Texas" (auch: Texasverein) gründete. Mitgründer waren neben anderen der Fürst zu Wied, die Grafen von Walderdorff, Leiningen-Westerburg und Hatzfeld. Die vermeintliche Sicherheit zerstob, als die USA 1848 Texas okkupierten. Die spätere Massenauswanderung sorgte jedoch dafür, dass der deutschsprachige Anteil der texanischen Bevölkerung bis etwa 1860 überwiegend von Auswanderern aus unserer Heimat gebildet wurde. Umgekehrt nannte sich eine Fischzuchtanstalt samt Restaurant unterhalb von Welschneudorf „Texas" in Erinnerung an diese alten Beziehungen. Außer Ingenieuren und Pionieren zog es auch Schriftsteller und Politiker nach Amerika, die der geistigen Enge des Vormärz oder gar polizeilicher Nachstellung entflohen. Dem Schriftsteller und Kunstprofessor Gottfried Kinkel (1815–1882) aus Oberkassel am Siebengebirge wurde zum Verhängnis, dass er sich am pfälzisch-badischen Aufstand (1849) beteiligt hatte. Das brachte ihm die Verurteilung zu lebenslänglicher Festungshaft ein. Doch hatte er Glück. Ein flüchtiger Gefährte konnte ihn befreien und Kinkel floh nach Großbritannien und später in die Schweiz. Das Bravourstück der Befreiung hatte Carl Schurz (1829–1906) aus Liblar (Erftstadt) vollbracht. Stark von Kinkel beeinflusst ging dieser in die USA, trat dort der Republikanischen Partei bei und hat maßgeblich zur Wahl Abraham Lincolns und zur Abschaffung der Sklaverei beigetragen.

Die Welle der Auswanderung schwappte nach der Revolution (1848) deutlich in die Höhe und erfasste immer mehr Menschen aus den benachteiligten Bevölkerungsgruppen. Bei der schier aussichtslosen Lage der Kleinbauern und Tagelöhner schienen für viele von ihnen im „Land der unbegrenzten Möglichkeiten" bessere Aussichten zu winken. Übersee-Passagen vermittelten für die Hamburg-Amerika-Linie sogar Agenten im Nachbardorf. Wie viele Westerwälder deren Angebot folgten, ist neuerdings ausführlich dargestellt worden. Allein nach Texas sind aus dem Bereich der heutigen Verbandsgemeinde Montabaur bis 1855 mehr als dreihundert Personen ausgewandert. Unter den Gründern von Fredericksburg befanden sich Familien aus Heiligenroth (Johann Meurer), Holler (Peter Pehl), Kadenbach (Jakob, Joh. Friedrich und Johann Metzger), Neuhäusel (Peter Fuchs) und Niederelbert (Johann Keller, Johann Klein, Johann Leyendecker, Christian Vogel, Anton Kraus). Noch 1853 lösten die Einwohner von Sespenrod im Gelbachtal bei Montabaur ihr Dorf restlos auf und bezahlten mit dem Erlös die Überfahrt nach Nordamerika aus. Von den 23 Familien machten sich 19 auf den Weg, insgesamt 76 Personen. Der Heimatforscher Guido Feig hat ihre Spuren bis nach Milwaukee in Wisconsin verfolgt und gewissenhaft notiert.

Und ebenso wuchs die Gegenliebe. Heute wandeln nämlich die amerikanischen Nachkommen gerne „on the roots" im Westerwald. Die Deutsch-Texanische Gesellschaft (gegr. 1994) ist zugleich ein Partnerschaftsverein zur Förderung der Beziehungen zwischen Montabaur und Fredericksburg.

Selten nur gelang „drüben" der große Wurf, wie er Carl Schurz glückte. Eine vergleichbare Karriere erlebte John Peter Altgelt. Er war als Johann Peter Wilhelm Altgeld 1847 in Selters im Westerwald geboren worden, ging 1848 als Rechtsanwalt in die Staaten und schaffte es bis zum Gouverneur von Illinois (1893–1897). Präsident John F. Kennedy würdigte Altgelt als „der vergessene Adler" (nach R. Lindsay) in „Profiles in courage".

Gar nicht ins übliche Schema passt der Bürgermeister von Lahr, Wilhelm Heun, der 1867 mit seiner großen Familie nach Nebraska auswanderte, obwohl er vermögend und gesellschaftlich hoch angesehen war. In der neuen Heimat organisierte er mit deutschen Nachbarn das Gemeindeleben. So wurde ein Westerwälder Familienname zum amerikanischen Ortsnamen.

Ein anderer dieses Namens und ebenfalls aus Lahr stammend, Alfons Heun, gründete 1938 im brasilianischen Staat São Paulo das Zisterzienserkloster Itatinga. Seinen Lebensabend verbrachte er in Marienstatt. Fast gleichzeitig gründete dort der aus Niederelbert stammende Abt Karl Albert Münz das Ordenshaus Itaporanga. Beide Klöster liegen im Staat São Paulo und standen bis nach dem Zweiten Weltkrieg unter der Aufsicht (Visitationsrecht) von Marienstatt und dessen Schwesterkloster Himmerod in der Eifel.

Überhaupt haben zahlreiche Westerwälder im Auftrag der Kirchen in Übersee gewirkt. Gustav Sturzer war zunächst evangelischer Pfarrer in Selters (1864–1866), ehe er nach Brasilien ging. Zuletzt wirkte er als Pflanzer bei Blumenau. Den Priester Heinrich Freisberg (1871–1930) aus Nauort scheint allerdings sehr großes Heimweh geplagt zu haben. In vielen Gedichten pries er aus der Ferne Südamerikas den Westerwald.

Barmherzige Brüder von Montabaur wirken seit 1924 in Buffalo im Staate New York. Die Armen Dienstmägde Jesu Christi aus Dernbach unterhielten bereits 1893 insgesamt 23 Häuser in den USA. Der vormalige Abt von Marienstatt, Dominicus Willi, förderte als Bischof von Limburg die Missionsarbeit der Pallottiner und Pallottinerinnen.

Viele Westerwälder machten in den Missionshäusern zu Vallendar, Ehrenbreitstein und Limburg ihre Ausbildung, ehe sie die Aussendung erhielten nach Nord- und Südamerika, Australien und Kamerun, das damals deutsche Kolonie war. Namentlich sei der Jesuit Ambros Schupp aus Montabaur erwähnt, der seit 1874 an Höheren Schulen in Südbrasilien lehrte und als Jugendschriftsteller das Leben der Auswanderer geschildert hat. Die Missionsgesellschaften der evangelischen Kirche waren nicht minder segensreich im Ausland tätig.

Auch Lehrer verpflichteten sich zum Dienst in der Fremde. Emil Dapprich aus Emmerichenhain gründete 1866 in Georgetown bei Washington eine deutsche Schule und machte sich um die Unterrichtsreform verdient. Dr. Johannes Jacobi leitete die deutsche Schule in Rio de Janeiro, ehe er ab 1948 an einem Gymnasium in Neuwied unterrichtete. Der Germanist Dr. Dieter Cunz aus Höchstenbach erforschte nach seiner Emigration nach Amerika als Hochschullehrer die deutsche Einwanderung. Auch Pater Dr. Hugo Hoever aus dem Kloster Marienstatt war ungefähr gleichzeitig als Professor nach Indiana (USA) gegangen.

Massenflucht – so möchte man es schon nennen, wenn man die zur Mitte des 19. Jahrhunderts zunehmende Auswandererquote nach Amerika betrachtet! Übersehen wird dabei gerne, dass es solche Massenfluchten ja auch schon zu anderer Zeiten und in andere Richtungen gegeben hat (vgl. auch S. 134,139).

3.10 Gekrönte Häupter
Wiedische Schicksale auf dem Balkan

🦋 „Manche haben's im Blut", wird gerne behauptet. Das würde dann bestimmt auf die Grafen und Fürsten zu Wied zutreffen. Schon im Alten Reich trugen Männer aus dieser uralten Westerwälder Familie Mitra und Kurhut. Dem Trierer Erzbischof Dietrich II. (1212–1242) verdankt Montabaur seinen jetzigen Namen, der davor schlicht Humbach lautete. Als Kölner Erzbischöfe und Kurfürsten amtierten gleich drei Sprosse von Wied: Arnold II. (1151–1156), der Stifter von Schwarzrheindorf, Hermann V. (1516–1546), der mit Melanchton Gespräche über die Reform der Kirche führte, und sein Neffe Friedrich IV. (1562–1567). Militärische Karriere im Dienst der Krone machte vor allem Graf Carl zu Wied (1710–1765), der zunächst als Oberstleutnant auf dem Balkan für Österreich gegen die Türken focht, dann aber in den Dienst des Königs von Preußen trat. „Im Pulverdampf des Siebenjährigen Krieges als Generalleutnant" (Hans-Jürgen Krüger) bewährte sich Carl siegreich, so dass der Alte Fritz seinen Gratulationsbrief vom 26. September 1762 schloss: „Ich bin Euer wohlaffectionirter König Friedrich". Der „General Neuwied" ist auf dem Sockel des Reiterstandbildes Friedrichs des Großen in Berlin verewigt. Bekanntlich gibt es Preußen nicht mehr. Und wie irrsinnig die innerdeutschen Kriege gewesen sind, mag man daran ermessen, dass gleichzeitig im Dienst der Krone Habsburgs ein Vetter Carls marschierte: Carl Friedrich zu Wied-Runkel. Durch seine Erfolge gegen Preußen brachte er es bis zum Generalfeldmarschall der Kaiserin Maria-Theresia. Bei einer unmittelbaren Begegnung auf dem Schlachtfeld hätten die beiden Prinzen als „Feinde" aufeinander schießen müssen. Während der Schlachten von Prag und Torgau hätte es leicht dazu kommen können.

Ungefähr hundert Jahre später sollte der Balkan abermals wiedische und zugleich monarchische Schicksale bestimmen. Es war die Zeit, als sich dort die Völker von der türkischen Oberhoheit zu befreien suchten. Im ersten Kapitel dieser Geschichte begegnet uns eine Frau aus dem Westerwald. Elisabeth zu Wied war 1843 auf Schloss Monrepos an der Abbruchskante des Westerwaldes zum Neuwieder Becken geboren worden. Durch die Ehe mit Fürst Karl von Hohenzollern-Sigmaringen, der seit 1881 als König Carol I. Rumänien regierte, war sie nun Königin Elisabeta. Und das sogar vorbildlich, indem sie sich Sprache und Sitten des Landes soweit wie möglich aneignete, sich sozial und kulturpolitisch engagierte. Wenn man so will, führte sie gleichsam ein Doppelleben. Bekannter nämlich ist sie in ihrer parallelen Rolle als Dichterin, die sie aus einer Berufung erfüllte und nicht als Alibifunktion, wie sie bei Gattinnen von Politkern und Herrschern fast schon üblich ist.

Unter dem Namen Carmen Sylva, der heute noch wohlklingend vernommen wird, veröffentlichte sie seit 1880 Lyrik und Prosa sowohl mit Motiven aus der rheinischen Heimat als auch solchen des Gastlandes, „ihrem" Königsreich. Ihr Pseudonym, zu deutsch „Waldlied", bringt das Heimweh nach dem Westerwald zum Ausdruck. Sie war Naturtalent und dichtete anfangs nur zu privatem Vergnügen. Erst Wilhelm von Kotzebue vermittelte ihr „das ABC der Dichtkunst", und der Komponist August Bungert, seit 1894 in Leutesdorf, half ihr als kritischer Leser und Korrektor. Im Kriegsjahr 1914 Witwe geworden, blieb sie dennoch in Bukarest, wo sie 1916 starb. Sie bekennt: „Ich hatte drei Schrecken in meinem Leben von der frühesten Kindheit an: einen Thron, ein kinderleeres Haus und die Meinen zu überleben durch ein hohes Alters".

Lange Zeit kaum wahrgenommen, ist sie inzwischen wieder entdeckt worden. Gero von Wilpert charakterisiert sie als „geist- und phantasievolle Dichterin in neuromantisch impressionistischem Stil". Weil sie ihre Liebe zu den heimischen

Wäldern auf die der Karpaten und Siebenbürgens übertrug, weil sie Rheinländer und Rumänen gleichermaßen schätzte, ist die Dame vom Rhein, die Frau vom Westerwald, zugleich eine Persönlichkeit europäischen Zuschnitts.

Dieser Westerwald, die Buchenwälder über dem Steilhang des Rheintales, hat ihre Vorstellungswelt, ihre Gefühle geprägt. Sie erzählt selber davon: „Ich bin im Walde groß geworden, im schönsten Buchenwalde, der höher war als unser Schloss und so nahe, dass der Schatten bis an unsere Schwelle fiel. Da habe ich oft aus dem Fenster den Kuckuck, die Wildtauben so nachgemacht, dass sie ganz dicht herankamen und immer mehr und mehr schrieen, weil sie ganz ärgerlich waren über den fremden Vogel. Und im Herbst, wenn die Abende dunkel waren, dann zogen wir mit einer einzigen Blendlaterne in den Wald zu einem wunderschönen Punkt, der hieß die Friedrichsthaler Aussicht, um die Hirsche schreien zu hören … Im Herbst, da schreien auch die Eulen und Käuzchen ums Schloss, und da kam meine Mutter manchmal ins Kinderzimmer gelaufen, weil sie meinte, eins der Kinder habe geweint. … Vögel hatte ich natürlich zu Hunderten an meinem Fenster, denn ich fütterte sie den ganzen Winter. … Das Fenster ist noch da, an dem ich sie fütterte. Und derselbe wilde Wein schlingt sich noch darum, obwohl ich schon dreißig Jahre fort bin. Nun kann man sich vorstellen, wie viel der Wald mir erzählt hat, besonders auf meinen einsamen Spaziergängen." (zitiert nach Walter Steinert)

Doch als ob manche ihrer Biographen vom Glanz der Königin und dem Ruf der berühmten Poetin geblendet seien, übergehen sie gerne die Wurzeln in Landschaft und Volk des Westerwaldes, die diese Fürstin und Majestät auszeichnet. Den türkisch-rumänischen Krieg (1877/78) verfolgte sie nicht aus der Distanz des Palastes. Wie ihr Mann die Uniform, so legte sie Schwesterntracht an und erscheint persönlich und helfend im Lazarett. Ja, man rühmt ihre hohe Bildung, die souveräne Beherrschung mehrerer Fremdsprachen, die schriftstellerische und lyrische Begabung. Zu wenig aber erfährt man von der praktischen Seite ihrer Ausbildung. Bei Bauern im Westerwald lernte sie, wie man Korn schneidet und drischt, Heu „macht", Bohnen pflückt, Kartoffeln und Rüben aushebt und lagert. Nähen lernte sie so gut, dass sie rumänische Mädchen anlernen konnte. Noch kurz vor ihrem Tod kündigte sie an, sie „werde noch vieles anbahnen, Weberei, Seidenzucht und Töpferei in großem Maße". Liebevoll sprachen ihre Untertanen von „Mama Regina".

Ganz im Westen des Balkan, „im Land der Skipetaren", musste der „kranke Mann am Bosporus" – das osmanische Reich – seine Vorherrschaft aufgeben. Nach dem Willen der Großmächte – Italien, Österreich-Ungarn, Deutschland, England, Frankreich und Russland – sollte Albanien ein unabhängiges Fürstentum werden. Seine Unabhängigkeit war zwar anerkannt, aber spannungsgeladen. Einer der Gründe war – ähnlich wie heute – der erzwungene Verzicht auf den Kosovo. Der andauernde Streit um das osmanische Erbe drohte in einen neuen Balkankrieg auszuarten. Zwischen Bulgarien und Serbien kam es zu bewaffneten Feindseligkeiten, in die unerwartet Rumänien eingriff. Die Mobilmachung durch König Carol I. zwang die europäischen Politiker zu eiligem Handeln. Auf einer Botschafterkonferenz in London zu einer Übereinkunft, nach der innerhalb von sechs Monaten ein Fürstentum Albanien errichtet und ein Regent zu ernennen sei. Dies und der Waffenstillstand wurden im Frieden von Bukarest (10.8.1913) besiegelt. Historiker sind der Meinung, dass man damals bereits knapp an einem Weltkrieg vorbeigeschlittert sei.

Sofort setzte nun ein heftiges Ringen um die Regentschaft ein. Fast jede der Großmächte hielt einen eigenen Kandidaten parat. Schließlich einigte man sich auf den Vorschlag Rumäniens, das die stärkste Position auf dem Balkan innehatte: Wilhelm Prinz zu Wied aus Neuwied, Rittmeister und Chef eines Eskadrons im 3. Garde-Ulanen-Regiment, sollte Regent werden. Die Wahl war kein Zufall, wenn man bedenkt, wer auf dem rumänischen Thron saß. Das Königspaar drängte Wilhelm, der in Bukarest weilte, zur Annahme des Amtes.

Königin Elisabeth ergriff in der österreichischen Presse sogar offen Partei für ihren Verwandten aus Neuwied. Wieder einmal bemüht sie ihre Westerwälder Wurzeln, wenn sie schreibt: „Am Rhein, im tiefen Walde, steht noch der alte Stamm, … der hat viele Sprösslinge. Den einen davon werde ich euch senden, der kann euer Führer sein." (zit. n. J. Strüder)

Die albanische Regierung erhielt von den Mächten den Auftrag, Delegierte aller Stammesgruppen einzuberufen, um eine formelle Wahl des von ihnen designierten Fürsten durchzuführen. In Neuwied war man sich der heiklen Aufgabe durchaus bewusst. Die Nachrichten vom Balkan waren damals kaum viel günstiger als heute. Albanien selbst wurde als rückständig beschrieben, selbst die Residenzstadt Durrës (italienisch: Durazzo) gleiche eher einem Dorf. Zudem sei das Land durch religiöse Gegensätze gespalten. Andererseits hofften viele, dass ein Fürst „neutraler" Herkunft die bürgerkriegsähnlichen Zustände am ehesten überwinden könne. Am 21. Februar 1914 proklamierte im Schloss zu Neuwied eine albanische Delegation von 18 Vertretern der Volksgruppen unter Führung von General Essad Pascha den Prinzen Wilhelm zu Wied zum Fürsten (Besret) von Albanien. Wohl ohne dafür legitimiert zu sein, schloss Essad Pascha seine Rede mit dem Ruf: „Es lebe Seine Majestät, der König von Albanien".

Stadt und Fürstenhaus verliehen dem Akt das äußere Gepränge. Die Neuwieder Schützengesellschaft stellte die Ehrenkompanie. Der fürstliche Hofmarschall Freiherr von Malchus leitete die Zeremonien. Nach dem Festmahl verbrachten die Albaner den Nachmittag in gelöster Atmosphäre auf Monrepos.

Bereits am 4. März reisten Wilhelm Prinz zu Wied und seine Gemahlin Sophie von Schönburg-Waldenburg über den österreichischen Kriegshafen Triest auf der Marinejacht „Taurus" nach der albanischen Hafenstadt Durrës. Der begeisterte Empfang durch Tausende von Albanern war aber von zu hohen Erwartungen durchwirkt. Schon bald wurden aus dem Süden des Landes Unruhen gemeldet, die den Prinzen zur Mobilmachung zwangen. Irreguläre Banden und offensichtlich von Griechenland unterstützte Aufständische brachten die Regierung derart in Verlegenheit, dass eine internationale Kontrollkommission gebildet wurde. Sie hatte noch weniger Erfolg als die Interventionen des Auslands heutzutage.

In dieser Lage wechselte General Essad Pascha, der zuvor in Neuwied noch stramm salutiert hatte, die Fronten. Vom Fürsten als Minister entlassen, organisierte er eine Revolte. Doch konnte er mit Hilfe österreichischer Truppen gefangen gesetzt werden. Das beherzte Durchgreifen des wiedischen Prinzen blieb nicht ohne Wirkung. Aber seine Macht stützte sich zuletzt nur noch auf die ausländischen Marineeinheiten, während das religiös und politisch zerrissene Land immer mehr seiner Hand entglitt. Angesichts des schwierigen Geländes und der Unterstützung der Rebellen aus Griechenland hatte auch das zuletzt noch aufgestellte österreichisch-ungarische Freiwilligenheer keine realen Chancen.

Der Ausbruch des Ersten Weltkriegs entschied dann das Los der Regentschaft. Die Mächte hatten jetzt andere Sorgen. Prinz Wilhelm stand allein, erklärte nach fünfmonatiger Herrschaft seinen Rücktritt und zog sich auf einem italienischen Kriegsschiff nach Venedig zurück. Europa begann sich zu zerfleischen. Pflichtbewusst trat Wilhelm wieder in die Armee ein und nahm am Weltkrieg teil. Er lebte später mit seiner Gattin (†1936) auf deren Besitzung in Rumänien, wo er 1945 verstorben ist.

Eine deutsche Illustrierte vollbrachte vor wenigen Jahren ein Meisterstück an Geschichtsschreibung, in dem tatsächlich versucht wurde, Prinz Wilhelm zu Wied als Ursupator hinzustellen, der verwegen nach der Krone eines fremden Landes gegriffen habe. Da war die „Neuwieder Zeitung" seiner Zeit gerechter, als sie schrieb: „Sicher ist, dass Fürst Wilhelm das redliche Bestreben und alle Fähigkeiten hatte, für das ihm anvertraute Volk den Anschluss an die Kultur Westeuropas zu gewinnen. Wenn die Mission des Fürsten zu scheitern drohte, so liegt die Schuld an mancherlei Schwierigkeiten, die sich seiner Regierungstätigkeit in den Weg stellten. Prinz Wilhelm zu Wied hatte mit der Annahme der albanischen Fürstenkrone ein großes Opfer auf sich genommen; sein ausgeprägtes Pflichtbewusstsein ließ ihn, da er als Fürst ausersehen war, nicht zögern, die Aufgabe anzunehmen, trotzdem die Schwierigkeiten und Gefahren vom ersten Augenblick an riesengroß vor ihm standen. Diese Kühnheit des Entschlusses, wie die persönliche Tapferkeit, Zähigkeit und Klugheit, die Fürst Wilhelm in den sechs Monaten der Herrschaft an den Tag legte, sichern ihm dauernde Anerkennung und Achtung im Urteil der Geschichte."

Blickpunkt

Altwied
Durch stille Burgen und hohen Wald
Schlingt zärtlich sich der Bach.
Dort wo der Hirsche Schrei verhallt –
Durch Hammerwerkgekrach.

Er sieht so wegsunschlüssig aus,
Und hat so viel gesehn,
In Kriegsgetümmel und Schlachtenkraus
Das Thal in Flammen stehn,

Von Römerzeit und Ritterstreit
Und Glaubenskampf und Haß; –
Drum träumt in Herzensmüdigkeit
Er seines Wegs fürbaß.

Ich fragte seine Wellen viel,
Die haben viel erzählt,
Es hat ihr launig krauses Spiel
Der Zeiten Sinn beseelt.

Carmen Sylva

3.11   Schlacht am Siebengebirge
Separatisten im französischen Brückenkopf

Schreckensnachricht bald nach Neujahr: Frankreich und Belgien hatten das Ruhrgebiet besetzt (1923). Auch südlich war die Grande Armée aufmarschiert und löste die wenigen noch verbliebenen Amerikaner ab. Es entstanden die französischen Brückenköpfe Köln-Bonn, Koblenz und Mainz-Wiesbaden. Zusätzlich bildete das Gebiet östlich des gesamten Rheinstromes eine entmilitarisierte Zone von etwa 50 Kilometer Tiefe, in die immer wieder französische Truppen zu Sanktionen einbrachen.

Unmittelbar nach dem Krieg (1918) war die Stimmung im Westerwald und an der Lahn noch ganz anders gewesen. Die Abdankung des Kaisers ließ wie überall am Rhein alte Animositäten gegen Preußen aufflackern. Man träumte sogar von einem selbstständigen „Rheinstaat" innerhalb des Reiches. Schon im Oktober war das Koblenzer Schloss besetzt und eine „vorläufige Regierung" eingesetzt worden. Im November wurden Linz, Unkel, Rheinbreitbach, Bad Honnef und andere Orte am Rhein, nicht aber Neuwied von Separatisten besetzt und die „Rheinische Republik" ausgerufen. Schließlich plädierte sogar Anfang Dezember 1918 bei einer Massenveranstaltung der Zentrumspartei der spätere Reichskanzler Wilhelm Marx für eine Rheinisch-westfälische Republik, die allerdings innerhalb des Reichsverbandes verbleiben sollte. Beflügelt von dieser Stimmung gründete der Wiesbadener Staatsanwalt Dr. Hans Adam Dorten einen „Nassauischen Aktionsausschuss" mit entsprechender Zielsetzung. Resolutionen der Stadt- und Gemeinderäte von Dernbach, Montabaur, Ransbach, Siershahn und Wirges, von Dietkirchen, Lahnstein, Camberg und Wiesbaden Ende Januar 1919 galten als bedingte Zustimmung. Dennoch scheiterte Dorten beim ersten Anlauf. Wie es scheint, waren es also eher die ehemals kurtrierischen sprich katholischen Gebiete von Westerwald, Lahn und Taunus, die sich gegen das Reich und zu Gunsten Frankreichs orientierten. Die Angst ging um, das Deutsche Reich könne zerfallen und neue Staaten würden entstehen. Dann wollte man lieber einer Rheinisch-Westfälischen Republik à la Dorten zugeschlagen werden.

Schon damals warnten prominente Stimmen, wie die des Kölner Oberbürgermeisters Konrad Adenauer und des Limburger Bischofs Augustinus Kilian davor, die Reichseinheit zu gefährden. Vier Jahre später hatte sich die Siegermacht beim Pokern um Reparationszahlungen sowieso alle Sympathien verscherzt. Nur mit Gewalt konnte sie aufkeimenden Widerstand niederwalzen.

Ein Fall nur: Seit dem 25. Februar 1923 war eine Kompanie Kolonialsoldaten (Marokkaner) in Montabaur stationiert. Dann wurden die Zeitungen verboten und führende Politiker aus dem französisch besetzten Gebiet ausgewiesen, darunter Landrat Hans Bertuch. Dessen Geschäfte übernahm im Juli Kreisdeputierter Heinrich Roth aus Holler, bis auch er bei Freiendiez aus der Besatzungszone vertrieben wurde.

Der Vollzug des Befehls war wie jede Reise vom und ins Reich ein kleines Abenteuer. In der „Zone" verkehrten nicht die Reichsbahn, sondern Züge, die von der Besatzung betrieben wurden. Als „Regiebahn" waren sie geächtet und wurden boykottiert von jedem, der sich als „echter Deutscher" empfand. Wollte man beispielsweise von Montabaur nach Westerburg, so hätte man – wenn schon – bis Wallmerod mit der Regiebahn fahren und dann zu Fuß über Bilkheim und Salz zum Bahnhof Herschbach gehen können, wo Endstation der Reichsbahn war. Aber bis dahin lief man halt zu Fuß, wenn nicht zufällig ein Fuhrwerk unterwegs zum Aufsitzen lud. Heinrich Roth tippelte damals mit seinem Handgepäck von Zuchthaus Freiendiez bis zum Bahnhof in Limburg, wo er einen Zug nach Hadamar bestieg. Dort fand der populäre Politiker im Haus der Barmherzigen Brüder von Montabaur ein erstes Quartier.

Die Demarkationslinie am Brückenkopf war längst zur Zollgrenze entartet. Das Wirtschaftsleben erlahmte, der Geldwert stieg Schwindel erregend. In den Städten kostete ein Brot 15 Millionen, später 50 und dann 200 und mehr Millionen Mark. Unter dem Druck der Inflation gaben Kreise und Städte Kassenscheine und anderes Notgeld aus. Damit war beispielsweise in Montabaur schon 1919 begonnen worden, weil die amerikanischen Besatzungssoldaten deutsches Kleingeld als Souvenir mitnahmen. Ein Verbot des Ministeriums für Handel und Gewerbe (3. 5. 1921) fruchtete kaum, ja, es wurde durch die spätere Geldentwertung überholt. Erst mit Einführung der Rentenmark im Oktober 1923 begann sich eine Stabilisierung der Währung abzuzeichnen.

Der durch die vielen Unzuträglichkeiten im Alltag noch beschleunigte Stimmungswandel wurde von den Separatisten total unterschätzt. Unverdrossen fochten sie für die alten politischen Ziele, von der französischen Führung zwangsläufig geduldet, kaum geschätzt und wohl nur von den unteren Chargen des Militärs spürbar begünstigt. Nach Monaten der Ungewissheit bekam die Bevölkerung es jetzt zu spüren. Im zweiten Anlauf hatte nämlich am 25. Oktober 1923 Separatisten in Koblenz Schloss, Rathaus und Post besetzt. Bereits am folgenden Tag berichtete das „Kreis-Blatt" in Montabaur knapp und deutlich zurückhaltend über die „Vorgänge am Rhein". Schon in der Nacht zum 28. Oktober rollte dann von Koblenz her ein Kommando nach Montabaur. Die grün-weiß-roten Armbinden wurden dem Trupp zum Verhängnis, denn die Montabaurer reagierten handgreiflich und zwangen zur Umkehr. „Wir kommen wieder", drohte die Horde. Die Franzosen verhängten daraufhin den Belagerungszustand und patrouillierten verstärkt.

Gleichsam unter militärischem Schutz rückten im Morgengrauen des 29. Oktober etwa dreißig Mann in die Kreisstadt, hissten auf dem Rathaus „Grün-weiß-rot" und proklamierten vom Balkon „die rheinische Republik". Anschließend besetzten sie das Schloss, damals Sitz der Verwaltung des Unterwesterwaldkreises. In beiden Behörden hausten sie wie Rowdys, zerfledderten die Akten und glaubten wohl damit, ihre Regierungsfähigkeit zu beweisen. Separatistische Orts- und Bezirkskommissare übten auf Gemeinde- und Kreisebene so etwas wie eine „Regierungs- und Verwaltungstätigkeit" aus. Sogar ein separatistischer Landrat amtierte. Er soll angeblich von einem Karl Kaffine ernannt worden sein, der bereits 1922 in Kadenbach für die rheinische Republik geworben hatte. Sie alle konnten aber von der reichstreuen Beamtenschaft einigermaßen kontrolliert werden, die unbestechlich am Arbeitsplatz ausgeharrt hatte.

Schlimmer gebärdete sich der „Rheinlandschutz", später „Rheinarmee" genannt, der ein Sammelbecken für gescheiterte Personen oder gar zweifelhafte Elemente bildete. Die „Streitkräfte der vorläufigen Regierung" traten aus Sicht der Bevölkerung vor allem durch willkürliche Requirierungen in Erscheinung, was besonders in den Dörfern nur zu oft bloß Vorwand für Raub und Diebstahl war.

Das Ende nahte schnell, und zwar im November. Schon am ersten Wochenende kam es in Montabaur zu Unruhen und zur Verschärfung des Belagerungszustandes. Dennoch machten sich die Separatisten daran, auch den Kreis Neuwied und den Siegkreis zu besetzten. Viele hundert Westerwälder machten freiwillig Front. Bürgermeister Lager von Neustadt/Wied hatte aus alten Armeebeständen Waffen an weltkriegserfahrene Männer ausgeben lassen. Die ersten Einheiten rekrutierten sich vor allem aus den Dörfern Ägidienberg, Rottbitze und Notscheid. Sie besetzten sofort den gesamten Raum zwischen ihren Wohnorten. Schon am 14. November kam es bei Ägidienberg zu einem heftigen Zusammenstoß mit Separatisten, wobei einer der Westerwälder fiel, während die Angreifer fliehen und dabei ihre beiden Kraftwagen zurücklassen mussten.

Am folgenden Tag wollte die Sonderbündler gewaltsam den Durchbruch erzwingen. Mehrere hundert Mann rückten vor in Richtung Ägidienberg und Hövel, doch bereitete man ihnen einen heißen Empfang. Die Abwehrfront war nämlich in der Nacht davor erheblich verstärkt worden. In den Dörfern der Ämter Asbach, Neustadt und zum Teil Waldbreitbach hatte man Sturm geläutet und mehrere tausend Mann zusammenrufen können. Förster, Bürgermeister und Lehrer übernahmen Koordination und Kommando, die Bauern sorgten für Verpflegung. Tagsüber rückte Verstärkung nach: Fußkolonnen aus der Gegend von Breitscheid, Hombach und Fernthal, Sonderzüge der Reichsbahn aus dem Kreis Altenkirchen. Als am 16.

November die „Schlacht am Siebengebirge" ihren Höhepunkt erreichte, sollen 5000 Mann zur Verteidigung bereit gewesen sein.

Die fremden Söldner stürmten gegen neun Uhr von Himberg aus heran. Nachdem ihr Anführer niedergestreckt worden war, wandten sich die Separatisten zur Flucht, stellten sich aber bald in Hövel erneut zum Gefecht. Sie besaßen die Niedertracht, vier Geiseln in die Feuerlinie zu stellen, von denen zwei fielen und einer von den Geiselnehmern erschossen wurde. Die Sonderbündler verloren vierzehn Mann, von denen bezeichnenderweise nur vier einen Ausweis bei sich trugen. Gegen Abend war die Niederlage offenkundig. Die Westerwälder verabreichten einigen ihrer Gefangenen noch eine ihrer Meinung nach verdiente „Abreibung", ehe man sie über die Grenze abschob. Von Bad Honnef aus transportierten die Franzosen viele der Kämpfer rheinaufwärts, weil man sich in der Pfalz mehr Glück erhoffte – vergebens. Die Separatisten waren bereits derart geschwächt, dass ihre Niederlage in der „Schlacht am Siebengebirge" zugleich das Ende des Terrors einläutete. Zudem hatte die britische Regierung kurz zuvor erklärt, dass sie die „provisorische rheinische Regierung" nicht anerkennen werde. So ging auch Frankreich auf Distanz. Am 27. November gaben zwei Mitglieder der „vorläufigen Regierung" der „Rheinischen Republik" ihre Demission bekannt. Das geschrumpfte „Kabinett" siedelte am 3. Dezember nach Bad Ems um, weil in der „Republik-Hauptstadt" kein Platz zur Verfügung stand. Außer einer Antrittserklärung hörte man von dieser „Regierung" dann nichts mehr. Die bewaffneten Haufen hatten sich schon Tage vorher aus Montabaur und anderen Standorten abgesetzt. Anfang Dezember löste sich die „Regierung" von selber auf. Ihr Präsident entschwand in der Silvesternacht mit der Bahn auf Nimmerwiedersehen. Fortan praktizierte er als Anwalt in Nizza, wo er 1969 verstarb.

Die Brückenköpfe Köln, Koblenz und Mainz blieben allerdings noch bis Dezember 1929 bestehen. Als dann die französisch-belgische Besatzung abgezogen war, feierte man die „Rheinlandbefreiung" bis ins letzte Dorf nationalistisch überspitzt und verspielte eine Chance zu Völkerversöhnung. Nur mit Preußen glückte den Rheinländern und Nassauern noch einmal die Verständigung. Als bei den Feiern in Koblenz am 22. Juli 1930 der Bürgermeister von Montabaur, Heinrich Roth, dem Reichspräsidenten von Hindenburg vorgestellt wurde, erinnerte sich der „greise Feldmarschall" gerne an den Westerwald. Als Soldat sei er von der Koblenzer Garnison aus des Öfteren durch die hübsche Kreisstadt geritten, erzählte er dem stolzen Bürgermeister.

Blickpunkte

Notgeld oder Kassenscheine
(wenn nicht anders angegeben 1923)

Städte
Altenkirche-Waldbröl, Bad Ems (1919, 1922, 1923), Beuel,
Ehrenbreitstein (1921), Hachenburg, Honnef (1921),
Königswinter (1921), Linz (1920), Mon- tabaur, Neuwied (1919, 1921),
Niederlahnstein (1917), Pfaffendorf-Coblentz (1921), Weilburg (1920)

Landkreise
Dill (Dillenburg 1922, 1923), Oberwesterwald (Marienberg),
Unterwesterwald (Montabaur), Sieg (Siegburg), Wetzlar

Wir Westerwälder waren dabei

Der Rhein ist frei! Der Rhein ist frei!
Wir Westerwälder waren dabei!
Wir halfen tapfer im großen Krieg.
Wir rangen mit in Not und Sieg.
Vieltausend schlafen im fremden Sand –
Wir schützten mit das Rheinische Land.

Was nicht erreicht durch Feindes Tat,
Das sollte erreichen deutscher Verrat!
Sie lockten mit Worten, sie schreckten mit Mord.

Das rheinische Herz blieb Deutschlands Hort –
Rheinab, Rheinauf das Volk stand auf!
Wir kamen in Scharen, wir zogen zu Hauf!

Bergvolk stand auf und schoss und schlug,
Griff Büchse und Hammer und das Eisen vom Pflug,
Erschoss und erschlug den welschen Trug!
Der Rhein ist frei! Der Rhein ist frei!
Wir Westerwälder waren dabei ...

Josef Hoffmann, Herdorf (1933)

3.12   Gehversuche in Demokratie
Vom Zentrum zur CDU

🦋   Die „Stunde Null" schlug keineswegs im Nichts. Über Trümmer und Gräber wuchs überraschend schnell wiedererwachtes Leben, das der Naziterror zwar
unterdrückt hatte, aber nicht auslöschen konnte. Dies gilt gerade vom politischen
Leben, welches auf die demokratischen Programme der Weimarer Zeit und womöglich auf die damals politisch aktiven Persönlichkeiten zurückgriff. Im Unterwesterwald war die politische Kontinuität wohl noch ausgeprägter als in anderen
Orten des Rheinlandes. Hatte doch der Krieg die Gegend vergleichsweise milde
behandelt hatte und die Bevölkerungsstruktur wenig verändert.
Das erste Wort sprach aber zunächst die Besatzungsmacht. Zwar endete die deutsche Staatsgewalt erst mit der bedingungslosen Kapitulation der Wehrmacht am
8. Mai und mit der Verhaftung der letzten Reichsregierung am 27. Mai 1945. Aber
wo die alliierten Truppen deutsches Gebiet eroberten, richteten sie nach zum Teil
lange vorbereiteten Plänen unter ihrer Aufsicht arbeitende Verwaltungsstellen ein.

Montabaur war von den Amerikanern am 26. März besetzt worden. Vielleicht wegen des raschen Vordringens der Armee verzichteten sie auch hier darauf, jede Form der Weiterarbeit deutscher Verwaltungsstellen zu unterbinden. Vielmehr waren sie bestrebt, schon vor der offiziellen Kapitulation einen neuen Gemeindeleiter einzusetzen. Dabei griff man nicht selten auf die vor 1933 tätigen Bürgermeister zurück. So geschah es auch in Montabaur.

Noch am selben Tag, als die Amerikaner eingerückt waren, suchte ein Herr Intra aus Montabaur mit Begleitern den früheren Bürgermeister Heinrich Roth auf, der als Naziverfolgter in Holler wohnte. Sie versuchten ihn zur Rückkehr nach Montabaur zu bewegen und im Rathaus nach dem Rechten zu schauen, da die nationalsozialistischen Behördenspitzel geflüchtet seien. Roth verwies auf die noch geltende Entlassung des Jahres 1933 durch den damaligen Regierungspräsidenten und lehnte ab.

Dann wurden die Amerikaner aktiv. Ein Offizier und als Dolmetscher der Deutsch-Amerikaner Leipold aus Montabaur holten Heinrich Roth und dessen Ehefrau in Holler völlig unvorbereitet ab zur amerikanischen Kommandantur, die im „Behördenhaus", dem alten Landratsamt am Gebück, untergebracht war.

Der Kommandant, ein Oberst, hatte sämtliche Behördenleiter – vielfach ehemalige Parteigenossen – nämlich den Oberregierungsrat Dr. Haußleiter für die Kreise Unterwesterwald und Unterlahn, Medizinalrat Dr. Wilhelm Roesgen (1891–1957) als Vertreter der Ärzteschaft sowie Dekan Eberling und Pfarrer Alois Breidling (1903–1981) als Repräsentanten beider Kirchen versammelt. Haußleiter war politisch unbelastet. Dolmetscherin war Therese Dees geb. Weiand.

Der Oberst gab seine Absicht bekannt, Roth wieder als Bürgermeister einzusetzen, wobei er sich auf den entsprechenden Willen der Bevölkerung bezog. Da der Kandidat erneut an seine noch geltende Entlassung erinnerte, schlug der Oberst eine Abstimmung unter den Anwesenden vor, um wenigstens auf diese Weise den damaligen Spruch durch einen neuen Rechtsakt abzulösen, der von deutschen Vertretern gebilligt war. Bei der anschließenden Abstimmung kandidierten Stadtinspektor Helm, der nach der Flucht des nationalsozialistischen Bürgermeisters Caesar und der Stadtverordneten die Geschäfte der Stadtverwaltung geführt hatte, und Heinrich Roth. Letzterer wurde einstimmig „gewählt" bei einer Stimmenthaltung durch Dr. Haußleiter, dem die Kandidaten fremd waren. Roth nahm an.

Major Kratz bestätigte urkundlich, dass der solcherart Bestellte „bis auf weiteres" (temporarily) eingesetzt sei und „alle Erlasse der Militärregierung durchführen" müsse („you will cooperate completely with all military authorities"). Landrat Haußleiter stellte am 10. April 1945 die Ernennungsurkunde aus, die „bis zur Neuregelung der gemeinderechtlichen Verhältnisse" gelten sollte.

Trotz dieser besonderen Verhältnisse darf bei aller nötigen Einschränkung das Geschilderte bei der Einsetzung des ersten Nachkriegsbürgermeisters auch als erster demokratischer Akt in Montabaur nach dem Krieg angesehen werden.

Täglich wurde der Bürgermeister zum Rapport geholt. Fast jeden Tag besuchten ihn zwei US-Offiziere nach Dienstschluss, um Einzelheiten über deutsche Belange zu erfahren. Das am Privathaus Paehlerstraße 4 (heute: Karl-Walter-Straße 6) angeheftete Schild Military Government ließ keinen Zweifel, wer eigentlich das Sagen hatte. Politik hieß in diesen Tagen, Not lindern, wo nur irgend möglich. Es passt ganz in das Bild, dass bei den abendlichen Gesprächen mit Ausnahme der Samstage immer Pfarrer Breidling zugegen war.

Die Politik der Amerikaner zielte bekanntlich auf einen föderalistischen deutschen Staat. Sie begünstigte erstaunlich früh, wenn auch in engen Grenzen, ein bescheidenes Einüben in demokratische Willensbildung, die vielerorts, etwa in Koblenz, zur Bildung so genannter Bürgerräte führte.

Der bis zum 15. Juli 1945 vollzogene Abzug der Amerikaner aus dem Unterwesterwaldkreis (und den übrigen vier nassauischen Kreisen sowie dem Regierungsbezirk Koblenz) beendete vorerst diese hoffnungsvollen Ansätze. Der Einzug der Franzosen war auch in Montabaur gelegentlich von übertriebenen Sicherheitsmaßnahmen des Militärs begleitet, so dass die Atmosphäre relativ gespannt war. Politisches Ziel der neuen Besatzungsmacht war damals die Auflösung des Reichsgebietes und eine engere Anbindung von Teilen daraus an Frankreich. Sofort wurden die Entscheidungen der Amerikaner annulliert, die Bildung von Bürgerräten und jede politische Aktion verboten, selbst wenn diese von antifaschistischen Gruppierungen ausgingen.

Die maßgebenden Persönlichkeiten in der deutschen Öffentlichkeit wurden neu überprüft. Die Abteilung für Öffentliche Sicherheit der französischen Militärregierung in Montabaur forderte schon am 23. Juli von Heinrich Roth eine detaillierte Aufstellung seiner bisherigen politischen Tätigkeiten („… les renseignements detailles sur votre activite politique avant 33 sous la regime nazi et pendant la guerre"). Die französische Militärregierung residierte ebenfalls im Behördenhaus. Ihr Chef war ein deutschstämmiger Franzose mit Namen Hausherr, der keinerlei Vorurteile gegen die deutsche Bevölkerung hegte und mit der Stadtverwaltung recht gut zusammenarbeitete. Die Ablösung Hausherrs durch den Colonel André Chevallier (1895–1967) verschärfte die latenten Spannungen. Aber selbst in dieser schwierigen Zeit dachte man über der Not des Tages an das weitere Schicksal Deutschlands. Das Politisieren verlief unter Ausschluss der Öffentlichkeit. Beliebt waren die Gesprächsrunden in der Privatwohnung des Bürgermeisters. Die mit der Festlegung der Zonengrenzen vollzogene Abtrennung der nassauischen Kreise und damit auch des Unterwesterwaldkreises vom Regierungsbezirk Wiesbaden bildete eines der wohl am heftigsten diskutierten Themen. Soweit dies noch in Erinnerung ist, lehnte man diese Entwicklung mehrheitlich ab. Die traditionelle Anhänglichkeit an das alte Nassau spielte sicher mit. Doch scheint auch die in der amerikanischen Besatzungszone freizügiger gehandhabte Entfaltungsmöglichkeit für politisch interessierte Deutsche diese Stimmung begünstigt zu haben.

Bürgermeister Roth hatte bereits während dieses Sommers alte Beziehungen zu christlich orientierten Politikern in Hessen wiederaufleben lassen oder solche mit neu gebildeten Gruppierungen geknüpft. Bereits im April 1945 hatte der Pfarrer von Liebfrauen in Frankfurt, Prälat Dr. Jakob Herr (1867–1950), einen „katholischen Ausschuss" gebildet, der bald zum Ausgangspunkt für die Entwicklung der CDU in Frankfurt werden sollte. Bei der ersten Sitzung dieses Ausschusses am 20. April waren außer Stadtpfarrer Alois Eckert (1890–1969) noch Walter Dirks sowie die Herren Husch, Knappstein und Schulte anwesend. Besonders mit Eckert war Roth herzlich verbunden. Als dann am 15. September die CDP-Frankfurt gegründet werden durfte, gelangten zwei gute Bekannte des Montabaurer Bürgermeisters in den Vorstand: Richard Graf Matuschka-Greiffenklau (1893–1975) von Schloss Vollrads und Eduard Jäger aus Limburg.

Man versteht, dass den Montabaurern am Anfang die Beziehungen nach Hessen und auch zur amerikanischen Zone irgendwie attraktiver erscheinen mochten als die von den Franzosen vertretene Politik. Die im „Frankfurter Kreis" vertretenen Persönlichkeiten spiegeln die politische Herkunft der frühen CDP/CDU aus der alten Zentrumspartei. Heinrich Roth hatte selbst als Zentrumsabgeordneter im

Kommunal- und Provinzlandtag, im Nassavischen Landesausschuss, im Preußischen Landtag und Deutschen Reichstag sowie im Preußischen Staatsrat gewirkt. Eduard Jäger arbeitete zeitweise als Sekretär der Zentrumspartei und wurde später Landrat in Limburg.

Ein weiteres Bindeglied zu Hessen-Nassau war das Schulsystem, da im Nassauischen seit jeher die Gemeinschaftsschule bestand, die sich in Montabaur auch immer bewährt hatte, während in Koblenz aufgrund einer Elternbefragung im Oktober 1945 wieder die Konfessionsschule eingeführt wurde. Aber in dem Maße, mit dem sich die Franzosen zu größerer Freizügigkeit herbeiließen und die ersten zaghaften politischen Initiativen duldeten, verlor die nassauische Frage zunehmend an Bedeutung. Die spätere Einrichtung des Regierungsbezirks Montabaur dürfte das Einleben in das neue Bundesland Rheinland-Pfalz erleichtert haben. Jedenfalls wurde man seit dem Spätsommer 1945 am Rhein stärker aktiv.

Als am 2. September in Köln ein CDU-Landesverband für das nördliche Rheinland gegründet wurde, beflügelte dieser Vorgang ähnliche Bemühungen im französisch besetzten Rheinland. Nach Vorgesprächen in Koblenz stellte dort am 20. Oktober ein Kreis Gleichgesinnter an die Militärregierung den Antrag auf „Genehmigung zur Gründung der Christlich-Demokratischen Partei im Regierungsbezirk Koblenz". Als einziger Nicht-Koblenzer unterzeichnete Bürgermeister Heinrich Roth diesen Antrag. Alle Antragsteller waren schon früher im Parteileben hervorgetreten. Darunter waren Peter Altmeier, der später Regierungspräsident in Montabaur werden sollte, ferner Johann Junglas und Helene Rothländer, die Roth noch von seiner parlamentarischen Arbeit in Berlin gut kannte. Mit der Verordnung Nr. 23 vom 22. Dezember 1945 gestattete die Militärregierung „die Gründung politischer Parteien demokratischen und antinationalistischen Charakters". Die Entscheidung Nr. 12 vom 16. Januar 1946 ergänzte die Genehmigung und bestätigte unter anderem den Rechtsanwalt Henrich in dessen „Absicht, die … Christlich Demokratische Partei Deutschlands in der Provinz Rheinland-Hessen-Nassau zu organisieren".

Die deutsche Seite kündigte daraufhin am 7. Februar 1946 an, dass während einer geschlossenen Versammlung im Großen Rathaussaal der Stadt Koblenz die Gründung der CDP offiziell erklärt werden solle.

Im Westerwald hatte man diese Vorgänge nicht nur mit größter Aufmerksamkeit verfolgt, sondern ein anderes Problem heftig diskutiert, das der Parteiengründung lange wie ein Hindernis entgegenzustehen schien. Es war die Frage, ob man das Zentrum wiederbeleben oder an eine die Konfessionsgrenzen überschreitende Partei denken solle. Hier muss daran erinnert werden, dass die Akteure vorwiegend aus der alten Zentrumspartei kamen. Außer Heinrich Roth waren das in Montabaur vor allem der Rechtsanwalt und Notar Dr. Wilhelm Teves und der Kreisschulrat Jakob Klemann. In Nordrhein-Westfalen war gleichzeitig mit der CDU auch das Zentrum neu gegründet worden, das anfangs sogar erfolgreich aus den Wahlen hervorging und den ersten Ministerpräsidenten stellen sollte. Die mit Roth gut bekannte Helene Wessel aus Dortmund war Mitglied des Vorstandes der neuen Zentrumspartei im nördlichen Rheinland (14.10.1945). Gustav Heinemann, damals Zentrumspartei Essen und später Bundespräsident, besuchte Bürgermeister Roth, um alte Kontakte wiederaufleben zu lassen und für seine Partei zu werben.

Bedenken gegen eine gemeinsame Partei für alle Christen, wie man sie jetzt forderte, erwuchsen aber nicht allein aus alten Anhänglichkeiten, sondern wurden durch schlechte Erfahrungen in Hessen-Nassau genährt. Dort hatte bei den ersten Kommunalwahlen die CDU-Idee in protestantischen Gegenden weitaus weniger Anklang gefunden als in katholischen. Noch im Januar 1946 äußerten Mitglieder des Koblenzer Kreises große Bedenken, ob „die andere Seiten nun gleich in Massen zu der ‚Christlich-Demokratischen Partei‘ strömen würde". (August Reichensperger, 1808–1895, an Hamacher) Später sollten Wahlergebnisse im Westerwald bestätigen, dass solche Bedenken nicht ganz von der Hand zu weisen waren. Trotz gemeinsamer, leidvoller Erfahrung während der Nazizeit ließen sich eben konfessionelle Vorurteile gerade in Gebieten mit homogener Bekenntnisstruktur nicht ohne weiteres abbauen.

Die protestantischen Bedenken besaßen gleichfalls eine gewisse Berechtigung. Spitzenpolitiker der CDP am Mittelrhein, wie Altmeier, Boden, Breitenbach (später DNVP), Rick, Roth oder Süsterhenn waren gestandene Zentrumspolitiker. Zudem waren Boden, Rick und Roth Mitglieder des Preußischen Staatsrates gewesen und miteinander gut bekannt. Die Personalpolitik der Franzosen bestärkte diese Vorbehalte. Im Rheinland dominierte das Zentrum, wie die Wahlergebnisse bis 1933 belegten. So war die Besatzung daran interessiert, Kandidaten aus dieser

Blick auf Land und Leute

Wallfahrt und Reisefieber *Klöster – Motels von damals* „Mir ist bestimmt, in der Kneipe zu sterben" *Wein am Rhein und nebendrein* Weißes Gold vom Westerwald *Im Kannenbäckerland* Glücksritter und Pechvögel *Fahrende Musikanten, Vagabunden, Aussiedler* Know how aus dem Ausland *Fremde gestalten unser Land* „Wie in däh Juddeschoul" *Vom Umgang mit dem Volk Israel* Freude aller Leidenden *Russen am Rhein* Westerwälder im Eifelkloster *Porträt eines Mönchs*

Kloster Eberbach, altes Kelterhaus
(nach Federzeichnung von H. Landgrebe, München; Archiv Geschichtswerkstatt Ww.)

4.1 Wallfahrt und Reisefieber
Klöster – Motels von damals

Verreisen brach früher schon gelegentlich als Massenerscheinung aus. Allerdings gab nicht der Ferienbeginn das Signal, eher ein nahendes Heiligenfest oder ein aktuelles Wunder. In vielem nahmen das Pilgerwesen des Mittelalters und die Volkswallfahrten des 17. und 18. Jahrhunderts Erscheinungen des modernen Tourismus vorweg. Man übersieht das gerne, weil schriftliche Zeugnisse fehlen. Die sich da auf den Weg machten, konnten selten lesen und schreiben.

Der einzige Bericht eines Westerwälders aus alter Zeit ist wohl „Die Reise ins Heilige Land" des Bernhard von Breydenbach aus dem Jahr 1486. Mit dem ebenfalls aus dem heutigen Dillkreis stammenden Ritter Philipp von Bicken begab sich der Mainzer Domherr auf große Pilgerfahrt. Als er zurückkam, konnte er was erzählen. Sein Buch ist voll exotischer Schilderungen, die durch phantastische Holzschnitte garniert sind. Es wurde damals zum Bestseller.

Unser Domherr kam sogar bis zum Berg Sinai. Vielleicht haben es Einzelne noch weiter geschafft, möglicherweise gar bis Indien. Die Sage vom Ritter aus Holbach legt die Vermutung nahe.

Der prominenteste Palästinafahrer aus dem Westerwald war allerdings sehr viel früher unterwegs: Erzbischof Dietrich von Wied. Die Daten (1223/24) zeigen, dass man mit gut zwei Jahren Reisedauer zu rechnen hatte. Unter dem Eindruck der Erlebnisse im Land der Bibel nannte er seine Burg Humbach von nun an nach dem Berg Tabor (lat. mons Tabor), woraus bekanntlich Montabaur geworden ist.

„Alle Wege führen nach Rom", behauptet man noch immer. Tatsächlich war Rom einst neben Palästina Hauptziel aller Pilger. Wie man vom Westerwald und vom Rhein dorthin kommt – zu Fuß selbstverständlich – zeigt eine Karte, die eigens zum „Heiligen Jahr" anno 1500 angefertigt und in Nürnberg verlegt worden ist. Von überall her führten demnach „alle Wege nach Rom". Bis Frankfurt war die alte Fernstraße, die vielfach der heutigen Bundesstraße (B8) entspricht, die Hauptverkehrsader nach Süden. Wer sich eine Schiffspassage leisten konnte, nahm auch das behäbige Vorankommen beim Treideln gerne in Kauf. Fächerartig liefen die Landwege am Alpenrand zu drei Hauptübergängen zusammen, am Semmering-, Brenner- und Splügenpass.

In Maria Laach werden bunte Zeichnungen aufbewahrt, die nach einem Bericht des Arnold von Harff angefertigt wurden, der 1496 ungefähr auf dieser Route ins Heilige Land zog. Fromm und derb zugleich mit Spitzen gegen Politik und Papstkirche beschreibt er seine Pfade. Die Texte spiegeln die geistige Unruhe, die in den Rheinländern flackerte.

An dritter Stelle stand Santiago de Compostela in Nordwestspanien, wo seit dem 9. Jahrhundert das Grab des Apostels Jakobus verehrt wird. Der Kompostellhof in Frankfurt und wohl auch Lahnstein, wo 1330 eine Jakobuskapelle erwähnt wird, waren Sammelpunkte für Pilger aus unserem Raum.

Man tat sich gerne zusammen, da Reisen gefährlich war. Die Kamm-Muschel am Hut, heute noch Zeichen für eine bekannte Treibstoff-Marke, wies den Apostel ebenso aus, wie den Frommen, der zu dessen Grab zog. Pilgerstab und Tasche waren weitere Abzeichen, die zur Legitimation dienten und in liturgischer Form überreicht wurden. Ein recht komplizierter „Reisespaß" also.

Manchmal finden sich solche Pilgerzeichen sogar auf Glocken, etwa in Salz und in Hadamar. Das Glockenmuseum in Greifenstein zeigt weitere Beispiele.

St. Jakobus tritt demnach im Westerwald auch als Kirchenpatron auf. Seine Patrozinien gab oder gibt es in Girod, Kirburg und Kirchähr, in Freiendiez und Guntersdorf bei Herborn. Eine Fachwerkschnitzerei auf dem Hinteren Rebstock in Montabaur zeigt „S. IACOBVS" mit dem Pilgerstab. Minderwertige Nachahmungen der echten Jakobus-Reliquie in Compostela halfen auch bei uns zur Einbürgerung der Redensart vom „billigen Jakob".

Die Kreuzzüge pervertierten die Wallfahrt. Wir übergehen sie. Aber auch die friedliche Pilgerfahrt war von Auswüchsen begleitet. Neben frommen Seelen waren andere unterwegs, die eher das Abenteuer in der Fremde suchten, wo der liebe Nachbar nicht zusah. Und ein Alibi besaß man ja.

Hier muss allerdings davor gewarnt werden, den heutigen Tourismus in allem mit dem früheren Pilgerwesen gleichzusetzen. Wohl die Mehrzahl der Reisenden verfolgte religiöse Anliegen, mochten sie auch noch so banal verstanden werden, wie später die Reformatoren kritisch anmerkten. Oft war eine Pilgerreise eine echte Buße, nicht nur der widrigen Umstände wegen. Sie galt vielmehr als Wiedergutmachung für böse Taten, die vom Beichtvater verhängt war oder freiwillig geleistet wurde. Die mittelalterliche Pilgerfahrt war, wenn sie zur Pflicht wurde, mühsamer als die Volkswallfahrten, wie sie seit dem 17. Jahrhundert aufkamen. Statt unbedingt dem Fernweh nachzugeben, konnten die Frommen auch in der Heimat Gnade finden. Bedeutende Nahziele waren das Grab der hl. Elisabeth zu Marburg, der Schrein der Heiligen Drei Könige in Köln sowie Trier, das den Leibrock Christi und das Haupt des Apostels Matthias verwahrte. Viele Gnadenstätten lagen und liegen im Westerwald: Büdingen (Heiligenhäuschen), Dreifelden („Dreifaltigkeit"), Höhn, Kroppach (Pilgerborn), Marienberg (Helleborn), Marienbuchen bei Merkelbach (bis 1561), Marienstatt, Neunkhausen, Oberherschbach, Salz, Seck, Wirzenborn und der Reichenstein bei Westerburg.

Außerhalb des Westerwaldkreises wäre neben anderen zu nennen: Arnstein, Blasiusberg bei Frickhofen, Bruchhausen, Denzerheide, Dietkirchen, Ehrenstein, Elgershausen bei Greifenstein, Eppenrod, Haiger, Hausenborn über dem Sayntal, Heisterbach, Hilgenroth, Urbach und Wierscheid. Sie alle liefen seit dem 16. Jahrhundert den Fernzielen den Rang ab. Die Westerwälder tauschten exotisches Fernweh gegen das bequemere Erlebnis daheim.

Die „Sternwanderungen" heutiger Wandervögel sind vorgebildet in gemeinschaftlichen Wallfahrten mehrerer Pfarreien. Beispielsweise zogen noch im 17. Jahrhundert Prozessionen aus Arzbach, Eitelborn, Kadenbach und Simmern zur Kapelle beim Kloster Besselich oberhalb Vallendar zur Verehrung der dortigen Reliquien. Unterschwellig blieben auch nichtchristliche Vorstellungen für die Einrichtung von Wallfahrtsorten wirksam. Heilkräftige Quellen übten magische Anziehung aus. Brunnensagen kennen wir vom Helleborn bei Bad Marienberg, vom Katharinenbrunnen bei Hahn, vom Dörrborn oder Dar-Born bei Hartenfels, vom Stockbrunnen bei Illfurth und vom Pilgerborn bei Salzburg.

Mundpropaganda und „Nachbarschaftseffekt" waren schon immer die beste Art der Werbung. Anreiz boten vor allem Predigten, wenn sie von Wundern berichteten, die da und dort erfolgt seien. Eine große Rolle spielten schließlich Mirakelbücher, in denen Geschichte und Geschehnisse von Wallfahrtsorten aufgezeichnet waren. Wenn darin gar Wunder aus nächster Nachbarschaft verzeichnet und bezeugt waren, gab es sicher kein Halten mehr. Zwei solcher Mirakelbücher samt Wunderberichten blieben uns im Westerwald erhalten, eines aus Marienthal bei

Hamm/Sieg (1488) und eines aus dem benachbarten Hilgenroth bei Altenkirchen. In dem von Marienthal erfährt man sogar etwas von einer wunderbaren Heilung in Hartenfels.

Einträglicher Posten

Kirchen und Klöster waren die Motels von damals. Im Spital wurden Unfallopfer versorgt. Das Kreuzherrenkloster Ehrenstein im Wiedtal (Kreis Altenkirchen) hatte sich auf Krankenpflege spezialisiert. Aus Zuwendungen konnte die Verpflegung der Pilger und Reisenden finanziert werden. Dem Kloster Marienstatt flossen solche zweckgebundenen Spenden in den Jahren 1379 bis 1381 zu. Frauen durften die Gnadenstätte an der Nister allerdings erst seit 1457 und nur zu bestimmten Zeiten betreten. Nicht allein Wandel der Sitten, sondern auch finanzielle Erwägungen dürften mitgespielt haben. Wichtiger als gelegentliche Einzelzuwendungen waren nämlich für den Wallfahrts- und Reisebetrieb Einnahmen durch die Pilgerspende, die jeder Vermögende zu entrichten hatte. Was heute Kurtaxe oder Flughafengebühr leisten, lief einst unter diesem Titel. In den Rechnungsbüchern der Westerwälder Wallfahrtsorte nimmt er sich als einträglicher Posten aus. Sowohl die Bestätigung hierzu als auch über den Empfang von Gnadenmitteln, insbesondere der Beichte („Beichtzettel"), mag man bei allem Vorbehalt mit heutigen Visa vergleichen.

Pilgerschaft war so einträglich wie florierender Tourismus heute. Nicht nur die Dienstleistungen der Priester, Mesner, Glöckner, Goldschmiede, Wirte und Händler machten sich bezahlt. Das Heiligtum selbst wurde mit Wohltaten überhäuft, ohne dass materielle Gegenleistungen in Sicht waren. Wir danken unseren Vorfahren dafür. Ohne ihre Opfergaben gäbe es nicht die wunderbaren Architekturen von St. Elisabeth in Marburg, Ehrenstein, Marienstatt oder Niederweidbach. Vom Kölner Dom ganz zu schweigen, dessen Grundstein vor genau 850 Jahren gelegt worden ist.

Manche mochten sich von der verehrten Stätte selbst im Tod nicht losreißen. Der aus Hachenburg stammende Betzdorfer Pfarrer Gerhard wurde seinem letzten Willen entsprechend in Marienstatt beigesetzt (zirka 1495), sein Herz aber nach Wilsnack, einem Wallfahrtsort bei Potsdam, überführt. Vorbild war offensichtlich Graf Gerhard von Sayn (1493), der ähnliches verfügt hatte.

Die internationalen Verflechtungen der Kirche, ihre funktionierende und einheitliche Infrastruktur, dazu die im Mittelalter übliche und allgemein anerkannte Heiligung des Pilgerstandes ermöglichte erstaunlich vielen Landsleuten – gerade auch aus den weniger vermögenden Bevölkerungsschichten – das Abenteuer der Fernreise zu wagen und zu bestehen, dazu noch mit gutem Gewissen.

Klüger und besser erscheinen die Pilger aber kaum von ihren Reisen heimgekehrt zu sein. In seiner „Limburger Chronik" klagt Tilemann, dass Wallfahrer nach ihrem Besuch in Rom noch bösartiger geworden seien, im O-Ton: „… dy auch von Rome gwamen, dy worden endeiles boser dan sy vur gewest waren."

4.2   „Mir ist bestimmt, in der Kneipe zu sterben"
Wein am Rhein und nebendrein

❧   Im O-Ton heißt es: „Meum est propositum in taberna mori." Das gesteht der so genannte Archipoeta in seiner „Vagantenbeichte". Dieser Erzdichter, wie sein Name auf Deutsch heißen müsste, ist um 1130 vermutlich in Köln geboren. Der Abkömmling wurde Geistlicher und schaffte es, vom mächtigen Reichskanzler und Kölner Erzbischof Reinald von Dassel als Hofpoet engagiert zu werden. Die Karriere war verdient, denn allein die zehn überlieferten Gedichte sind formvollendet. Die Vagantenbeichte erinnert in ihrer Mentalität an Cäsarius, den der Erzpoet persönlich in Heisterbach besucht haben soll. Nichts da von „mittelalterlicher Finsternis"! Vielmehr strotzt der Vagant von „Leichtlebigkeit, optimistischer Diesseitsstimmung … genialem Humor und geistvoll abgeklärter Ironie" (Wilpert). Er las Horaz, Ovid und Vergil und hatte halb Europa durchstreift. Seine Lieder erzählen von den Freuden des Zechers ebenso wie vom Betteln.

Nur auf den ersten Blick mag es befremdlich wirken, dass ein weinseliger Dichter und Sänger zu Westerwald oder Taunus in Beziehung gesetzt wird. Aber ist es nicht der Rhein, der den Sockel beider Mittelgebirge netzt? Zieht zwischen ihnen nicht die Lahn zu Tal? Und welche klimatisch begünstigten Landschaften erstrecken sich im Vorfeld! Im Siebengebirge erreicht der Weinanbau seine nördliche

Grenze in Westdeutschland, und der Name Rheingau steht als Synonym für höchste Weinqualität. Die erste urkundliche Nachricht über Wein am Rhein nach den Römern stammt noch aus der Merowingerzeit und deute auf Wingerte in Braubach (691/92). Von diesen Gegenden also braucht hier nicht weiter erzählt zu werden. Stattdessen sei ein Blick gewagt über die Talkanten hinaus.

Alte Dokumente stellen vielleicht für manche ganz unerwartet Taunus und Westerwald – das Lahntal sowieso – als Weinbaugegenden vor. Selbst hier entdeckte man besonnte Hänge in windgeschützten Tälern mit nährstoffreichen Böden als Voraussetzung für die Erzeugung eines genießbaren Weines. Als Karl der Große regierte, scheint es Weingüter bei Altendiez, Burgschwalbach, Hahnstätten, Nassau, Oberlahnstein und anderen Orten gegeben zu haben, wenn man die Akten von damals richtig deutet. Im Hochmittelalter ist am ganzen Mittelrhein sowie an der unteren und mittleren Lahn Weinbau sicher bezeugt. Im Aartal (Taunus) gab es Wingerte bis Michelbach. In Oberdollendorf am Siebengebirge sind solche schon für das Jahr 966 bezeugt.

Als die größten Großgrundbesitzer in den Rheinlanden waren Stifte und Klöster zugleich auch Hauptträger des Weinanbaues. Es sind die großen Konvente in den Städten, die im Westerwald und Taunus begütert waren und die Anbauverfahren von ihrem Hauptsitz aus lenkten. Für den Raum beiderseits der Lahn steht das Koblenzer Floriansstift obenan, das schließlich mit dem Unterstift Montabaur auch an einem zentralen Punkt im Westerwald ansässig gewesen ist. Man muss sich diese Unternehmen ähnlich wie heutige Großkonzerne vorstellen. Sie besaßen und bearbeiteten nicht nur Weinberge, sondern unterhielten auch Kelterhäuser. Dadurch konnte bei rascher Verwertung die Qualität des Weines gesteigert werden. Und der kleine Winzer, der sich so etwas nicht leisten konnte, brachte seine Ernte dorthin zum Verkauf oder zum Keltern auf Rechnung zum eigenen Konsum. Die Kelterhäuser lagen außer in den Städten auch in der Nähe ertragreicher Weinbergslagen. So hatte das Florinsstift einen „Weinhof" in Osterspai (1221), wo später auch Kloster Eberbach einen Hof (Grangie) unterhielt, der als Gebäude mit Hofkapelle heute noch existiert.

Neben Urkunden deuten Flurnamen auf Weingärten hin in Gegenden, wo man sie gar nicht vermutet: bei Simmern, Nentershausen und Nomborn etwa. Am Schlossberg von Montabaur verläuft eine Straße namens Rebstock, im Nistertal liegt das

Dorf Stein-Wingert – beides vielsagende Bezeichnungen. Erst im Verlauf des Dreißigjährigen Krieges kam hier oben der Weinbau zum Erliegen.

Es fehlte nicht an Versuchen zu seiner Wiederbelebung, was umso schwieriger war, je weiter der Abstand zum deutlich wärmeren Rheintal wurde. Doch auch die Bodenverhältnisse wirken sich auf den Wein aus, heißt es doch: „Der Schieferstein ist der Wärmespeicher im Weinberg". Das Lahntal bietet vor allem um Nassau, Weinähr und Obernhof diese Voraussetzung. Winzer aus dem Moselland hatten das schon zu Beginn des Hochmittelalters spitz gekriegt. Wer nur einmal die Lage der Kirche zu Weinähr oder Dausenau betrachtet, fühlt sich stark an die Mosel erinnert, wo man die alten Kirchen in jedem Dorf hoch über den durch Hochwasser gefährdeten Uferstreifen anlegte. Das verhieß Zuflucht für Zeit und Ewigkeit in einem.

Nun liegt Weinähr ja nicht unmittelbar an der Lahn, sondern am Gelbach. Und der hieß einst Aare, woher sich das „-ähr" im Ortsnamen herleitet. Es ist also kein Werbegag, wenn manche von Westerwälder Weinen reden und sie zum Kosten anbieten. Im Geschmack offenbart sich in der Regel, dass es sich um soliden Lahnwein handelt, wie er auch in Obernhof ausgeschenkt wird. Wenn man Glück hat, singt der Winzer ein Lied à la Archipoeta und spielt zur Klampfe dazu.

Kirchliche Einrichtungen haben den Weinbau besonders gefördert. Das Fass von Eberbach ist geradezu sprichwörtlich und lieferte Stoff für manche Geschichte. Der weinselige Bruder Kellermeister gehört ebenso zum Erzählgut wie der Weinkelch zur Liturgie. Das hat den frommen Mönchen und Klosterfrauen manche Häme eingebrockt, dennoch eignet sich das Thema nicht zu übler Nachrede. Zum einen bildete der Weinbau nur einen der Erwerbszweige der stiftlichen und klösterlichen Landwirtschaftsbetriebe, die nicht nur für die Selbstversorgung produzierten, sondern auch den öffentlichen Markt bedienten. Wein war damals Nahrungsmittel, bis man die Kunst des Bierbrauens erlernt hatte. Vor allem trank man bei Mahlzeiten stets Wein mit Wasser oder Wasser mit Wein, wie man will oder wie's bekam. Der hl. Benedikt hat die Menge in seiner Klosterregel genau festgelegt: Pro Mönch ein Viertel (Liter) pro Tag. Na also, das hat man schwarz auf weiß. Man weiß aber auch warum. Die Qualität von Trinkwasser war im Mittelalter oft sehr viel schlechter als heute. Um gesundheitlichen Folgen vorzubeugen, setzte man etwas einen Schuss Wein hinzu. Überhaupt galt Alkohol als universales verwendet. Außer Kanne(n)bäcker sagte man früher auch Krugbäcker und Eul(n)er.

Die hochwertigen Tone in Rheinnähe sollen schon Urnenfelderleute (um 800 v. Chr.) zu Abbau und Verarbeitung verlockt haben. Vermutlich haben auch Römer und Franken aus Westerwälder Ton ihre Gefäße gefertigt. Sicheres weiß man erst aus späterer Zeit. So werden für das Jahr 1402 in Höhr sechs Eulerofen erwähnt. Doch war das tonverarbeitende Gewerbe nicht auf das Kannenbäckerland beschränkt, wie Funde aus Thalheim (1451) und Reste eines Töpferofens, den man in Kirburg entdeckte, belegen. Für spätere Zeiten konnten Öfen in Wirges (1566), Montabaur (1625), Miehlen (1636), Gemünden bei Westerburg (1655), Willmerod (um 1700), Katzenelnbogen und Diez (1774) nachgewiesen werden.

Anders als alle diese örtlich begrenzten Handwerke hielt sich im östlichen Westerwald das Töpfergewerbe bis in unsere Tage. Von Hessen her erreichte dieser Berufszweig vor 1620 Herborn und um 1700 Breitscheid. Dort wurden die Kannenbäcker allerdings Häfner (auch: Hafner) genannt. Das Wort lässt die oberdeutsche Herkunft ihres Handwerks nachklingen. Allerdings setzte sich die Bezeichnung „Häfen" (auch: „Hafen"; vgl. österreichisch „Häferl" für Tasse) nie durch, sondern man sagte für Topf echt westerwäldisch auch hier „Dibbe" („Debbe, Döbbe").

Alte Rechnungen und Warenpapiere belegen, dass spätestens seit dem 16. Jahrhundert ein reger Handel mit Irdenware aus dem Westerwald getrieben wurde. Man produzierte „braune" oder „geflammte" Ware, also Keramik mit brauner Lehm-Engobe oder rötlichen Flammungen. Es handelte sich dabei um einfaches Gebrauchsgeschirr, nach dem rege Nachfrage bestand.

Im Fernhandel nahm man gerne die Dienste der Landgänger in Anspruch. Das waren Westerwälder, die aus Not oder wegen Armut Waren auf dem Rücken schleppten, auf Eseln oder mit Hand-, Hunde- oder Pferdekarren zu Märkten oder Großhändlern beförderten. Es handelte sich übrigens um einen Erwerbszweig, der für die rheinischen Mittelgebirge, hier also für Taunus und Westerwald, geradezu typisch waren.

132 Doch nicht allein aus eigener Kraft hatte sich das Kannenbäckerland zu einem Mittelpunkt der Steinzeugherstellung entwickelt. Seit 1586 hatten sich nämlich tüchtige Handwerker aus Raeren bei Aachen und aus Siegburg in Höhr niederge-

lassen und die Weiterentwicklung des tonverarbeitenden Gewerbes kräftig vorangetrieben und zudem das kunsthandwerkliche Niveau verfeinert. Unter dem Einfluss der Einwanderer kam das grau-blaue salzglasierte Steinzeug in Mode, das bis heute als typisch für den Westerwald angesehen wird. Aus den Urkunden ist ersichtlich, dass die Euler nicht nur Töpfe anfertigten, sondern auch sonstiges Hausgeschirr („Kannenbäcker"), Sauerwasserkrüge („Krugbäcker") und kunsthandwerkliche Keramik („Krossenbäcker").

Zudem wurden die Handwerker seitens der heimischen Herrschaften mit Privilegien ausgestattet. So konnten die Erzeugnisse aus den Betrieben der rheinischen Meister unter der Markenbezeichnung „Westerwälder Steinzeug" recht bald den rheinischen, niederländischen und sogar englischen Markt erobern.

Nach der Hochblüte im 17. Jahrhundert kam es dann im 18. Jahrhundert durch die Konkurrenz von Fayence und Porzellan zu Absatzkrisen, der schließlich die kunsthandwerkliche Keramik zum Opfer fiel. Wasserkrüge und Hausgeschirr bildeten nunmehr die einzigen Produktionszweige. Daneben spielte die Herstellung von Tonpfeifen, die gleichfalls vom Rhein her Eingang gefunden hatte, aber auch im Herborner Raum verbreitet war, eine beträchtliche Rolle.

Nun bahnte sich, wenn auch nur begrenzt, eine Wanderbewegung in umgekehrter Richtung an, indem Töpfer zum Rhein hin abwanderten. Peter und Johann Theodor Gerhards aus Baumbach, Johann Willems aus Ransbach, Angehörige der Familien Corzelius und Menningen aus Höhr sowie Giertz (Gerz) aus Nauort zogen in den Jahren 1741–1743 nach Adendorf zwischen Godesberg und Meckenheim. Der Ort gehört heute zur Gemeinde Wachtberg und wirbt für sich erfolgreich als „Töpferdorf". Wegen der natürlichen Tonvorkommen hatte Graf Friedrich Ferdinand von der Leyen die Westerwälder zur Produktion von salzglasiertem Steinzeug angesiedelt. Da er an der Salzgewinnung in den Niederlanden beteiligt war, diente er zugleich auch der eigenen Sache. Auch unter den Auswanderungen nach Übersee (vgl. S. 95) befanden sich Töpferfamilien, die schiere Not in die Fremde trieb. Schließlich lebten um 1771 bereits mehr als 700 Töpferfamilien im Kannenbäkkerland und machten sich zum Teil ganz gehörig Konkurrenz.

Das Deutsche Wörterbuch von 1873 beschreibt das Kannenbäckerland als „eine gegend reich an thon, der zu kannen, krügen, geschirr aller art verarbeitet wird". Und wenn man dann in einer alten Beschreibung des Amtes Selters liest, dass Ton

133

als „Weißes Gold" des Westerwaldes bezeichnet wird, unterstreicht das die hohe wirtschaftlichen Bedeutung des Rohstoffes überdeutlich.

Die Menschen aber, die dieses „Gold" förderten und verarbeiteten waren selbstbewusst genug, um sich frühzeitig zu einer eigenen Zunft der Krug- und Kannebäcker zusammenzuschließen (1643). Beteiligt an dieser ersten Zunftbildung waren die Ortschaften Baumbach, Bendorf, Grenzau, Grenzhausen, Hilgert, Hillscheid, Höhr und Sayn. Im späten 18. Jahrhundert wurde der Kreis größer durch Beitritt von Vallendar (ursprünglich Herrschaft Sayn-Wittgenstein), ferner Caan, Deesen, Ellenhausen, Nauort, Oberhaid, Ransbach, Sessenbach und Wittgert (ehemals kurtrierisch), Bendorf und Weitersburg (ehemals Sachsen-Eisenach) sowie Alsbach, Hundsdorf, Mogendorf, Nordhofen und Vielbach (wiedisch).

Damit war eine Voraussetzung zu verstärkter Verkaufsoffensive geschaffen. Sie erreichte im 18. Jahrhundert mit dem Export von Westerwälder Steinzeug nach Afrika (vor allem Ghana und Südafrika) und weiter bis nach Japan und Australien einen Höhepunkt.

Nach dem Zweiten Weltkrieg erfuhr das Kunsthandwerk mit Gründung der keramischen Fachschule in Höhr neuen Anschub. Weit größere Mengen von Ton als zur Steinzeugherstellung wurden noch in den 1960er Jahren besonders in Wirges, Siershahn und Grenzhausen zu Chamotte und feuerfesten Steinen verarbeitet. Krüge wurden nur noch in Mogendorf und Ransbach-Baumbach gefertigt, spielen also im Zeitalter der Glasflaschen und Kunststoffbehälter lediglich eine exklusive Rolle. In Hilgert pflegt man in bescheidenem Umfang noch lange die Pfeifenbäckerei. Dafür hat sich anstelle der Herstellung von Irdenware im Handwerksbetrieb die industrielle Produktion von Gebrauchskeramik aller Art bis hin zu hoch spezialisierten Erzeugnissen für individuelle Ansprüche vor allem in technischen Anwendungsbereichen durchgesetzt.

Mit der neuerdings stark erwachten Hochschätzung des Kunsthandwerkes konnten sich einige Werkstätten ausschließlich diesem Zweig widmen. Einige genießen internationales Ansehen. Längst haben die Kunsthandwerker und Künstler eine dem modernen Empfinden entsprechende Formensprache gefunden, die sich von der Tradition emanzipiert hat, ohne diese völlig zu vernachlässigen. Hinzurechnen muss man den Einfluss der Bunzlauer Keramik (Schlesien), die nach dem Krieg durch Heimatvertriebene hier eigene Pflegestätten erhielt.

Inzwischen haben neue technische Anwendungsgebiete ungewohnte Perspektiven eröffnet. Die kunstgewerbliche und künstlerische Keramik hat ein beachtliches Niveau erreicht, das ihr weit über den Westerwald hinaus Beachtung sichert. Inzwischen hat das Kannenbäckerland eine grundlegende Änderung seiner Struktur erfahren, die über den historisch vorgezeichneten Rahmen hinausweist.

Der Ton, die Grundlage der Töpferei, entstand durch Verwitterung der Schichtgesteine des Schiefergebirges. Unter dem tropischen Klima des Erdmittelalters zermürbten schroffe Temperaturwechsel und Sonneneinstrahlung zunächst mechanisch das Gestein. Danach wandelte die chemische Verwitterung den gesamten Mineralbestand um. Abhängig vom Ausgangsgestein und vom Witterungsverlauf ergeben sich verschiedene Tone: Traditionell unterscheiden die Pfeifen- und Kannenbäcker bei ihrem Rohstoff zwischen mageren, halbfetten und fetten Tonen und zwischen hell-, beige- oder rotbrennendem Material.

Nur zum Teil befinden sich die Tone an ihren ursprünglichen Entstehungsorten. Die Abschwemmung durch Niederschlagswasser im frühen bis mittleren Tertiär („Braunkohlezeit") führte dazu, dass sie aus ihrer ursprünglichen Lagerung fortgeführt, nach Körnung sortiert und an anderen Stellen in abflusslosen Becken und Senken (beispielsweise in der Höhrer, Ransbacher und Siershahner Mulde) abgesetzt wurden. Dieser Umlagerungsprozess zur sekundären Lagerstätte dauerte mehrere Millionen Jahre an und hinterließ abbauwürdige Tonlager von 30 bis 70 Metern Schichtmächtigkeit. Alleine das Kannenbäckerland hat eine Rohstoffreserve von 350 Millionen Tonnen Ton. Die Gewinnung erfolgte im Tagebau und in Schächten.

4.4 Glücksritter und Pechvögel
Fahrende Musikanten, Vagabunden, Aussiedler

Die „Krimmeler Grit", „Frerich Koarlche" (Friedrich Karl Lamboy, Gemünden) oder zuletzt noch „Krause Jean" (gesprochen „Scha") entzückten ihre Zeitgenossen und verklären die Erinnerung heutiger Heimatfreunde. Dabei waren das allesamt arme Tröpfe. Als Musikanten spielten sie für Pfennige. Bettelmusikanten aus Westerwald und Taunus traf man sogar im europäischen Ausland, besonders im wohlhabenden Holland.

Aber es gab auch anderswo Not, vielleicht drückender als in Westerwald und Taunus. Als in Ostpreußen durch die Pest (1709/10) viele Gehöfte verwaist waren, rührte schon Friedrich, der erste Preußenkönig (†1713), die Werbetrommel. Doch erst das Patent (1721), in dem sein Sohn Friedrich Wilhelm I. (1713–1740) mit besonderen Vergünstigungen winkte, begann man auch im Nassauischen aufzuhorchen. Schlechte Ernte und wirtschaftliche Nachteile durch Spanischen Erbfolgekriege hatte bei vielen die Bereitschaft geweckt, Haus und Hof zu verkaufen. Die Familien zogen mit allem beweglichen Gut nach Osten, was schließlich die Landesherren zu Gegenmaßnahmen veranlasste. Da sich nun mancher Bauer heimlich aus dem Staub machte, gingen die Regenten endlich den Kern des Übels an und bequemten sich zu sozialer und wirtschaftlicher Unterstützung der Landbevölkerung. Auch in Preußen wurden die Grenzen dichter, als sich erwies, dass der Zuzug nicht so erfolgreich war, wie man errechnet hatte.

Schon die Listen dieser älteren Auswandererwelle sind recht aufschlussreich. Erwartungsgemäß kamen viele Emigranten aus Dörfern des Hohen Westerwaldes, von Ailertchen bis Zinhain. Doch auch andere Orte in Westerwald und Taunus füllten die Auswandererzüge, die sogar vom Lahntal her aufbrachen. Von Aull bis Zimmerschied scheint die ganze Gegend vom Auswanderfieber gepackt gewesen zu sein. In der Regel trafen sich die Trecks in Halberstadt, wo sie sich mit Auswanderern aus Mitteldeutschland vereinigten. Nun ging es entweder zum Hafen von Stettin (poln. Szczecin) und per Schiff nach Königsberg, oder aber, wenn es die Fuhrwerke schafften, auf dem Landweg nach Ostpreußen.

„Land der armen Leute" gilt als übertriebene Abwertung des Westerwaldes. Der aus Wiesbaden stammende Kulturhistoriker Wilhelm Heinrich Riehl (1823–1897) hatte bei seinen Wanderungen eine ungünstige Zeit getroffen und ausgerechnet die am meisten benachteiligten Gebiete des Westerwaldes besucht. Diese Eindrücke haben ihm die Feder geführt. Dennoch: „Land der armen Leute" – leider auch das! Wer nämlich die Zeitungen vor hundert Jahren durchblättert, stößt auf Schlimmes. Da wird etwa gefahndet nach einer Vierzehnjährigen aus Hintermühlen: „Sie soll in Montabaur und Herschbach gesehen worden sein und streicht wahrscheinlich bettelnd umher. Besonderes Kennzeichen: … am Gehen behindert". Weiter: Das Amtsgericht Hachenburg verfolgt steckbrieflich eine Frau aus Seck, „welche sich verborgen hält …" und „wegen Landstreicherei und Bettelns" verhaftet werden soll.

Da ahnt man die sozialen und wirtschaftlichen Hintergründe. In solcher Lage scheinen für viele im „Land der unbegrenzten Möglichkeiten" bessere Aussichten zu winken. Übersee-Passagen vermittelten für die Hamburg-Amerika-Linie sogar Agenten im Nachbardorf. Wie viele Westerwälder deren Angebot folgten, ist neuerdings ausführlich dargestellt worden. Und heute wandeln die amerikanischen Nachkommen gerne „on the roots" im Westerwald. Noch 1853 lösten die Einwohner von Sespenrod im Gelbachtal bei Montabaur ihr Dorf restlos auf und bezahlten mit dem Erlös die Überfahrt nach Nordamerika. Von den 23 Familien machten sich neunzehn auf den Weg, insgesamt 76 Personen. Der Heimatforscher Guido Feig hat ihre Spuren bis nach Milwaukee in Wisconsin verfolgt und gewissenhaft notiert. Inzwischen ist die Geschichte der Amerika-Emigration gut erforscht und ausführlich beschrieben worden, so dass hier nicht viel mehr erzählt werden muss.

Selten nur gelang „drüben" der große Wurf. John Peter Altgelt wurde als Johann Peter Wilhelm Altgeld 1847 in Selters im Westerwald geboren, ging 1848 als Rechtsanwalt in die Staaten und schaffte es bis zum Gouverneur von Illinois (1893–1897). Präsident John F. Kennedy würdigte Altgelt als „der vergessene Adler" (nach R. Lindsay) in „Profiles in courage". Ein Westerwälder, Uli Jungbluth aus Nauort, hat ihm ein literarisches Denkmal gesetzt.

Amerika indes war nur eines von vielen Zielen der Fluchtwege aus der Misere des Alltags. In nennenswertem Umfang wurde er zudem erst im Zusammenhang mit der Wirtschaftskrise 1845–1847 und der gescheiterten Revolution (1848/49) angenommen.

Das gravierende Problem des Vormärz lag im „Anschwellen eines ländlichen Proletariats". Die parzellierte Landwirtschaft und das handwerklich geprägte Gewerbe hatten die Grenzen ihrer Leistungsfähigkeit erreicht. Hungerkrisen und Teuerungen waren schon 1816/17 und 1830/31 über die Bevölkerung hereingebrochen. Nicht nur die Kleinbauern, sondern die große Zahl der verarmten Handwerker stellten zuletzt einen Großteil im Fußvolk der Revolution. Die Industrialisierung und im Zusammenhang damit auch der Bergbau boten den einzigen Ausweg.

Auswanderung hieß für armselige Kleinbauern, als Bergmann oder Industriearbeiter ins Bergische Land, Ruhrgebiet und Siegerland zu ziehen oder saisonweise in den Niederlanden beim Deichbau zu schuften. Der Kleinbauer Anton Roth beispielsweise hatte nach dem Abschied vom Nassauischen Heer im Heimatdorf Holler Wechsel ausgestellt, die nicht eingelöst wurden. Ihm blieb nur der Untertagebau auf der Grube „Apfelbaumer Zug" in Herdorf. Verständlich, dass mancher in den Alkohol floh. Erklärlich denn auch, dass bis in die neunziger Jahre des 19. Jahrhunderts die Branntweinbrennerei im Nebenbetrieb florierte. Dauborn wurde zur Qualitätsmarke und Unnau avancierte „Dauborn des Westerwaldes".

Die „Mäckesser" des Siegerlandes sollen besonders durstige Kunden gewesen sein. Gemeint sind verwahrloste Fuhrleute, die mit Tauschware aller Art auf Hunde- oder Eselsgespann um Lumpen und Alteisen feilschten und im Suff Konkurrenten und Kumpanen verdroschen.

Wer zu alt oder nicht gesund war, dem blieb nur noch, als Hausierer mit dem armseligem Krimskrams ein Auskommen zu suchen. Konnte man Irdenwaren aus dem Kannenbäckerland anbieten, war das fast schon höheres Niveau. Oft reichte es nur für Ausschuss wie Papierblumen, Fliegenwedel oder Wachsfigürchen aus eigener Produktion. Mancher schrumpfte da vom selbstbewussten Westerwälder zum mickrigen „Wäller".

Als 1884 das deutsche Konsulat in St. Petersburg gegen zwei Händler aus Irmtraut ein Verfahren anstrengte, geriet wohl zum letzten Mal eine besonders schlimme Form von Westerwälder Glücksrittertum in den Blick. Die beiden traten in Russland mit neun Jungen und einem Mädchen illegal auf. Es war nur die Spitze des vielleicht bald schmelzenden Eisberges.

Aber noch wurden Hunderte von Jungen und Mädchen im Alter von dreizehn bis vierzehn Jahren von Westerwälder „Unternehmern" gegen 30 Gulden und ein Paar Schuhe aus dem Elternhaus gemietet. Zu Fuß ging es nach Hamburg oder Lübeck und per Schiff nach Russland. Billiger Tand als Ware oder kümmerliche Fertigkeiten im Spielen der Ziehharmonika sollten verbergen, dass diese Kinder in Wahrheit zum Betteln abgerichtet waren. Der Menschenhandel florierte.

Bald streunten Halbwüchsige aus den rheinischen Mittelgebirgen durch Skandinavien und den Balkan, über die Krim und den Kaukasus, sogar durch Palästina und Ägypten. Sie tauchten in London auf und auch in nordamerikanischen Goldgräbersiedlungen. Ob sie oder ihre Eltern das ersehnte Glück gefunden haben? Ihre Geschichte ist noch nicht geschrieben.

Blickpunkt

Herkunft von Ostaussiedlern (18. Jh.) aus dem Nassauischen (nach B. v. Crailsheim, in: Erzähler vom Westerwald Nr. 8, 1950):

Ailertchen, Altendiez, Arborn, Aull, Bach, Birlenbach, Bölsberg, Dausenau, Eichenbstruth, Ems, Flacht, Großseifen, Gückingen, Hahnstätten, Hardt, Heistenbach, Hirschberg, Hof, Holzhain, Kemmenau, Korb, Langenbach, Liebenscheid, Löhnberg, Löhnfeld, Lohrheim, Marienberg, Neukirch, Niederneisen, Niedershausen, Oberneisen, Obernhof, Odersbach, Odersberg, Ritzhausen, Staffel, Stein, Stockhausen, Unnau, Walshausen, Weißenberg, Zimmerschied, Zinhain

4.5 Know how aus dem Ausland
Fremde gestalten unser Land

Ohne Ausländer wäre der Westerwald nicht, was er ist. Wo man heute Sehenswürdigkeiten zwischen Rhein, Lahn und Sieg anpreist und sie vielleicht als „typisch für den Westerwald" auffassen möchte, hatten oft genug Ausländer die Hände im Spiel. Das gilt ebenso für das ganze Nassauer Land und die ehemalige Rheinprovinz.

Von auswärts sind von Anfang an die rheinischen Berglandschaften geprägt worden. Von den Römern kennt das wohl jeder, auch wenn sie sich rechts des Rheins ja nicht so ausbreiten und festsetzen konnten wie etwa in der Eifel. Mit den Legionen und in ihrem Gefolge kamen bereits Leute aus aller Welt zu uns, allen voran die Kaufleute.

Nicht zuletzt tauchten auch Juden auf. Und die blieben. Da kam es schließlich soweit, dass unsere adeligen Herrschaften den Juden Joseph von Ahrweiler (1321) als Finanzpartner auf keinen Fall missen mochten. Auf tausend Jahre des Nebeneinanders folgten vielleicht hundert Jahre des Miteinanders. Die Synagogen in Hadamar und Neuwied vermitteln noch eine Ahnung von dieser Epoche, ehe es dann – auch an Rhein und Lahn, im Taunus und Westerwald – zum grauenhaften Gegeneinander kam.

Was einst Kreuzfahrer aus unserer Heimat in der islamischen Welt angerichtet haben (12./13. Jh.), spricht sich endlich langsam herum. Was sie umgekehrt mitbrachten, harrt manchmal noch der Entdeckung. Manche scheinen sich so sehr in mühseligen Auseinandersetzungen nach Art des Kopftuchstreites zu verlieren, dass sie sich selbst den Blick zu verhängen scheinen. Vielleicht waren die Altvordern weniger voreingenommen. So bewunderten viele den Kriegsgegner, den Sultan Saladin. Stolz gaben Adel und Volk ihren Söhnen den Vornamen „Salentin", der im Westerwald noch bis in unsere Zeit gebräuchlich gewesen ist.

Die Klöster Eberbach im Rheingau, Heisterbach im Siebengebirge und Marienstatt bei Hachenburg gehören zu den beliebtesten Ausflugszielen unserer Gegend. Und doch: Ein französischer Orden hat beide gegründet. Konzept und Ausstattung der Klosterkirchen folgen dem Geschmack von Ausländern. Empfing Eberbach Anregungen aus Burgund, so verraten Grund- und Aufriss von Heisterbach und Marienstatt Einflüsse der nordfranzösischen Kathedralgotik. Die Verhältnisse ähneln denen beim Kölner Dom, der in manchem doch so ganz undeutsch ist. Die Feinheiten am Marienstätter Bau wiederum leben zum Teil wenigstens auch von burgundischen Vorgaben.

Im Burgenbau ist das kaum anders. Die Wehrmauern der Sporkenburg bei Bad Ems und von Hermannstein bei Wetzlar hätte man hierzulande gar nicht konstruieren können, wären da nicht die französischen Donjons, die man glattweg kopiert hat. Die Leute von Westerwald und Taunus waren bei anspruchsvollen Bauvorhaben allenfalls als Hilfsarbeiter mit dem Schleppen von Steinen und Mörtel beteiligt. Ihre geistlichen und adeligen Herrschaften bezahlten ja. Was sie jedoch bei ihren Untertanen einsparen konnten, das blieb übrig für Facharbeiter,

Ingenieure und Künstler aus dem Ausland. Welt des Mittelalters! Und die Neuzeit? Ganz groß schlug die Stunde der Ausländer nach dem Dreißigjährigen Krieg,
als es am Rhein wieder aufwärts ging. Der Bauboom von damals prägt noch heute
unsere Landschaften. Die Nase vorn hatten kunstsinnige Italiener, bald auch Franzosen und schließlich Niederländer. Einheimische waren in den Jahrzehnten nach
dem Dreißigjährigen Krieg einfach zu wenig geschult, um die vielbestaunten Bau-
leistungen und Kunstwerke im Stil des Barock herzustellen. Vielfach waren die
Ateliers der Künstler und die Gilden der Kunsthandwerker ausgeblutet oder gar
verwaist. Da griffen Fremde zu Reißzeug und Hammer.
Namentlich sind sie alle bekannt. Zum Beispiel war Johann Christoph Sebastiani
am Bau der Vorburg zum Schloss Montabaur (1690) teilweise und an der Talburg
von Langenau bei Obernhof an der Lahn allein verantwortlich. Die Fresken in
Montabaur (1696) und die prachtvollen Deckengemälde der Schlosskirche zu
Löhnberg (1738) stammen von Lazarus Maria Sanguinetti. Die Kirche von Lahn-
tal-Großfelden (ab 1749) plante Giovanni Ghezzy.
Besondere Hochschätzung genossen die Italiener als Stuckateure. Ohne sie lief
nichts mehr, wenn auf künstlerisches Niveau geachtet werden müsste. Eugenio Ca-
stelli schuf den Wand- und Deckenstuck in Burg Langenau, im Hadamarer Schloss
und zusammen mit Gallasini und mit Antonio Giovanni Battista Genone im
Schloss zu Neuwied. Das Hachenburger Schloss stuckierte Carlo Cerutti. Auch die
Privatgemächer des Abtes und verschiedene Repräsentationsräume im Kloster Marienstatt besitzen Zierstuck italienischer Herkunft, ohne dass die Namen der
Künstler bisher eindeutig ermittelt werden konnten. Dafür ist Johann de Paerni als
Schöpfer der prächtigen Stuckaturen in der Schlosskirche von Greifenstein (bis
1686) bekannt.
Greifenstein als moderner Festungsbau ist ohne Anregungen aus Holland un-
denkbar, das Kriegstechnik lehrte und Militäringenieure entsandte. Erst nieder-
ländisches Know-how ermöglichte es dem Grafen von Solms, seine altmodische
Burg dem Sicherheitsstandard des 17. Jahrhunderts anzupassen. Sonst arbeiteten
die Niederländer eher an friedlicheren Projekten. So ist das heutige Haus Vilszelt
in Heister bei Unkel im 18. Jahrhundert durch Umbau einer Wasserburg entstanden. Mag sein, dass nicht immer das edle Motiv „Schwerter zu Pflugscharen" die
Projekte beflügelte, sondern die Einsicht, dass die traditionellen Verteidigungsan-

lagen strategisch wertlos geworden waren. Jedenfalls profitierte die Bevölkerung in und um den Westerwald von dieser Form der Abrüstung nicht wenig.

Talburgen im Raum Rhein-Westerwald sind übrigens Ausnahmen, am Niederrhein aber die Regel. So musste man auch in Unkel holländische Erfahrungen abrufen und legte das Vorhaben in die Hände von Matys Groenlandt. Ebenso erteilte man gerne Franzosen wichtige Aufträge. Die Pläne für die neue Kirche in Oberweimar bei Marburg (1733/34) fertigte Charles du Ry an. Das Schloss in Elnhausen geht auf Vultée zurück.

Vieles, was wir als typisch für unsere Gegend bezeichnen, ist sozusagen Auslandsanleihe. Stets war und ist der Raum zwischen Rhein-Ruhr und Rhein-Main Durchzugsgebiet gewesen. Die Einheimischen lasen auf, was Fremde am Wegrand zurückließen. Überspitzt gesagt: Kultur in Westerwald und Taunus ist ein Sammelsurium unterschiedlichster Anregungen.

Mehr noch: Auch „der" Westerwälder war und ist zu einem guten Teil Ausländer. Waldenser sind bereits für 1232 auf der „Denzerhaid" bezeugt. Vermehrt suchten bei uns dann vor 300 Jahren „Asylanten" Zuflucht. Abermals waren es Waldenser, die jetzt aus Savoyen geflohen waren. Charlotte, die Tochter des „Melander" von Holzappel (Peter Eppelmann, s. S. 83) hatte ihnen einen Siedlungsplatz in der Esterau bei Diez zugewiesen. Sie nannten ihr neu gegründetes Dorf (1699) aus Dankbarkeit Charlottenberg. Französische Hugenotten ließen sich zehn Jahre davor in Daubhausen und Greifental im Dillgebiet nieder. Wallonen kamen nach dem Dreißigjährigen Krieg nach Neudorf, das bald schon Welschneudorf hieß. „Welsch" war früher ein Synonym für „fremd", und bezog sich vorwiegend auf Herkunft aus romanischen Ländern. Die ausländerfreundliche Politik der Grafschaft Wied machte sie zu einem Zufluchtsort für Juden, Hugenotten und adelige Revolutionsflüchtlinge aus Frankreich. Erst recht bedurfte die Industrie des 19. und 20. Jahrhunderts ausländischer Arbeitskräfte, die auf dem „Dornberg" in Wirges mitunter den Ton angaben. Und Steinbrücken in Dietzhölztal hat als Ishibashi schon einen japanischen, allerdings inoffiziellen Namen wegen entsprechender Beziehungen nach Fernost.

Wie uns heute Amerikanismen flott über die Zunge gleiten, schnappte früher der Volksmund welsche und jiddische Floskeln auf. „Echtes Platt" ist ein gut Stück ausländisch: Angefangen vom Alkoven über den Westerwälder Kümmel bis zur

Zwetschge (gesprochen: Kwetsche) ist alles arabischer Herkunft! Noch heute wünscht man einen guten „Rutsch" ins neue Jahr, der aber nicht rutschig sein soll, sondern „rosch-haschanáh", das „neues Jahr" auf hebräisch meint. Selbst so ur-deutsch klingende Worte wie „Saure-Gurken-Zeit" (zarót, jakrút = Sorgen, Preis-anstieg) und „Hals- und Beinbruch" (hasloché und broché = Glück und Segen) kommen aus dem Jiddischen.

Sogar im Westerwälder Telefonbuch wird man schnell fündig. Bei manchen Fa-miliennamen ist fremde Abstammung unverkennbar. So kommen geläufige Nach-namen wie Billaudelle, Dombois, Gilles oder Labonte (= La bonté) aus der Sprache des früheren „Erbfeindes". Die Vorfahren der heutigen Familien hatte der Trierer Kurfürst als Wald- und Wildhüter ins Land geholt und in Welschneudorf angesie-delt. Welche Bedeutung der Jagdbetrieb dort hatte, sieht man an dem ehemaligen Jagdzeughaus (1705) in der Dorfmitte sowie an dem recht gut erhaltenen Wild-graben in den Waldungen ringsum. Heißt jemand Levi, Isaak oder Isack, ist die Herkunft des Namens kaum zweifelhaft. Aber auch die Familien Goldschmied und Roth (Rut, Ruth) könnten sich von jüdischen Vorfahren herleiten. Vornamen wie Adam und Simon empfindet bei uns kaum einer noch als hebräisch.

Die Familien Siry und Marschang kamen im 17. Jahrhundert aus der Wallonie in die Gegend von Dernbach, wo der Industrielle Mariot Arbeitskräfte für Erzberg-bau und Gesteinsgewinnung brauchte. Die Liste der Westerwälder, die als Auslän-der zu uns gekommen sind, lässt sich leicht verlängern um die Bouffier oder Bouvier, Chandoni, Dernier, Intra, Kalinowski, Monesse, Perabo, Piwowarski, Ra-kowitz, Schermuly oder Wiwjorra. Da kommen also noch Namen italienischer, polnischer und ungarischer Herkunft hinzu. Selbst „nassauern" (nassón = geben, schenken) soll anderen Deutungen zum Trotz der Sprache Israels entstammen.

Aber da waren zu allen Zeiten und nicht zuletzt Herrscher und Gelehrte, Missio-nare und Wohltäter aus dem Ausland, die uns Kultur brachten, die Entwicklungs-hilfe leisteten, wie man heute zu sagen pflegt. Die Liste könnte der „Apostel des Lahngaues" Lubentius († um 350) eröffnen, der wohl aus Lothringen stammte. Weither aus Aquitanien, vielleicht dem Bordelais, war Goar (†575) gekommen, um an der Rheinfurt bei der Loreley Reisenden vom und zum Taunus beizustehen, ähnlich wie das heute die Bahnhofsmission wahrnimmt. Die Landgräfin Elisabeth von Thüringen (†1231, Marburg), deren Tochter Gertrud Meisterin (magistra) von Stift Altenberg an der Lahn wurde, war Ungarin. Die Listen der Professoren und Studenten der Hohen Schule zu Herborn gar lesen sich manchmal wie das Register der Einwandererbehörde: Alstadius oder Comenius (tschechisch Jan Komenský) an der Spitze. Allerdings spielt hier wie auch andernorts des Öfteren der Hang zum Latinisieren (Conradi, Henrici, Philippi) oder Übersetzen (Montanus, Pistor, Dartor) mit. Heute bevorzugt man statt des Lateinischen eher das Englische oder was man dafür hält.

Der bedeutende Beitrag von Ausländern zur Ausgestaltung dessen, was wir etwas naiv als Westerwälder Kultur ansehen, war nur möglich, weil die Fremden mit vollen Händen austeilten. Sie brachten ihre Kenntnisse mit, setzten sie voller Arbeitseifer um und bemühten sich – unbeschadet ihrer eigenen Sprache und Lebensgewohnheiten – in die Gesellschaft des Gastlandes einzufügen, soweit dies möglich war und erwartet wurde. Und die Deutschen haben von ihnen gelernt. Allmählich erreichten sie das Niveau der Fremden. Am Schloss von Neuwied (seit 1707) werkelten einträchtig nebeneinander der deutsche Baudirektor Johann Julius Rothweil mit deutschen (Mayer) und italienischen Stuckateuren (Genone, Castelli, Gallasini). Den Bau der Schlösser in Engers (1758) und Molsberg (1766/68) leitete dann Johannes Seiz, ein Schüler des berühmten Balthasar Neumann. Man sieht: Ohne Ausländer lief nichts!

4.6 „Wie in däh Juddeschoul"
Vom Umgang mit dem Volk Israel

❦ Viel wussten wir nicht von ihnen. Chaotischen Lärm bewerteten Erwachsene mit dem Vergleich „Wie in däh Juddeschoul" (Wie in der Judenschule). Eine hohe Meinung von ihnen konnten wir demnach nicht gewinnen – auch ohne Nazipropaganda. Wie mochte es wohl auf höherer Ebene damit stehen?

Knapp drei Monate nach den Judenpogromen im Februar 1939 behauptete der Bischof von Limburg, Antonius Hilfrich, in einem Hirtenbrief, der auf den Kanzeln verlesen wurde: „... dass die christliche Religion nicht aus der Natur dieses Volkes [= der Juden] herausgewachsen ist, also nicht von Rasse-Eigenschaften dieses Volkes beeinflusst ist, sondern sich hat gegen dieses Volk durchsetzen müssen. Jesus Christus ist nicht eine Frucht dieses Volkes, sondern in seiner Menschwerdung ein Geschenk des Himmels."

Lehramtlich wird demnach alles, was wir über die Herkunft und das soziale Umfeld Jesu wissen, so verdreht, dass Jesus eben doch kein Jude gewesen sei. Der Bischof widerspricht darin sogar seiner eigenen Bibel, wo es heißt: „Als aber die Zeit erfüllt war, sandte Gott seinen Sohn, geboren von einer Frau und dem Gesetz unterstellt". Maria oder Mirjam ist nach eben dieser Bibel eine Hebräerin, und das „Gesetz" ist die Tora, das Gesetz des Moses. Erst 41 Jahre später haben sich die deutschen Bischöfe einmütig zur jüdischen Herkunft Jesu bekannt.

Da Hirtenbriefe (nicht nur) damals als verbindliche Richtschnur für Katholiken unserer Gegend galten, müssen die fatalen Sätze zu Ende gelesen werden: „Die Geschichte der Offenbarung mit dem nur werkzeuglichen Mitwirken des israelitischen Volkes, die Todfeindschaft der … führenden Kreise gegen den Heiland und die Verstocktheit des nachchristlichen Judentums zeigen, dass die christliche Religion kein Geist des Judentums ist."

Und selbst der Glaube an Gott scheint dem Limburger Bischof eher unjüdisch zu sein. Jedenfalls betont er, dass der „Begriff vom ‚Schöpfer-Gott' keinesfalls ‚jüdischen Ursprungs'" sei. Vielmehr müsse „geprüft werden, wie weit die Leugnung des Schöpfers und der […] pantheistische Gottesbegriff von der Philosophie des Juden Baruch Spinoza beeinflusst sind."

Nun war diese oberhirtliche Äußerung kein Einzelfall. Erzbischof Konrad Gröber von Freiburg, seit 1934 Fördermitglied der SS, trug Papst Pius XII. Passagen aus seiner Silvesterpredigt vor: „Durch die Apostelgeschichte stehe fest, dass der Hass der Juden die Christen in der christlichen Frühzeit verfolgt habe." Das war zur Jahreswende 1943/44 angesichts des Holocaust, über den kein Wort verloren wird! Hier muss nun ausdrücklich betont werden, dass der überwiegende Teil der katholischen Bevölkerung im Westerwald, an der Lahn und im Taunus dem „Neuheidentum" und der „biologischen" Rassenlehre des Nationalsozialismus ablehnend gegenüberstand. Die Ergebnisse der freien Wahlen vor der „Machtergreifung" lassen diesbezüglich keinen Zweifel zu. Auch danach hielt sich, wenn auch von Ort zu Ort recht unterschiedlich, die Bereitschaft zu kämpferischer

Selbstbehauptung. Gerade katholische Enklaven inmitten andersgläubiger Umgebung zeichneten sich durch solche Entschiedenheit aus, wie die Pfarreien Arnstein, Elsoff, Marienstatt, Mengerskirchen und Rennerod. Daneben erwiesen sich manche Kirchengemeinden aufgrund örtlicher Gegebenheiten als besonders widerstandsfähig gegenüber der „braunen Ideologie", wie Baumbach, Großholbach, Hadamar, Holler, Marienhausen, Neuhäusel-Simmern, Niedererbach, Offheim, Salz, Seck, Steinefrenz und Thalheim.

Bequemlichkeit, Opportunismus, vor allem Angst um Verlust der Stellung ließen bekanntlich seit 1933 die meisten Leute bald auf eine konformistische Linie einschwenken. Das Reichskonkordat mit dem Vatikan und die abwartend-loyale Haltung der Bischöfe erleichterten, ja förderten dies ungemein. Umso mehr muss die Unbeirrbarkeit Einzelner gewürdigt werden. Aufrechte Männer und Frauen aus dem Volk leisteten auf ihre Weise subtilen Widerstand. Die letzten Führer der nassauischen Zentrumspartei, Sanitätsrat Dr. Stemmler, Bad Ems, und Bürgermeister Heinrich Roth, Montabaur, wurden gleich nach der „Machtübernahme" ihrer Ämter enthoben und kaltgestellt. Den christlichen Gewerkschafter Franz Leuninger aus Mengerskirchen verurteilte der Volksgerichtshof als Verschwörer gegen Hitler zum Tode.

Auch im Klerus gab es Persönlichkeiten, die nicht dem zweifelhaften Vorbild ihrer Vorgesetzten folgten. Als erster Kaplan im Bistum Limburg wurde in der Nacht vom 26. zum 27. Juni 1933 Joseph Göb in Höhn-Schönberg verhaftet, der sich in der katholischen Jugendarbeit engagiert hatte. Der Palottinerpater Richard Henkes, der am Studienheim in Vallendar-Schönstatt unterrichtete, landete wegen seiner offenen Ablehnung des Nazisytems 1943 in Dachau. Sogar eher versöhnlich gestimmte Geistliche wurden schließlich unter wenig stichhaltigem Vorwand Opfer der Diktatur. So geriet der Pfarrer Johannes Lauck trotz seines gütigen Naturells im März 1938 für vierzehn Monate in Gestapohaft.

Die Methoden waren immer dieselben, wenn es galt, einen beliebten Seelsorger „kaputt zu machen". Gezielte Stimmungsmache ermöglichte es den Nazis bereits im März 1933 den in seiner Gemeinde Bleidenstadt hochgeschätzten Pfarrer Adolf Glotzbach in Haft zu nehmen und gegen dessen Willen beim nachgiebigen Bischof in Limburg die Versetzung nach Girod durchzusetzen, wo er 1934 verstarb. Wenige im Klerus durchschauten frühzeitig die Unmenschlichkeit des Systems und wagten, die christliche Position auch nach außen hin mutig zu vertreten. Zu nennen sind vor allem die Jesuiten Oswald von Nell-Breuning und Gustav Gundlach, denen als Theologieprofessoren die Ausbildung der Geistlichen für die Diözese Limburg oblag. Beide sagten schon 1933 in ihren Vorlesungen, das Reichskonkordat mit dem Vatikan sei nicht mehr als „ein Fetzen Papier". Erwähnt sei ferner Georg Rudolphi (†1971), der als Pfarrer in Frankfurt dem Zeitgeist entgegentrat und seit 1961 in Hachenburg lebte. Anderen dämmerte erst langsam die Einsicht in den verbrecherischen Charakter des Regimes. Georg Nilges aus Wilsenrot (†1972 in Dernbach) rang sich als Pfarrer in Frankfurt nur langsam zu einer ablehnenden Haltung durch.

Besonders ausgeprägt war die Bereitschaft zum Widerstand bei einigen Geistlichen, die der Jugendbewegung nahe standen, an ihrer Spitze Jugendpfarrer Ferdinand Dirichs, der zuvor als Kaplan unter anderem in Montabaur gewirkt hatte und später Bischof von Limburg wurde (†1948). Ihm zur Seite standen auch zwei Westerwälder: als Diözesanjugendsekretär Kaplan Ferdinand Ebert aus Montabaur und der Frickhofener Kaplan Karl Pehl. Dementsprechend war die katholische Jugendarbeit auch nach dem Verbot der Vereine den Nazis stets ein Dorn im Auge. Die Aufhebung der Konvikte in Montabaur und Hadamar, des Jugendheimes Kirchähr, des Progymnasiums Marienstatt und der Schulen der Dernbacher Schwestern (u. a. Limburg) waren die Konsequenz. Bemerkenswert ist die illegale Fortführung der Gruppe des Bundes Neu-Deutschland (ND) in Montabaur trotz Verbot (1937). Obwohl Regens Wilhelm Breithecker nichts mit der Aktivität der Jugendlichen zu tun hatte, landete er im KZ (1940–1945).

Dieser Widerstand erwuchs aus Sorge um den Bestand der Kirche selbst und die ungeschmälerte Ausübung ihrer Seelsorgetätigkeit. Mit wachsenden Übergriffen der Machthaber und dem mehr oder weniger unverhohlenen Bruch des Konkordats verstärkte er sich in den treu zur Kirche haltenden Kreisen. Die Judenfrage aber spielte nirgends eine erkennbare oder entscheidende Rolle. Erst durch das Euthanasieprogramm wurden die Katholiken stärker auch mit dem Rassismus der Nazis konfrontiert. Die „Euthanasie" hat unsere Gegend besonders heftig berührt wegen der entsetzlichen Ereignisse in Hadamar, die sich beinahe auch in Montabaur hätten abspielen können. Wie ehemalige (Un-)Täter von Hadamar später offenbar mit oberhirtlicher Billigung vor Gericht reingewaschen werden sollten, ist im Falle der ehemaligen Oberschwester Irmgard Huber dokumentiert. Der eingetragene Verein „Stille Hilfe", dessen Vorstand neben früheren SS-Leuten auch der Kölner Weihbischof Wilhelm Cleven angehörte, lieh ihm juristische Hilfe.

Nun ist die Haltung der katholischen Kirche gegenüber dem Judentum kaum rassistisch, sondern theologisch motiviert. Unter Berufung auf antijudaistische Passagen im Neuen Testament gelten die Juden „als Prototyp des Unglaubens in der Gegnerschaft zu Jesus". Die Ignoranz lebte sich in Unterdrückung und Verfolgung aus, so dass der Schluss nahe liegt, „alles, was den Juden vom Nazi-Regime angetan wurde, ist bereits im Mittelalter von den kirchlichen Inquisitionsprozessen vorexerziert worden". Bekanntlich hat sich Hitler gerne auf diese geschichtlichen Ereignisse berufen, gerade auch im Gespräch mit Bischöfen.

Die Gleichstellung der Juden war während des 19. Jahrhunderts in den preußischen Rheinlanden wie auch im Herzogtum Nassau unter dem Einfluss des großbürgerlichen Liberalismus politisches Ziel der Parteien. Selbst auf religiösem Gebiet diskutierten Reformer zur großen Besorgnis der Obrigkeit die Möglichkeit einer „dreikonfessionellen Nationalkirche."

Die beharrende Mehrheit in der katholischen Kirche sah in diesem Liberalismus, der im Grunde Judentum und Christentum als gleichwertig erscheinen ließ, das eigentliche Problem. „Das Neue Ufer", die „Kulturelle Beilage der Germania", widmete sich ihm in Nr. 8/1938 „in katholischer Betrachtung". „Germania" war die auch im katholischen Westerwald eifrig gelesene Zeitung der Zentrumspartei. Die Redaktion behauptet im Vorspann, „dem Zersetzenden des liberalen Judentums" sei „nur dann eine Wirkungsmöglichkeit gegeben, wenn das Volk bereits Degenerationserscheinungen zugänglich" sei.

Pfarrer Alois Eckert, der zeitweilig als Subregens im Montabaurer Konvikt gewirkt hatte (1913), wandte sich nach dem ersten Boykott jüdischer Geschäfte in der Rhein-Mainischen Volkszeitung mutig gegen die Diffamierung der Juden aus rassistischen oder pseudotheologischen Gründen. Jahrzehnte vorher hatte mit seltenem Weitblick der Abgeordnete Ernst Lieber, Abiturient von Hadamar und Mitbegründer des Zentrums, im Reichstag gegen geplante Ausnahmegesetze und für die Juden gestritten.

Während die SPD und erst recht die KPD im Dritten Reich verboten waren, behielten die Kirchen ihren Charakter als Körperschaften des öffentlichen Rechtes, der im Falle der katholischen Kirche durch das Reichskonkordat auch völkerrechtlich abgesichert schien. „Diese Rechtsbasis nicht zu zerstören, war in den Konflikten zwischen Staat und Kirche vor allem das Bestreben der Hierarchie." „Bekennermut und Überzeugungstreue" fielen dieser Doktrin in unverantwortlich hohem Maße zum Opfer. Für Westerwald und Taunus, die kirchlich zum größten Teil den Diözesen Köln, Limburg und Trier zugehörten, kam erschwerend hinzu, dass die zuständigen Bischöfe Karl Josef Kardinal Schulte, Antonius Hilfrich und Franz Josef Bornewasser dazu neigten, der Staatsloyalität den Vorrang vor der Regimekritik einzuräumen.

Seit 1934 wuchs die Unzufriedenheit wegen der Haltung der Kirchenleitung unter engagierten Klerikern. Friedrich Wolf aus Wallmerod (1884–1970), nun Stadtpfarrer in Wiesbaden, machte sich zum Sprecher katholischer Geistlicher und Laien, die das „Schweigen der Bischöfe" kritisierten. Ein Memorandum aus diesem Kreis an die deutsche Bischofskonferenz (ca. 1936/1937) bat um ein öffentliches Hirtenwort gegen Judenverfolgung und KZ-Willkür. Es wurde keiner Antwort gewürdigt.

Wenn freilich die Nazis „den Innenraum der Kirche" antasteten, solidarisierten sich breitere Bevölkerungskreise, wie dies trotz massiver Propaganda der Partei bei den Devisen- und Sittlichkeitsprozessen (1936/37) gegen die Franziskanerbrüder von Waldbreitbach, die Barmherzigen Brüder von Montabaur und das Studienheim der Franziskanerpatres in Hadamar, hier insbesondere gegen P. Justus Michel, zeigte.

Die jüdischen Mitbürger profitierten kaum davon. Der kirchliche Widerstand, wo er denn wirksam zustande kam, verteidigte die eigene Weltanschauung und Organisation. Die Nürnberger Rassengesetze (1935) führten weder zu unmissverständlicher Stellungnahme seitens der Kirche, noch weckten sie merkliche Unruhe in den Gemeinden. So konnten die Nazis auch weiterhin ungestört die Lebensgrundlagen der Juden vernichten.

Die berüchtigte Novembernacht 1938 nahmen die Katholiken durchweg mit Entsetzen wahr. Zeitzeugen aus Montabaur erinnern sich, wie sie in ihrer Ohnmacht die Hände zum Gebet für die Juden falteten. Und doch stellte Karl Pehl, damals Kaplan in Frickhofen, im Rückblick fest: „Man billigte nicht, was dort geschah, man verabscheute es; aber man empfand die Sache der Juden nicht als die eigene, die Zerstörung der Synagogen nicht als Verwüstung von Häusern des wahren Gottes." Er hat das Problem auf den Punkt gebracht! Ausgrenzung galt und gilt seit jeher als probates Mittel, die Verantwortung gegenüber „dem Nächsten", wie die Bibel sagt, abzuschütteln.

Freilich weiß man von vereinzelten Akten der Solidarität: Von Ferdinand Dirichs, der die in Kirchähr internierten Juden aus Montabaur und Meudt besuchte und ihnen Geldspenden aushändigte, oder vom Ehepaar Schulte aus Hachenburg, dem das Kloster Marienstatt für zwei Tage Unterschlupf gewährte. Aber es sind Ausnahmen. Die meisten „schwiegen schlechten Gewissens", wie Pfarrer Alois Eckert bekennt.

Besonders beklemmend nimmt sich das Schicksal der getauften Juden aus. Der Erzbischof von Breslau, Adolf Johannes Kardinal Bertram, riet 1941 seinem Münchner Kollegen, Michael Kardinal Faulhaber: „... es sei vordringlicher, dass der Episkopat sich auf kirchlich wichtigere und weittragendere Belange zu konzentrieren" habe. Er schrieb diese Zeilen knapp vier Wochen nach der Verhaftung des wohl einzigen Priesters an einflussreicher Stelle in Deutschland, der in aller Öffentlichkeit für die Juden eingetreten war, des Berliner Dompropstes Bernhard Lichtenberg (†1943). Bekanntlich blieb Kardinal Bertram unbelehrbar bis fast zuletzt.

Um die getauften Juden bemühte sich der „Hilfsausschuss für katholische Nichtarier" (seit 1940 „Hilfswerk beim Bischöflichen Ordinariat Berlin"). Er war Ergebnis der Zusammenarbeit zwischen Caritasverband und St. Raphaelsverein. Letzteren hatte der Limburger Kaufmann Simon Peter Paul Cahensly (†1917 in Koblenz) im Jahre 1871 „zum Schutz katholischer Auswanderer" gegründet. Bis zur Auflösung des Vereins (1941) hat er Zehntausenden die Auswanderung ermöglicht oder Tausenden Arbeitsplätze im Ausland vermittelt. Ähnlich und im Stil von Cahensly, der in aller Stille sozialpolitisch tätig war und einfachen Leuten ohne viel Aufhebens zur Existenzgründung verhalf, wirkte der Raphaelsverein ganz im Stillen für Juden und Judenchristen. Da er oft hart am Rande der Legalität oder gar gegen die Nazigesetze handelte, durften viele Hilfsmaßnahmen nicht aktenkundig werden. Dieses situationsbedingte Quellendefizit wird wohl für immer verschleiern, wie viel Gutes hier tatsächlich getan worden ist.

Die Akten geben ebenso wenig Auskunft von dem Beistand, der im Verborgenen von Einzelnen den Juden erwiesen worden ist, wie von der unsagbaren Pein, die jüdische Mitbürger im alltäglichen Terror von Nachbarn oder Kollegen erleiden mussten. Sie verschweigen, wie oft auch einflussreiche Persönlichkeiten die Gelegenheit zur Hilfe ungenutzt verstreichen ließen.

Nun wirkte der Raphaelsverein ja mit Billigung des Episkopates. Dennoch eignet er sich vor dem Urteil der Geschichte nicht als Feigenblatt. Fünf Tage vor Hitlers Selbstmord erließ der Bischof von Trier, Franz Rudolf Bornewasser, zu dessen Sprengel ein erheblicher Teil des Westerwaldes gehörte, Richtlinien für seinen Klerus, wonach auf die Vergangenheit nicht weiter mehr eingegangen werden solle. Man wisse ja, dass manche „treue Katholiken, sei es durch Mangel an Erkenntnis, sei es unter dem Einfluss der satanischen Lügenpropaganda oder durch zermürbenden Terror, in der Sorge um ihre Familie Schritte getan haben, denen sie innerlich nie zustimmten".

Derselbe Bischof hatte im Juni 1933 vor katholischen Studenten in Bonn erklärt: „Es ist ein großes Verdienst der Reichsregierung und besonders des Herrn Reichskanzlers, dass dem würdelosen Treiben der Gottlosen energisch Halt geboten" worden sei. Wenige Monate später verkündete er im Trierer Dom der Jugend des Bistums: „Aufrechten Hauptes … sind wir eingetreten in das neue Reich und sind bereit, ihm zu dienen … Wir tun es nicht nur aus äußerem Gehorsam gegen die kirchliche [!] und staatliche Autorität, nicht nur aus Dankbarkeit wegen des Guten, das der neue Staat … gegen den gottlosen Bolschewismus, gegen die Irrlehren des Marxismus und gegen so viel Schmutz und Schund … getan hat. Wir tun es, weil unser katholisches Gewissen es uns gebietet…" Joseph Goebbels notierte am 4. Juni 1933 in sein Tagebuch: „Die Soutanenträger sind sehr klein und kriecherisch".

Der praktizierende Katholik Konrad Adenauer urteilte im Februar 1946 in einem Brief: „Nach meiner Meinung trägt das deutsche Volk und tragen auch die Bischöfe und der Klerus eine große Schuld an den Vorgängen in den Konzentrationslagern. … wenn die Bischöfe alle miteinander an einem bestimmten Tage öffentlich von den Kanzeln aus dagegen Stellung genommen hätten, sie vieles hätten verhüten können. Das ist nicht geschehen und dafür gibt es keine Entschuldigung."

So lange es Kommunisten, Sozialdemokraten und Juden oder auch nur dem ungeliebten Nachbarn an den Kragen ging, schwieg man. Die überwältigende Mehrheit der Bevölkerung nicht nur von Westerwald, Lahn und Taunus fühlte sich von Übergriffen gegen die jüdische Minderheit nicht betroffen.

Man wird nachdenklich. Erzählt nicht die Bibel, die Tora: „Da sprach der Herr zu Kain: Wo ist dein Bruder Abel?" Der entgegnete: „Ich weiß es nicht. Bin ich denn der Hüter meines Bruders?"

4.7   Freude aller Leidenden
Russen am Rhein

❧ Tamara schlug das Kreuzzeichen, wenn sie an der Ikone vorbei ging. Zur Verwunderung der deutschen Kinder machte sie die Geste „verkehrt herum". Was wussten schon Kinder des Jahres 1944 im ehemals kurtrierischen Westerwald von Nichtkatholiken, außer dass es da auch noch ein paar Evangelische ab, die vom Heiligen Vater in Rom nichts wissen wollten und deren Pfarrer verheiratet waren. Die sowjetische Studentin Tamara war als Kriegsinternierte einem Haushalt mit Kleinkindern in Montabaur als Stundenhilfe zugeteilt worden. Und die war keines von beidem, sondern russisch-orthodox.

Der restaurierungsbedürftige Zustand der Ikone spiegelt ihr eigenes Schicksal als Kultbild. Er könnte ebenso sinnbildlich für die bewegte Geschichte des russischen Volkes stehen. Vermutlich gehörte das Bildnis einem Verwundeten der zaristischen Armee. Denn es gelangte in die Hände einer katholischen Ordensschwester, die während des Ersten Weltkrieges an der Ostfront für das Rote Kreuz im Einsatz war. Nach der Heimkehr schenkte sie die Ikone dem Altphilologen Prof. Johannes Ebert, der russische Sprachkenntnisse besaß. Nach dessen Tod (1923) behielt das Bildnis einen Ehrenplatz in seiner Familie. Sein Enkel stand oft vor dem rätselhaften Bild, dessen Sinn ihm niemand so recht erklären konnte. Da hatte man bei den Szenen der Nazarener einen leichteren Durchblick. Selbst auf die byzantinischen Heiligen aus den Beuroner oder aus Maria Laacher Ateliers konnten man sich eher einen Reim machen. Russlands Seele schien unergründlich.

Erst Jahrzehnte später lieferten Gemeindemitglieder der Russischen Auslandskirche zu Bad Ems die entscheidenden Hinweise. Das Thema „Gottesmutter Freude aller

Leidenden" (Vsech skorbjascich radosti) ist demnach in der älteren Ikonographie vor dem 17. Jahrhundert noch unbekannt. Der Gedenktag der wundertätigen Ikone am 24. Oktober will an einen Wunderbericht erinnern, wonach Eftimia, die Schwester des Patriarchen Joakim, in der Verklärungskirche von Odinka in Moskau auf inständiges Gebet hin von einer seit langem schwärenden Wunde geheilt wurde. Zarin Elisaweta Petrowna ließ 1711 für diese Ikone in Petersburg eine Kirche bauen. Auch soll eine ähnliche Ikone in Iwanowo bei Moskau verehrt worden sein. Die Bezeichnung des wundertätigen Bildes geht auf die Bitte zurück: „Du meine Königin, … Freude aller Leidenden, Beschützerin der Gekränkten, hebe meine Not auf."

Stets beherrscht bei der typischen Darstellungsweise die Gottesmutter die Bildmitte. Engel führen von beiden Seiten Nackte, Hungernde, Kranke, Gefangene oder andere Notleidende herbei, die Maria anflehen. Bänder mit Inschriften drücken deren Bitten um Linderung oder Abhilfe aus.

Später erfuhr diese Darstellung mancherlei Abwandlungen, wobei sich seit dem 19. Jahrhundert durch die große Anzahl solcher Ikonen eine stärkere Variantenfülle ergeben hat. Trug auf älteren Bildern die stehende Gottesmutter noch das Kind auf dem (linken) Arm, so fehlt dieses später, wie dies auch auf unserer Ikone zu sehen ist. Maria steht im Strahlenkranz oder in der Mandorla[1], nicht selten auch auf einem runden Podest wie hier. Die Engel können ganz fehlen, meist aber erscheinen sie in unterschiedlicher Anzahl. Ähnlich variabel sind die Heiligendarstellungen oder die Gestalten der Leidenden.

Bei unserer Ikone handelt es sich um eine volkstümliche Arbeit vom Ende des 19. Jahrhunderts. Offenbar muss sie in Zusammenhang mit einer damals neu verbreiteten Wundererzählung gebracht werden. Danach erschien die „Muttergottes – Freude aller Leidenden" über der Kapelle einer Glasfabrik, die durch einen verheerenden Sturm bedroht war (1882). Die erklärende Beischrift einer verblüffend ähnlichen Ikone, die bei Ivan Bentchev abgebildet ist (S. 129–130, 236, Abb. 106), bezieht sich ausdrücklich auf das Petersburger Wunder. Wie dort fallen auch bei unserem Andachtsbild goldene Scheiben mit Buchstabenbezeichnungen von der Gottesmutter herab.

153

---

[1] Mantelförmiger Heiligenschein

Ein solches Glaubensgeheimnis muss dem schwer geprüften russischen Volk besonders teuer gewesen sein. Seither sind die Mächtigen von einst durch andere abgelöst worden. Leid und Not steigerten sich zwischenzeitlich ins Unermessliche. Erschütternde Briefe aus der ehemaligen Sowjetunion kündeten bis in die jüngste Vergangenheit von andauernder Bedrängnis.

Aber auch in manchen Ländern des Nahen Ostens leben ostkirchliche Christen in arger Bedrängnis. Wer denkt oder dachte daran, wenn der Irak oder Bergkarabach in den Schlagzeilen auftauchen? Subtiler gestalteten sich bedrückende Verhältnisse dadurch, dass man gelegentlich in westlichen Ländern versucht hat, die damaligen Kirchen des Exils als unbequeme Mahner totzuschweigen.

Die Zuversicht, mit der sich Menschen auch in aussichtslos scheinender Lage an die Ikone klammern, entspringt nicht irdischem Kalkül. Sie fußt auf dem unerschütterlichen Glauben an die Barmherzigkeit Gottes und auf das Vertrauen auf die Gottesmutter – Freude aller Leidenden.

Als 1945 die Amerikaner im Rechtsrheinischen einrückten, waren die Sowjets frei, die uniert- katholische Maria aus der Ukraine in Holler ebenso wie Tamara und ihr zwölfjähriger Bruder Ilja. Die Studentin besuchte ihre deutsche Arbeitgeberin, die krank zu Bett lag, um sich zu verabschieden. Noch klingt nach, wie sie wünschte: „Wenn komme nach Hause, ich werrde werrden Ärrztin oder Lehrrerrin." Schließlich war das nicht sicher, denn noch diktierte der „Führer" in seinem Erdloch. Wie Stalin sein „Töchterchen" empfangen hat, konnte niemand in Erfahrung bringen.

4.8 Westerwälder im Eifelkloster
Porträt eines Mönchs

❧ „Wenn ich Sie sehe, freue ich mich jedes Mal. Das ist wie ein Stück Heimat." So begrüßte mich Pius bei unserer letzten Begegnung am 27. Oktober 2005 im Kloster Himmerod in der Eifel. Na ja, genauso gut hätte er auch sagen können, „Wenn ich Sie höre…", meinte er scherzhaft, denn bei nachlässigem Reden hört man mir leicht die Herkunft an. Fast ein halbes Jahrhundert war vergangen, seitdem wir uns kennen gelernt hatten.

Das lag nun schon lange zurück. Im Frühsommer 1958, durfte ich an einem Spaziergang der Fratres[1] von Marienstatt teilnehmen. Das waren damals immerhin fünf junge Männer. Jetzt war noch Pius mit einem ehemaligen Schulkameraden hinzugestoßen. Etwas überrascht merkte ich, dass die meisten recht vertraut miteinander umgingen, hatten doch fünf von ihnen gemeinsam das (Pro-)Gymnasium Marienstatt und danach bis zur Matura, wie die Österreicher für Abitur sagen, das Gymnasium in Mehrerau besucht. Klar, dass diese Jahre die vier Fratres Theobald, Gabriel, Pius, Thomas und den Gast besonders zusammengeschweißt hatten.

Umso stärker war die Verwunderung, dass Pius Kolhaas insofern aus der Gruppe ausgeschert war, indem er sich nicht für einen Eintritt in Marienstatt, sondern für Himmerod entschieden hatte. Man erklärte, durch sein Heimatdorf Lukkenbach sei der „Abschied von der Welt" – so nannte man das damals gerne – nicht konsequent genug gewesen. Unbeantwortet blieb freilich, warum nicht auch die übrigen drei so gehandelt hatten, stammten doch auch sie aus der näheren Umgebung des Klosters. Immerhin fand der Erzähler für sich selbst eine beruhigende Antwort, kam er doch keineswegs aus der Ferne, sondern aus Montabaur. Und fremd war ihm das Kloster ganz und gar nicht, weil Eltern und Großeltern mehrfach mit der Abtei Marienstatt und einigen ihrer Patres verbunden gewesen waren.

Dass solche scheinbaren Nebensächlichkeiten im Gedächtnis haften, zeigt, wie wichtig man damals aufgrund streng religiöser Erziehung eine derartige Entscheidung zu nehmen pflegte. Jetzt im Rückblick wirft meines Erachtens die aus der Reihe fallende Entscheidung des nachmaligen Pater Pius ein helles Licht auf die Persönlichkeit des Verstorbenen. Ohne selbst mit ihm je darüber gesprochen zu haben, kann man nur spekulieren, warum der junge Westerwälder nicht wie die anderen daheim geblieben war, sondern sich für das Eifelkloster entschieden hat. „Daheim" ist hier wörtlich zu nehmen, ist doch die Abteikirche Marienstatt zugleich Pfarrkirche für

---

[1]   Frater (Mz. Fratres) im Gegensatz zum „Pater" (Mz. Patres) Mönch in der Ausbildung

Luckenbach, den Heimatort von Pius. Ganz offensichtlich strebte er mit dem Schritt ins Kloster die radikale Lösung aus dem vertrauten familiären Rahmen und dem gewohnten Freundeskreis an. Wenn schon Zisterzienser, dann richtig. Und in Deutschland gab es seinerzeit eben nur die Alternative Marienstatt oder Himmerod.

Lebhaft in Erinnerung blieb ein Zwiegespräch zwischen Pius und dem uns begleitenden Schulkameraden, dessen unfreiwilliger Zeuge ich wurde. Viele werden sich wohl noch erinnern, wie mit dem Ende der Ära Pius XII. auch das damals noch recht traditionsgebundene Milieu der ehedem kurtrierischen und kurkölnischen Gegenden (zu letzterer gehören Marienstatt und Luckenbach) des Westerwaldes hartnäckige Anfragen an die Kirche, über Sinn und Zweck vieler ihrer Gewohnheiten und Normen zu formulieren begann. Behutsam brachte der Schulkamerad solche Dinge im Zusammenhang mit dem Zisterzienserorden zur Sprache. Worauf Pius liebenswürdig aber sehr bestimmt (dem Sinne nach) beschied, unter diesem Gesetz sei er eben angetreten. Behalten habe ich nur, dass mir das mächtig imponiert hat.

Zwei Jahre später

Obwohl damals die Fratres in der Regel durch private Kurse in ihren Klöstern auf ihren Beruf als Seelsorger vorbereitet wurden ("Hausstudium"), war Pius zur Ausbildung nach Beuron geschickt worden. Übrig geblieben waren für die Ausbildung nur je ein Frater aus Himmerod und Marienstatt. Sie wurden gemeinsam in Himmerod von den Patres Dr. Ambrosius Schneider und Dr. Benedikt Stausberg unterrichtet. So kam es während dieser Zeit nicht zu einer Begegnung mit Pius. Aber irgendwie war er präsent, denn immer wieder fiel sein Name, und aus den Bemerkungen waren die großen Erwartungen zu spüren, die man auf seine Rückkehr nach Studienabschluss setzte.

Eine scheinbar nebensächliche Begebenheit ist bezeichnend. Pius hatte ein vielbändiges Lexikon als Geschenk erhalten. Fast "beneidete" man ihn um diese Kostbarkeit. Umso mehr Eindruck hinterließ die Nachricht, er habe das opulente Werk in die Bibliothek gestellt und so dem allgemeinen Gebrauch überlassen. Nun begab es sich, dass Novizen[2] das Zimmer von Pius reinigen mussten und verblüfft das

---

[2] Neulinge im Kloster

mehrbändige Lexikon auf dem Büchergestell erblickten. Offen gesagt, die waren wie vor den Kopf gestoßen. Erst beim Abstauben erkannten sie den frommen Bluff: Da standen Schuber, nur mit Schutzumschlägen anstelle der Bücher. Die Außenansicht vermittelte den Schein reichen Besitztums. Aber da war nichts – nur Pappe.

In den Westerwald geangelt

Anlässlich der Ausstellung des Heiligen Rockes zu Trier (1959) besuchten der Subprior von Marienstatt Bernhard Benner mit den Fratres Theobald, Gabriel, Antonius und dem Laienbruder Willibald Himmerod. Man war neugierig auf den neuen Abt Maurus Schmidt. Theobald nutzte geschickt die günstige Atmosphäre des „Antrittsbesuches" und spielte auf seine bevorstehende Priesterweihe und die seiner Mitbrüder an, die bald der Bischof von Limburg in Marienstatt spenden werde. Nun sei ja Pius ihr ehemaliger Schulkamerad, fuhr Theobald fort, stamme außerdem aus der Pfarrei Marienstatt, habe dort Taufe, Erstkommunion und Firmung empfangen, und da läge es doch wohl nahe, dass mit Rücksichtnahme auf Angehörige, Pfarrfamilie und Schulfreunde Pius die Priesterweihe zusammen mit den drei anderen im Westerwälder Kloster empfangen würde. Den Abt Maurus traf das so unvorbereitet, dass er noch im Sprechzimmer zusagte. Man kann sich denken, dass die Brüder in Himmerod über diesen „Coup" nicht gerade begeistert waren. Die Priesterweihe am 29. Juni 1960 von gleich vier Zisterziensern – außer Pius die Marienstatter Mönche Theobald Rosenbauer, Gabriel Hammer und Thomas Denter – wurde zu einem eindrucksvollen Ereignis.

Späte Jahre

Bedingt durch Studium und Beruf vergingen mehr als zwei Jahrzehnte bis zur nächsten Begegnung mit Pius. Sie war nicht einmal vorgesehen, denn als Betreuer einer Kölner Schülergruppe, die mit Stefan Senge Einkehrtage halten sollte, musste man ständig präsent sein, wohnte und wirkte also außerhalb des Konventgebäudes. Dämmerung brach an, der Gast in Zivil, beides nicht günstig fürs Wiedererkennen. Da bog Pius um die Mühle, ein Blick, erkennbar mentale Bestätigung – und erfreut begrüßte er den Gast mit Namen. Nach so langer Zeit hätte man dem Pater sicher eine Erinnerungslücke verziehen. Doch das Gespräch verlief so ungezwungen, als sei man eben erst auseinander gegangen.

Bei der unverkrampften Herzlichkeit ist es seitdem geblieben. Gerne nutzten wir in den letzten Jahren die Zeit nach dem Abendessen zu gemeinsamen Spaziergängen. Beide noch vor dem Konzil erzogen und ausgebildet, beschäftigten uns natürlich immer wieder die Veränderungen innerhalb der Kirche. Dabei bewegte die Frage, wie denn die Menschen, allen voran Verwandte, Freunde oder Bekannte, mit dem tief greifenden Wandel zurecht kamen, der nicht wenige doch bis ins Innerste erschüttern mochte. Klerikale Bedenken und Standessorgen dagegen haben uns eigentlich kaum je beschäftigt.

Tief beeindruckt hat immer die absolute Selbstverständlichkeit seiner religiösen Überzeugung, seines Glaubens, der unmittelbar und konkret gewesen ist. Was Pius sagte, war nie abgehoben, dafür stand er zu sehr und zu fest im Leben. Und von diesem Alltagsleben hat er kein Aufhebens gemacht, aber auf Anfragen sehr direkt geantwortet. Nach allem, was ich zu hören bekam, möchte ich behaupten: Seine Theologie war nie Theorie, sondern handfest. Das kam wohl gerade auch daher, dass er ungeheuer fleißig gewesen ist. Er hat nicht nur gearbeitet, er hat oft genug geschuftet. Manchmal konnte einem nur vom Zusehen bang werden. Kurz bevor ihn schwere Krankheit endgültig schwächte, traf ich ihn die Pfortenstiege von Himmerod putzend wie ein Knecht. Die vorbeischlendernden Touristen ahnten nicht einmal, wer das war, der sich da plagte.

Die Vielfalt der Probleme in Kloster, Landwirtschaft und Betrieben oder im Umgang mit Behörden, Firmen und Verbänden, dazwischen Unzulänglichkeiten von Mitmenschen, auf die er sich gerne verlassen hätte, dann das ungeheure Arbeitspensum in Büro, Werkstatt und Ökonomie – wer selbst ein Leben „in der Welt" und im lohnabhängigen Beruf zu bestehen hat, der kann nur grenzenlose Bewunderung empfinden für jemanden, der das alles leistet und außerdem die Bürde des Mönchslebens geradezu selbstverständlich trägt.

Blick empor

5.1 Billige Orden im „Land der armen Leute"

Zisterzienser und andere machen sich breit

Die Herrschaften wussten, was sie taten, als sie den Zisterziensern von Heisterbach im Siebengebirge Ländereien stifteten. Gräfin Aleid von Molsberg und später Graf Heinrich von Sayn in Hachenburg träumten dabei sowohl von der ewigen Seligkeit als auch vom irdischen Wohlergehen.

Klöster hatten eben einen anderen Stellenwert als vielleicht heute: Sie waren wirtschaftliche und kulturelle Zentren, Krankenhäuser und Herbergen, Agrar- und Handwerksbetriebe. Der Mönch war lange Zeit einziger Typ des Intellektuellen. Andererseits konnten nur in diesem geordneten Gemeinwesen alle die Werke des Gebetes und der Buße ohne Einschränkung verrichtet werden, die man zum Seelenheil als notwendig erachtete. Vor allem ließen Weltleute Mönche oder Nonnen stellvertretend alle die frommen Übungen vollziehen, die man nun einmal als notwendig für das Seelenheil erachtete.

So war es nicht immer pure Selbstlosigkeit, die zur Stiftung eines Klosters führte. Auf jeden Fall war die Angelegenheit teuer. Dennoch lohnten die hohen Investitionen. Die Geschichte von Westerwald und Taunus belegt das zur Genüge. Ohne Engagement der Erzstifte Trier und Köln, ohne das Bonner Cassiusstift oder das Florinusstift in Koblenz wäre die wirtschaftliche und verkehrsmäßige Erschließung der Landschaften beiderseits der Lahn kaum denkbar. Nur waren hochherrschaftliche Institute dieses Zuschnitts für den Landadel oder gar für Bürger lange unerreichbar. Bis vor 900 Jahren die Wende kam. In Burgund war südlich von Dijon eine Mönchsgemeinschaft neuen Typs entstanden (1098). Was sie kennzeichnete, waren Eigenwirtschaft und zentrale Verwaltung. Zum Programm dieser Zisterzienser, wie sie nach dem Ursprungsort Cîteaux (lat. Cistercium) genannt wurden, gehörte auch die körperliche Arbeit. Dafür gab es Abstriche beim Pensum an Andachtsübungen. Das Unternehmen ließ sich zunächst mühsam an, bis ein jugendlicher Hitzkopf, Bernard de Fontaine, mit seinen Brüdern und Freunden der Kommunität beitrat (1113). Das machte Schule, und schon zwei Jahre darauf konnten erste Ableger eröffnet werden. Einer davon war Clairvaux, wo Bernard Abt wurde.

163

Unter diesem Namen sollte er berühmt werden. Ein Besuch in Trier führte zur Gründung von Himmerod in der Eifel (1134), ein Datum, das auch für den Westerwald bedeutsam werden sollte. Denn 1189 übernahmen die Eifler Zisterzienser das marode Kloster auf dem Petersberg im Siebengebirge, aus dem die Abtei Heisterbach hervorging. Diese wiederum war seit 1212 an der Gründung von Marienstatt beteiligt. Die hübsche Legende vom blühenden Dornstrauch dürfen wir übergehen, um lieber die Tatsachen zu verfolgen. Erstaunlich ist bereits, dass mit Aleid und Heinrich der Landadel als vermögender Stifter auftritt, wo sonst königliche Familien oder Erzbischöfe am Werk waren. Durch die neuen Reformorden mit ihren bescheideneren Ansprüchen waren Klostergründungen geradezu erschwinglich geworden.

Nun unterliegen auch Fachleute gerne ihren Vorlieben. Das hat dazu geführt, dass den Zisterziensern eine manchmal fast übertriebene Aufmerksamkeit geschenkt wird und andere mindestens ebenso wichtige Gemeinschaften übersehen werden. Das gilt am Mittelrhein vor allem für die Prämonstratenser. Schönau im Taunus wurde durch die Mystikerin Elisabeth bekannt, die mit Hildegard von Bingen bekannt und kongenial zu dieser gewesen ist. Die Herren von Laurenburg waren es wohl, die dem Stift Güter um Obernhof vermacht haben. Um das heruntergekommene Benediktinerkloster Rommersdorf bei Neuwied wieder in Form zu bringen, ließ der Trierer Erzbischof Prämonstratenser aus Floreffe in Belgien holen. Nicht weit entfernt stifteten die Grafen von Sayn zu Füßen ihrer Stammburg die gleichnamige Prämonstratenserabtei (1202), die allerdings nicht die Bedeutung wie Rommersdorf erlangen sollte. Beide Klöster waren im vorderen Westerwald reich begütert. Sie waren auch für das geistliche Wohl der Nonnenklöster ihres Ordens Wülfersberg bei Neuwied und Altenberg bei Wetzlar zuständig. Für sie alle gilt im Prinzip dasselbe, was hier über die Zisterzienser mitgeteilt wird.

Der Traum einer eigenen klösterlichen Grabstätte für weniger vornehme Stifterfamilien war mit diesen Reformorden und ihren bescheideneren Ansprüchen realisierbar geworden. Das Gebet der Konventualen für die edlen Verstorbenen und die äußere Inszenierung für die staunende Nachwelt, das war allererster Sinn einer Klosterstiftung im Mittelalter. Marienstatt ist vor allem Grabeskirche der Grafen von Sayn. Die zum Teil großartigen Grabmäler beeindrucken noch heute. Unsicherheit prägte die ersten Jahrzehnte der Zisterzienser im Rechtsrheinischen. In Eberbach und Petersberg-Heisterbach stiegen sie nicht ins gemachte Bett, da sie Pleitiers übernahmen. Marienstatt wurde gleich zweimal gegründet, erst bei Mörlen, einer Stiftung Aleids (1212/15), dann im Tal der Nister dank saynischer Übereignung unterhalb von Hachenburg (1222).

Kein Wald wurde gerodet, kein Sumpf trockengelegt, kein Mönch schwang selber die Hacke, keine Wildnis umfing die frommen Brüder, oder wie sonst noch die Klischees lauten mögen. Damals wie heute baute man dort, wo es erschlossenes Bauland gab, wo Energie verfügbar, wo Handel ertragreich, wo Handwerk und Landwirtschaft lohnend waren.

Die günstige Lage ist bei Marienstatt offenkundig: Die Wasserkraft der Nister trieb Mühlen und lieferte Brauchwasser. Unterhalb der geschleiften Burg der Herren von Nister („Felsenstübchen") und an der Furt einer Fernstraße waren die genannten Voraussetzungen für das Leben einer Klostergemeinschaft erfüllt. Fischteiche, die man noch heute im Gelände abschätzen kann, belieferten die Küche. Nur für Landwirtschaft und Weinbau war das Nistertal ungeeignet.

Zum Stiftungsgut zählten deshalb auch ausgedehnte Ländereien im Limburger Becken und am Mittelrhein. Sie sind es, von denen aus der Beitrag zur Entwicklung des Westerwaldes ausging. Meist steht ja im Mittelpunkt der Betrachtung nur das Kloster als kirchliches Zentrum und Heimstätte des Konventes. Professor Wolf-Heino Struck, der beste Kenner des mittelalterlichen Klosterwesens im Westerwald und an der Lahn, hat ausdrücklich betont, dass eine Abtei damals etwas grundsätzlich anderes darstellte als ein Kloster heute.

Schon die Erststiftung der Aleid von Molsberg an das Kloster zählt auf: Liegenschaften um Kirburg, Hirschberg (bei Herborn), Breisig am Rhein, Metternich bei Koblenz, Kelberg und Eller an der Mosel. Bei der Zweitstiftung durch Graf Heinrich von Sayn und seiner Frau Mechthild (1222) kam die Grundherrschaft Nister dazu, wo dann endgültig Kirche und Konventgebäude errichtet wurden.

Kauf, Tausch und Schenkungen ließen rasch den Grundbesitz anwachsen, so dass Marienstatt wie andere Klöster zu einem konzernartigen Betrieb heranwuchs. Über ein Netz von Klosterhöfen (Grangien) und Mühlen wurde ein Riesenbesitz an Wäldern, Feldern, Weinbergen, Wiesen und Weiden verwaltet. Zu den wichtigsten gehörten außerdem Grangien in Dorchheim, Leutesdorf und

5.2 Von der Dhünn bis hin zu Düna

*Bergisches Land als Drehscheibe
der Zisterzienserbewegung*

🌿 Ganz so selbstlos, wie es Legenden erzählen, waren sie wohl nicht. Die edlen Stifter von Kirchen und Klöstern dachten durchaus und bestimmt ganz legitim auch an sich selbst. Die geistliche Einrichtung sollte das Seelenheil sichern, Kenntnis und Fleiß der Mönche und Nonnen dem Land und seinen Bewohnern zugute kommen. Bis heute prägt dieses historische Erbe unsere Heimat

Französische Ursprünge

Als vor 900 Jahren in Burgund mit Cîteaux ein neuer Typ von Kloster entstand, dauerte es nur 24 Jahre bis zur ersten Gründung am Niederrhein (1122, Kloster Kamp, heute zu Kamp-Lintfort) und 35 Jahre bis zum Erscheinen der Zisterzienser im Bergischen Land (Altenberg, 1133).

Um das Neue dieser Bewegung besser zu verstehen, müssen die Ursprünge bedacht werden. Sie haben ihre Wurzeln in den Krisen ihrer Zeit. Investiturstreit und Kreuzzugsbewegung, aber auch die mitunter chaotischen Bemühungen um eine Reform des Mönchtums künden von starker kirchenpolitischer Unruhe; sie bewegen das bisherige Weltbild.

Gleichzeitig wurde die soziale und wirtschaftliche Dynamik durch verschiedene Vorgänge angetrieben: Ausbau der Grundherrschaft mit Druck auf die Bauern, innerer und äußerer Landesausbau, ein starkes Bevölkerungswachstum, nicht zuletzt eine Klimaänderung mit ökologischen Folgen.

Die Urkunden und die Anfänge von Cîteaux (1098) sprechen vom „Neukloster" (novum monasterium) und nennen die Gründer „die von Molesme Gekommenen" (de Molismo venientium), Mönche also, die ihr altes Kloster verlassen hatten! Hier sollte offensichtlich keine bereits bestehende Abtei reformiert werden, sondern etwas ganz Neues entstehen. Die damals seit rund 500 Jahren gültige Regel St. Benedikts („Benediktiner") blieb als Leitlinie unangetastet und lieferte die Legitimation. Wie sie auszulegen war, bestimmt der Konvent freilich selber. Eine Landmarke war es, 22 Kilometer südlich von Dijon, nach der das Neukloster seinen Namen erhielt und unter dem es berühmt werden sollte. Nach dem lateinischen Ortsnamen Cistercium (= frz. Cîteaux) hießen fortan die Mönche, die hier nach nicht unumstrittenen Satzungen – den Instituta monachorum cisterciensium – lebten, einfach Zisterzienser.

Robert von Molesme (um 1027–1111) war es gewesen, der diese Reformbewegung angestossen hatte. Nach den üblichen Startproblemen in Cîteaux setzte gut ein Jahrzehnt später rasches Wachstum ein. Es wird meist mit dem Eintritt des Adeligen Bernard de Fontaine (Bernhard von Clairvaux) in Verbindung gebracht (1113), doch haben noch andere Persönlichkeiten diesen Prozess gefördert.

Nicht zuletzt hat die Originalität dieser Mönche zum Erfolg beigetragen. Sie werkelten nicht in altem Gehäuse, sondern wagten radikalen Neubeginn. Cîteaux selbst schuf dazu die Basis mit ersten Neugründungen (1113–1115): La Ferté, Pontigny. Clairvaux und Morimond. Sie sollten als die vier „Primarklöster" einen Vorrang vor allen späteren einnehmen. Diese Abteien bildeten nämlich bald Ausgangspunkte für vier Gründungsstränge, die schließlich wie ein Netz ganz Europa überspannten.

Die Gründungsfolge legte nicht nur eine Rangordnung fest, sondern schuf auch ein wirkungsvolles Kontrollsystem, bei dem der Abt („Vaterabt") des Mutterklosters jährlich das oder die Tochterklöster überprüfen („visitieren") musste.

Höchste Instanz des internationalen Verbandes war die alljährliche Versammlung aller Äbte unter Vorsitz des Abtes („Generalabtes") von Citeaux, das Generalkapitel. Dennoch behielt jedes Kloster seine innere Autarkie, es war eine selbständige Abtei. Die Lebensordnung (ordo vitae), der sich der Mönch der Regel nach unterzuordnen hat, erhielt nun auch eine juristische Bedeutung. Die rechtliche Klammer, die alle vom Generalkapitel anerkannten Abteien untereinander verband und zugleich andere Klöster strikt ausschloss, bildete erstmals einen Orden in dem Sinne, wie er heute verstanden wird. Ebenso darf dieser Klosterverband als die erste „europäische Organisation" angesehen werden, gewissermaßen ein ferner Vorläufer der Europäischen Union (EU).

Selbst äußerlich unterstrich man die angestrebte Einfachheit, indem man ungefärbte Wolle für die Kleidung verwendete: Kutte (Tunika) mit Gürtel und darüber beim Chorgebet in der ungeheizten Kirche oder außer Haus ein weites Übergewand (Kukulle) mit langen Ärmeln und Kapuze. Diese Kukulle wurde bei der Arbeit abgelegt und durch einen dunklen Überwurf mit Kapuze (Skapulier) ersetzt, das schürzenartig Brust und Rücken in gleicher Länge bedeckte. Den bisher in Klöstern üblichen Gewohnheiten stellten die Zisterzienser ihr alternatives Modell gegenüber. Statt Einkünfte aus Pacht und Zehnt zu beziehen, wollten sie „von eigener Hände Arbeit" leben und setzten radikal auf Eigenwirtschaft. Anders als in der reichen Benediktinerabtei hatte hier jeder Handarbeit zu verrichten.

Freilich hielt man das nicht lange durch. Da nämlich die Mönche mit ihren religiös-liturgischen Verpflichtungen nur begrenzt für die Produktion verfügbar waren, schuf man eine neue Klasse von Klosterbewohnern. Diese Halbmönche (Konversen) lebten nach eigenen Satzungen und ohne die Auflagen feierlicher Gelübde in einem eigenen Gebäudeteil, so dass sie ungehindert Handwerk und Landwirtschaft ausüben konnten.

Das lieferte Vorteile noch in ganz anderer Hinsicht. Stifter eines Klosters war ja stets der Landesherr. Er stellte Land und andere Werte einem geeigneten Kloster zur Verfügung, das dann die Mönche zur Verwirklichung der Gründungsabsicht entsandte. Klöster alten Stils waren in der Regel so aufwendig, dass meist nur der hohe Adel zu einer solchen Stiftung in der Lage war. Die neuen Orden – neben den Zisterziensern vor allem die Prämonstratenser (gegr. 1120) – waren „billiger" und somit auch für weniger vermögende Familien erschwinglich.

Bergische Stiftung

Genau hier setzte das Interesse der Grafen von Berg ein. Ihre Machtstellung in Nachfolge der ezzonischen Pfalzgrafen hatten sie von Anfang an in Anlehnung an die Kölner Erzbischöfe ausgebaut und gefestigt. Erzbischof Friedrich I. hatte eine folgenreiche Entscheidung getroffen, als er Ländereien aus dem erzbischöflichen Hof Rheinberg löste, dessen Bewohner aussiedelte und das Land den Zisterziensern von Morimond anbot. Die hatten zugegriffen und damit die erste Zisterze im Deutschen Reich (1122) gegründet: Kloster Kamp nördlich von Moers.

Damit hatte der Erzbischof dem neuen Orden den Vorzug vor den Benediktinern gegeben. Innerhalb des Bistums und der bergischen Interessensphäre bedeutete dies zugleich aber auch eine Abwendung von der „Siegburger Reform", der bisher die bischöfliche Gunst gegolten hatte. Seit 1070 nämlich war die Benediktinerabtei Siegburg Mittelpunkt einer klösterlichen Reformbewegung nach dem Vorbild von Cluny in Burgund, dessen Bedeutung die „Neuen" schmälerten.

Das Geschehen dürfte für die Grafen von Berg Vorbildcharakter gehabt haben. Als sich um 1100 der Schwerpunkt ihrer Macht nach Erwerb von Teilen der Grafschaft Werl zeitweise ostwärts verschob, war ihr Stammsitz – das „alte Berg" – an der Dhünn in eine Randlage gerückt. Die Umwandlung von Altenberg in ein Zisterzienserkloster (1133) bot sich an – vor allem seit der Verlegung des Herrensitzes nach Schloss Burg an der Wupper (1121).

Nun gab es außerdem enge familiäre Bindungen zwischen den Grafen von Berg und dem neuen Orden. Schon 1129 war der jugendliche Graf Eberhard in Morimond Mönch geworden. Die Wahl dieses Klosters war kein Zufall. Hart an der lothringischen Grenze gelegen, war es prädestiniert für die Ausdehnung des Ordens in die deutschsprachigen Länder. Fast alle Gründungen im Reich waren „Töchter" (Filiationen) von Monmond. Damals regierte zudem ein deutscher Abt, Amulf von Schwarzenberg, diese Primarabtei in Burgund. Der Konvent war zweisprachig.

Eindrücke bei einer blutigen Adelsfehde, an der Eberhard mit seinem Bruder Adolf teilgenommen hatte, sollen diesen Entschluss zur Entsagung bewirkt haben. Berücksichtigt man, dass gleichzeitig ein weiterer Bruder, Bruno von Berg († 1137), Erzbischof von Köln war, ergibt sich eine breite Motivation für die Übereignung des „alten Berg" an die Zisterzienser.

Das Beispiel machte Schule. Graf Eberhard von Berg selbst ging 1142 als Gründerabt von Georgenthal nach Thüringen (Kreis Gotha), dessen erster Konvent – in der Regel ein Abt und zwölf Mönche – unter seiner Führung von Morimond kam. Stifter war Graf Sizzo von Käfernburg, ein Schwager Eberhards, der dessen Schwester Gisela zur Frau hatte.

Ostkolonisation

Altenberg besetzte in der Folge die neugegründeten Zisterzienserklöster Marienthal bei Helmstedt (1143), Lekno-Wongrowitz (1143) in Polen, Lond an der Warthe (polnisch Lad, 1144), Zinna in Brandenburg (1171) und Haina bei Marburg (1188). Von Lekno aus wurde zuletzt noch Obra bei Posen besiedelt (1243/44). Die „kölnischen Klöster" Lekno bei Gnesen, Lond an der Warthe und Obra bei Posen bewahrten bis 1553 ihre rheinische Eigenart, als sie polnischen Nationalisten weichen mussten und im schlesischen Heinrichau (Henríków) eine neue Bleibe fanden.

Parallel dazu und etwas früher war Kamp vom Niederrhein aus vorgeprescht und erreichte als östlichsten Punkt die Mündung der Düna, wo 1208 eine Niederlassung entstand. Beide Abteien, Kamp und Altenberg, bildeten eine großangelegte „Operationsbasis" des neuen Ordens, der in kühnem Vorstoß nach Osten auch dessen deutsche Besiedlung wesentlich mitgetragen hat. Wie eine Umkehrung der Geschichte möchten manche die Vertreibung der Deutschen nach dem letzten Krieg verstehen. Der Zisterzienserorden als solcher hielt indessen die Stellung im heutigen Polen.

Die eindrucksvolle Ausbreitung der Linie Morimond darf nicht vergessen lassen, dass auch Filiationen von Clairvaux in Deutschland entstanden sind, eine davon im südlichen Bergischen Land: Heisterbach im Siebengebirge. Hier waren – ähnlich wie in Kamp – die Kölner Oberhirten treibende Kraft. Ein Augustinerkloster, das Erzbischof Bruno II. auf dem Petersberg gestiftet hatte, wurde nach dem Niedergang des Konvents (1176) im Jahre 1169 unter Erzbischof Philipp mit Zisterziensern aus Himmerod in der Eifel besetzt. Von dem prominentesten Vertreter Heisterbachs, Cäsarius, ist an anderer Stelle die Rede.

Auch zwei Frauenklöster wurden im Bergischen nach den Zisterziensergewohnheiten eingerichtet: Blankenberg (um 1247), schon 1259/65 nach Zissendorf bei Hennef verlegt, und Herchen bei Windeck an der Sieg (1247).

Rechnet man noch alle Besitzungen dieser Männer- und Frauenklöster hinzu, die der bergischen Bevölkerung Brot und Arbeit gaben, so wird die enorme soziale und zivilisatorische Leistung der längst aufgelösten Stiftungen deutlich. Es wird deutlich machen, wie stark das Bergische Land mit der frühen Zisterzienserbewegung unmittelbar oder über den Kölner Bischofsstuhl verwoben gewesen ist. Die bergischen Grafen sozusagen als Mitstifter des Ordens von Citeaux! Ist diese Vorstellung nicht allzu kühn? Was immer ihre Motive gewesen sein mögen, Frömmigkeit oder Territorialpolitik: sie haben „gute Karten gemischt – und den Segen, ja den ‚Gewinn'" weit über das Bergische Land ausgeschüttet. Die Säkularisation (1803) hat alle diese Stätten ausgelöscht. Altehrwürdige Baudenkmäler wurden zu Fabriken oder Steinbrüchen.

Dass Altenberg nicht zur Ruine verkam wie Heisterbach, verdankt es ausgerechnet der Initiative evangelischer Christen. In erster Linie war es der preußische Kronprinz Friedrich Wilhelm IV., der für die Erhaltung der Kirche eintrat. Die Basisarbeit leistete Maria Zenders (†1904) durch die Gründung des Altenberger Domvereins. Die darüber aufgebrachten Gelder gestatteten die Restauration von Fenstern und Grabmälern, ermöglichte auch statische Sicherungsmaßnahmen sowie eine erste umfassende Bauaufnahme.

So wirken die geschichtlichen Impulse bis heute. Selbst längst verlassene Stätten wie Altenberg und Heisterbach strahlen noch etwas von der klösterlichen Atmosphäre aus. Engagierte Christen sind an beiden Orten bemüht, den Genius loci für heutige Menschen fruchtbar zu machen.

Blickpunkt

Revolution und Säkularisation haben den Zisterzienserorden nicht völlig auslöschen können. Derzeit leben weltweit rund fünftausend Männer und Frauen nach den Gewohnheiten von Citeaux. Kirchenrechtlich werden zwei selbständige Orden unterschieden:

- Zisterzienser der allgemeinen Observanz
- Reformierte Zisterzienser, im Volksmund nach ihrem Ursprungskloster (La Trappe) auch „Trappisten" genannt

Im Rheinland bestehen zurzeit folgende Niederlassungen:

- Abtei Marienstatt bei Hachenburg im Westerwald,
- Abtei Himmerod bei Wittlich in der Eifel,
- Abtei Mariawald („Trappisten") bei Heimbach in der Eifel,
- Abtei Maria-Frieden („Trappistinnen") bei Dahlem in der Eifel,
- Priorat Langwaden bei Grevenbroich,
- Priorat in Essen-Stiepel.

Evangelischer Konfession ist die Jesus-Bruderschaft in Gnadenthal bei Hünfelden im Taunus (1217–1576 Zisterzienserinnen)

173

5.3 Mönch als Plaudertasche
Cäsarius, Zisterzienser in Heisterbach

Schon als Schulkind erlebte er am eigenen Leib Wunder. Schwer erkrankt packte man ihn in Tücher, die mit Taufwasser getränkt waren. „Als man dies tat, geriet ich durch die Berührung des heiligen Wassers sogleich in Schweiß und genas", erinnert sich Cäsarius später. Feuchte Wickel kannte man lange vor Prießnitz, wissen wir heute. Nur hätte die rein medizinische Deutung diesen Mönch kaum überzeugt.

Nüchterner Realitätssinn bei ebenso viel Bereitschaft, in allem Wunder zu erkennen, lassen den großen Fabulierer des Mittelalters ebenso vertraut wie fremd erscheinen. Um 1180 in Köln geboren, in gutem Hause aufgewachsen, ausgebildet am Andreas- und Dom-Stift, schien eine Karriere vorgezeichnet. Er schlug alle Chancen in den Wind und ging zu den Zisterziensern nach Heisterbach im Siebengebirge. Kein Blitz war vom Himmel gefahren, wie bei Luther, sondern – o Wunder! – eine Geschichte. Während einer Fahrt über Land versuchte Abt Gevard, den Scholaster aus Köln für das Mönchsleben zu gewinnen. Als nichts mehr fruchtete, erzählte der Abt, wie dem hl. Bernhard von Clairvaux die Jungfrau Maria leibhaftig erschienen sei, um ihn bei schweißtreibender Feldarbeit zu erquicken. Wie Cäsarius bekennt, war er so erschüttert, dass er alsbald „Novize wurde" (1199). St. Peterstal, später Heisterbach (1189–1803) genannt, war von der Abtei Himmerod in der Eifel gegründet worden (1134) und stiftete nachher seinerseits das Kloster Marienstatt (1212/15). Als dort im Westerwald 1227 endlich die Gebäude eingeweiht und bezogen werden konnten, war Cäsarius in Heisterbach bereits Prior, erster Mann nach dem Abt. Als Novizenmeister hatte er sich dafür qualifiziert.

„In meinem Amt habe ich den Novizen manches erzählt, was wundersam in unserem Orden zu unserer Zeit geschah und noch täglich geschieht. Einige drängten mich mit vielen Bitten, dies in einer Schrift niederzulegen", berichtet er. Statt gewundener Theologie bringt Cäsarius darin beispielhafte Erzählungen aus dem Alltagsleben des Volkes. Diese Exempla sind eifrig gesammelt und als „Gespräch über die Wunder" und „Wunderbücher" überliefert. Dem Volksmund abgelauscht stellen sie eine wichtige Quelle zur Kulturgeschichte des Mittelalters dar. Sie bieten diesbezüglich mehr an Information als die höfische Dichtung. Ja, man hat sie sogar als „Gegenliteratur zur höfischen Epik" aufgefasst, weil vom Mönch die „hohe Minne" oder der „hohe Mut" der Ritterschaft auf Normalmaß zurückgestutzt und oft unverhohlene Kritik an den Edelleuten laut wird.

Der Vollständigkeit halber sei erwähnt, dass Cäsarius auch Predigten (Homilien) hinterlassen und zweckdienliche Biographien verfasst hat. Den Kölner Erzbischof Engelbert von Berg, 1125 aus politischen Motiven ermordet, und die wohltätige Landgräfin Elisabeth von Thüringen (1207–1231) wollte er nämlich gerne zur Ehre der Altäre erhoben wissen.

Doch nur die Wundererzählungen haben über ihre Zeit hinaus gewirkt. Faszinierend ist noch heute, wie der Magister von Heisterbach seine Novizen mal behutsam, mal drastisch in die Spiritualität des Klosterlebens einzuführen versucht. Entwaffnend ist der Realismus, mit dem er auch Schattenseiten darstellt und wodurch er sich von der Erbauungsliteratur späterer Zeiten wohltuend unterscheidet. Anders als heute leider üblich zeichnet Cäsarius, bevor er Missstände tadelt, zuerst einmal das Ideal, und zwar ohne alle Abstriche. So steht der spätere Abt Heinrich gleich in der ersten Wundererzählung als leuchtendes Beispiel. Den wollten Verwandte, als er noch Novize war, aus der Abtei entführen, um ihn der Familie zu erhalten. Er verharrte trotzdem unbeirrt bei seinem Ideal. Gescholten wird an anderer Stelle jener Ritter, der aus Angst vor den verbreitet in Mönchskutten nistenden Läusen das Kloster meidet. Und Cäsarius meint, „wenn alle Würmchen aller Mönche in einem Leib wären, sie sollten mich nicht aus dem Orden herausbeißen."

Dabei ist ihm nichts Menschliches fremd. Er kennt die Schwächen und gibt Ratschläge, wie ihnen beizukommen ist. So wirkten die monotonen und schier endlosen Gottesdienste auf manche Ordensleute einschläfernd. Ein eifriger Mönch aber stellte seinen Stuhl so, dass der beim Einnicken umkippte. So vieles erschwerte ja den Klosteralltag: „die Schwere der Kleider, die langen Wachen, die Hitze im Sommer und Kälte im Winter, das strenge Fasten, die magere Kost", und – nahe liegend am Rhein – der süße Wein. Da mag mancher Zisterzienser, vor allem wenn er Priester war, fast neidvoll sein Asketendasein am bequemeren Leben der Chorherren gemessen haben. Aus der Erinnerung eines ehemaligen Schola-

175

stikus von St. Andreas in Köln, der Zisterzienser geworden war, ist das deutlich her-auszuhören. Indem dieser die Versuchung überwindet, wächst sein Stolz, als Mönch halt doch „etwas besseres" zu sein.

Selbst Zweifel am Glauben können den Mönch befallen, gesteht unser Autor. Da ist nichts mehr vom Hochgemut der Ritter in den mittelalterlichen Epen. Cäsarius kennt gut und nennt ehrlich die Niedergeschlagenheit bei Enttäuschung und Zweifel, mehrt aber nicht die „Beispiele des Trübsinns". Da muss man halt durch, ermuntert er die Neulinge im Kloster. Zweifel ja, Verzweiflung nein!

Jungen Männern in der Klausur machte natürlich die Enthaltsamkeit zu schaffen. Cäsarius war geradezu verpflichtet, die Gefahr, die von den „Töchtern Evas" aus-geht, drastisch zu schildern. Skandale waren nicht selten, wie man erfährt. Doch die Strafe folgt auf dem Fuße, es sei denn der Sünder kehrt mit Reue zur Tugend zurück. Das ist das Tröstliche dieser Geschichten, dass Buße Versöhnung und Ver-gessen bei Gott und Mitmensch nach sich zieht.

Die Verehrung der Gottesmutter pflegten die Zisterzienser besonderer innig. Huld-voll gewährt die Himmlische Frau ihren treuen Verehrern jede erdenkliche Gunst. Von wunderbarer Heilung, Bändigung von Hochwasser und Bestrafung der Feinde weiß Cäsarius zu berichten. Geradezu zärtlich und gelegentlich in erotischen Bil-dern zeichnet der Mönch die Marienminne, bei der weniger der Fürsprecherin, sondern der heiligen Jungfrau Verehrung zuteil wird. Die Parallele zu den Trou-badouren ist unverkennbar, aber auch der Unterschied. Maria nämlich weist über sich selbst hinaus hin zu Gott.

Ihre Reinheit steht im Gegensatz zur Sündhaftigkeit vieler. Unbußfertige finden selbst im Tode keine Ruhe, wie die zwei zänkischen Bauern, die sich buchstäblich noch im Grabe herumdrehten wegen ihrer unausrottbaren Feindschaft. Auch Rit-ter, die bei Cäsarius nicht immer gut wegkommen, trifft die Strafe, wie jenen bos-haften Heinrich aus dem Maifeld, der nach dem Tode rastlos umging und als Spuk die Leute erschreckte. Selbst einen Kardinal, der zwar Zisterzienser geworden war, aber dessen Lebensstil „schlecht zum Orden" passte, bekommt man mit Schau-dern zu Gesicht, wie er verzweifelt vor der ewigen Verdammnis floh.

Überhaupt war das Ewige Heil Hauptthema der Menschen von damals. Alles, aber auch alles wurde danach bewertet, inwieweit es zu dessen Erlangung taugte. Umso mehr mag erstaunen, dass eine solche Fixierung keineswegs das Interesse an irdischen Dingen, vor allem auch an der Natur, verwischte. Die Zisterzienser von Eberbach, Heisterbach und Marienstatt mögen sich darin wohl von der Mentalität fernöstlicher Mönche unterscheiden.

Was Cäsarius beobachtet, in Unterhaltungen aufschnappt, aus Büchern schöpft oder in Ermahnungen des Abtes erfährt, erzählt er gerne weiter. Zurückhaltend wird er allerdings, wenn ihm etwas allzu phantastisch vorkommt. Dann fügt er gleich hinzu, so habe er halt gehört. Er berichtet nicht nur Erbauliches, sondern weiß viel über natürliche Ereignisse, ob Hochwasser am Rhein, Schädlingskalamitäten oder Vogelzug, immer spürt man hinter der „Moral von der Geschichte" auch ein gerütteltes Maß an bloßem Interesse an der Sache an sich.

Vielleicht ist es deshalb kein Zufall, dass Cäsarius im 19. Jahrhundert „wieder entdeckt" wurde. Die Rheinromantik hat ihren Teil dazu beigetragen, so wie sie auch die Ruine von Heisterbach verklärt und besungen hat. Die beliebte Legende vom „Mönch von Heisterbach" hat allerdings mit Cäsarius nichts zu tun. Wolfgang Müller von Königswinter (1816–1873) hat sie in Verse gekleidet. In prosaischer Kürze nur so viel:

Da grübelt der Mönch über die Ewigkeit, während er durch die Wälder des Siebengebirges wandelt. Und als er zurückkehrt ist niemand im Kloster, der ihn erkennt. Nur der Archivar weiß, dass vor Jahrhunderten ein Mönch gleichen Namens spurlos verschwunden sei.

Vor Gott sind eben tausend Jahre wie ein Tag …!

5.4   Ein Haus voll Glorie schauet
Der Felsendom zu Limburg

Vom Domfelsen herabblickend findet man rasch die Bestätigung für die einleitenden Bemerkungen. Die Annahme, dass hier einst der Sitz der Grafen des Niederlahngaues (821) war, leuchtet ein. Leicht überschaubar, leicht zu verwalten und zu verteidigen, erscheint die weitere Geschichte geradezu programmiert. Und wenn so viel von den Fernwegen die Rede war, dann ist es fast nur wie ein

Szenenwechsel, wenn neuerdings die Bundesbahn die überschnellen Züge des dritten Jahrtausends zwischen Köln und Frankfurt unverändert in Richtung der historischen Straßen fahren lässt.

Auf dem heutigen Domhügel und wohl innerhalb der alten Burg gründete Konrad Kurzbold 910 das Georgsstift, wozu er die Unterstützung des deutschen Königs und des Mainzer Erzbischofs genoss. Die Ansiedlung um den Burgberg heißt 1214 Stadt. Unter den neuen Stadtherren von Isenburg-Limburg bescherten Handel und Gewerbe eine Hochblüte. Die Stiftskirche, der heutige Dom also, wurde gebaut, die Stadt bis zur jetzigen Grabenstraße erweitert und neu befestigt. Um 1300 war die Stadt schon zu klein. Vorstädte wuchsen um sie herum. Eine Landwehr, die Schiede, musste zu deren Sicherung angelegt werden.

Seit 1344 war Limburg zur Hälfte und seit 1420 ganz im Besitz von Trier. Nach Auflösung des Kurfürstentums Trier (1803) gelangte die Stadt an Nassau-Weilburg, ebenso das gleichzeitig säkularisierte Georgsstift. Die Herzöge von Nassau erhoben die Stiftskirche dann zur Bischofskirche des 1827 neu gegründeten Landesbistums.

Auch in nassauischer Zeit behielt Limburg seine traditionelle Rolle als Verkehrsknotenpunkt, der durch den Bau der Eisenbahn noch gesteigert worden war. Die Lahn war 1838 durch eine Schleuse und andere Maßnahmen über Limburg hinaus schiffbar geworden. Schließlich verbesserte die Autobahn, die seit 1939 in hoher Brücke über den Fluss zieht, das Verkehrswesen erheblich.

Die zentrale Rolle der alten Stiftskirche und des jetzigen Domes für Limburg in Vergangenheit und Gegenwart sowie seine außerordentliche künstlerische Bedeutung fordern also stets dessen Besuch. Drei Vorläuferbauten trug der Felsen, einen ersten wahrscheinlich noch in karolingischer Zeit, zwei nachweisbare aus dem 10. und 11. Jahrhundert. Das entscheidende Datum ist die erwähnte Gründung eines Chorherrenstiftes durch den Gaugrafen des Niederlahngaues, Konrad Kurzbold. Die dafür nötigen Bauten samt Kirche entstanden innerhalb der Gaugrafenburg, einer merowingischen Hofanlage. Königliche Schenkungen trugen offensichtlich zu der raschen Vollendung innerhalb von neun Jahren bei. Ein Jahrhundert später zog man über dem Grundriss des konradinischen Baues eine dreischiffige Pfeilerbasilika hoch. Fragmente beider stecken im heutigen Dom, der im zweiten Jahrzehnt des 13. Jahrhunderts begonnen wurde. In den Abmessungen des Grundrisses weitaus großzügiger konzipiert, konnte er teilweise um den Vorläuferbau herumgebaut werden.

Die Limburger Stiftskirche ist also ursprünglich gar kein Dom. Mit Vorbehalt aber darf man eine gewisse Parallelität zu den deutschen Domen immerhin darin sehen, dass beim Entstehen der heutigen Kirche außer einem nicht genau nachweisbaren Stiftungsbeitrag durch adelige Herren – etwa Graf Heinrich der Reiche von Nassau oder Heinrich von Isenburg als ‚Dynast' von Limburg – vermutlich die Bürgerschaft der jungen Stadt durch entsprechende Leistung ihr gerade erwachtes Selbstbewusstsein dokumentiert hat. Der Bau diente nun nicht mehr dem Stift allein, sondern zugleich der Pfarrei. Schon im Jahr 1235 weihte der Trierer Erzbischof Theoderich II. von Wied die drei Hauptaltäre, nachdem bis auf die Obergeschosse der Westtürme der Bau weitgehend vollendet war.

Das uns heute so einheitlich erscheinende Gebäude entstand gleichwohl in vier Bauabschnitten, die dank detaillierter Studien rekonstruiert werden konnten. Gerade darin aber offenbart sich die technische und künstlerische Leistungsfähigkeit der damaligen Baumeister, die doch stets die Gesamtwirkung des Vorhabens vor Augen haben mussten. An der Bausubstanz ist in den folgenden Jahrhunderten nichts mehr geändert worden, von den gotischen Maßwerkfenstern der Seitenschiffe einmal abgesehen.

Die Änderungen im Innern hielten sich bis zum 17. Jahrhundert in Grenzen. Wohl brachte der Abbruch des Lettners (um 1600) eine Abkehr von Raumauffassung und Liturgieverständnis des Mittelalters. Aber erst die seit 1749 einsetzende spätbarocke Umgestaltung verdrängte nach dem auch anderswo geübten Verfahren die alte Konzeption des Kircheninnern. Helle Scheiben anstelle der Glasmalereien und Vergrößerung der Fenster des Vierungsturmes ließen große Lichtmengen in den Raum, deren Wirkung die hell getünchten Wände verstärkten, unter deren Verputz alle Fresken verschwunden waren. Das barocke Altarprogramm sorgte bis zu einem gewissen Grade für eine kulissenartige Zerlegung des Raumes und seiner Teile.

In nassauischer Zeit renovierte man die jetzige Bischofskirche im Geiste des Klassizismus (1840), bis Preußen (ab 1866) als neuer Landesherr die verbliebene Barockausstattung völlig entfernte und den Raum im Stile einer nachempfundenen Frühgotik herrichtete. Selbst die alten Fresken traten wieder hervor, wurden aber nach historisierender Manier übermalt oder gar ergänzt. Bei der vorletzten Renovierung (1934/35) orientierte man sich lieber an staufischer Raumauffassung. Die vorläufig letzte Überholung (ab 1974) hatte sich allen diesen so verschiedenen Interpretationen zu stellen, und das ist der Grund, warum überhaupt auf diese Dinge hier eingegangen wird. Die für die jüngste Renovierung Verantwortlichen wie auch ihre Kritiker liefern hier ein besonders gutes Beispiel für die mannigfachen und nicht selten nur kontrovers zu beantwortenden Fragen, denen sich die Denkmalpflege zu stellen hat.

Da hier ein weithin bekanntes Bauwerk, das zugleich als Bischofskirche aktuelle religiöse Bedeutung besitzt, nach technischem Können und ästhetischem Empfinden unserer Zeit neu hergerichtet wurde, sah man sich verstärkt zu der Überlegung nach dem Sinn eines solchen Unternehmens veranlasst. Schon Konrad Kurzbold verband mit seinem Stifts-Kirchlein eine handfeste Vorstellung nicht nur politischer, sondern religiöser Art. Die Bürger und adeligen Spender wollten offenbar die Überlieferung noch übertreffen, als sie ungefähr nach 1210 damit begannen, in größeren Maßstäben die bestehende Kirche teilweise umzubauen und schließlich durch einen echten Neubau zu ersetzen. In welcher Weise dann die neue Bauschöpfung zur Ausführung gelangte, wie sie sich in ihrer Substanz wenigstens bis heute unserem bewundernden Blick darbietet, können Stilanalysen und Formgeschichte allein nicht erschöpfend klären. Sicher, sie öffnen uns die Augen dafür, wie sich der Limburger Dom in den Rahmen der so genannten rheinischen Spätromanik und Frühgotik einfügt und deren architektonischen Höhepunkt bildet. Sie demonstrieren die meisterhaft gelungene Rezeption nordfranzösischer Formelemente und deren Abwandlung nach deutschem Geschmack.

Das Mittelalter verstand solche Bauten mehr als Funktionsgehäuse und steht darin wohl der Antike näher als wir dem Mittelalter. Zisterzienserbauten in Hessen und hier in der Nachbarschaft, wie in Marienstatt im Westerwald, illustrieren deutlich, dass die frühen Ordensbauten nicht, wie oft unterstellt wird, ausschließlich funktional sind. Bedürfnisse der Liturgie konnten Abmessungen von Bauteilen bestimmen, aber trotz seiner unleugbaren Wichtigkeit blieb auch Liturgie letztlich Teilelement innerhalb des sakralen Weltbildes jener Zeit, das uns grundsätzlich fremd geworden ist.

Feinfühlige Forscher haben versucht, diese Sicht nachzuzeichnen. Einer von ihnen, Franz J. Ronig, bemühte sich, sie konkret auf Limburg anzuwenden. Auch Auszüge aus solchem Bemühen helfen vielleicht besser zum Verständnis des „Felsendomes" als die ermüdende Aufzählung von Baudetails. Die Lage auf dem hochragenden Felsen über der Lahn hat sicher zu allen Zeiten die Menschen an die gleichnishaften Bilder der Bibel von der „Stadt auf dem Berge", dem auf Stein gebauten Haus und schließlich an das Bild von Petrus, „diesen Felsen", auf dem Jesus seine Kirche bauen wollte, erinnert. Im 19. Jahrhundert mag man das Gleichnis geradezu materiell interpretiert haben, als die historisierende Restauration (1871–1873) den Außenputz abschlug. Lange schien so die rohe Mauer des Domes gleichsam aus dem Felsen herauszuwachsen – ein Bild, von dem sich unzählige Betrachter bei der jüngsten Renovierung nur wehmütig zu lösen vermochten.

Vieltürmigkeit, unterstrichen durch die Doppelturmfassade, sind wichtige Elemente, um das Gotteshaus als versteinertes Abbild der himmlischen Stadt Jerusalem darzustellen. Den Gedanken der mittelalterlichen Architekten griffen wiederum Künstler des 19. Jahrhunderts auf. So sang man bis zum nachkonziliaren „Bildersturm" in katholischen Gemeinden des Bistums Limburg mit viel Inbrunst das Kirchweihlied

„Ein Haus voll Glorie schauet
weit über alle Land,
aus ew'gem Stein gebauet
von Gottes Meisterhand"

und dachte wohl nicht zuletzt an diese Bischofskirche.

Die zur Stadt weisende Westfassade wird durch ein großes Radfenster ausgezeichnet. Die Rosette im Quadrat symbolisiert die kosmische Ordnung nach dem Weltbild der Bauzeit. Indem sie das Licht der Abendsonne in den Raum leitet, ist sie mehr als nur Lichtspender, da der Abendglanz auf das Abendmahl und – ganz mittelalterlich-katholisch gedacht – auf das Abendopfer Christi hinweist.

Dieses liturgische Drama vollzog sich einst im Zentrum des Bauwerkes unter dem achteckigen Turm, der das Vierungsquadrat, den Schnittpunkt der Schiffe, krönt. Damit ist die Symbolik des Grundrisses angesprochen, der – keineswegs zufällig – kreuzförmig ist und genau dies, das Kreuz Christi nämlich, darstellt.

5.5 „Hier liegt vor deiner Majestät"
Kalvarienberge, Kreuzwege, Fußfälle

🦋 Unterwegs von Koblenz nach Montabaur überfährt man den Großen Herrgott. Nicht von einem Sakrileg ist die Rede, sondern von der Steilstrecke der Bundesstraße (B49), die östlich von Neuhäusel den Kamm der Montabaurer Höhe überschreitet und danach steil in die Montabaurer Senke hinabsteigt. Dieser Höhenzug stellt eine spürbare Klimaschranke zum Rheintal dar. Sie entfaltet in kalten Wintern ihre Nachteile, wenn Straßenglätte die kurze Passage vereitelt und den Autofahrer auf die Umgehungsstrecke zwingt. „Der Große Herrgott ist gesperrt", sagen die Montabaurer.

Die Bezeichnung kommt von einem etwa 1910 vor der Kurve beim Abstieg der Chaussee errichteten Kapellchen mit Kreuzigungsgruppe. Das kleine Ensemble kann inmitten des Hochwaldes nur geringe äußere Wirkung entfalten und ist dennoch Namen gebend geworden. Das verwundert und bedarf der Aufklärung.

Heimatforscher haben gern behauptet, die Tradition der Bildstöcke sei heidnischen Ursprungs. Sicher hat sie mit den Kulten von Germanen oder Kelten den Hang zur Verehrung von Bildern und Idolen gemeinsam. Konkret aber hat sie ihre Wurzeln im spätrömischen Brauchtum, das von der christlichen Kirche in Liturgie und Volksfrömmigkeit integriert worden ist. Nun gibt es aber an der Lahn, im Taunus und Westerwald derart viele Objekte dieser Art, so dass es schwer ist, auch nur annähernd den Überblick zu behalten. Daher wollen wir sie ein bisschen sortieren.

Am bekanntesten und häufigsten sind Wegkreuze. Sie wurden und werden noch immer aus sehr unterschiedlichen Gründen errichtet. Leider allzu oft sind sie traurige Zeichen heutiger Lebensverhältnisse, wenn sie an Opfern von Verkehrsunfällen erinnern sollen. Manchmal jedoch ist es schon ein Kreuz mit dem Kreuz! Da steht es an einer Unfallstelle und zugleich für deren „Entschärfung", wie man das nennt. An der Gelbachtalstraße von Montabaur nach Wirzenborn kurz vor der Marau haben Angehörige dem tödlich verunglückten Motorradfahrer ein Kreuz gesetzt, der hier gegen einen Alleebaum geprallt war. Die öffentliche Verkehrssicherung hat schleunigst sämtliche Rosskastanien der prächtigen Allee fällen lassen, als ob die Bäume an allem schuld seien …

Tote blieben zu aller Zeit im Feld. Und so ist denn die Zahl der Kriegserinnerungen und Kriegergedächtnisse beklemmend zahlreich. Zwar mögen bei Kriegen früherer Zeiten weniger Soldaten gefallen sein, aber ihr Schicksal war nicht minder brutal als heute. Das belegen Dokumente aus den Zeiten der Koalitionskriege (ab 1792). Ihren Gefallenen und im Kriegslazarett Marienstatt Verstorbenen setzte man 1901 auf dem so genannten Kaiserlichen Friedhof nahe der Nister in der Gemarkung Müschenbach ein schlichtes Kreuz. Oder als ältestes Denkmal dieser Art duckt sich beim Hillscheider Stock ein Basaltstein am Straßenrand. Er soll noch beschäftigen.

Wo die Errichtung eines Kreuzes lediglich Ausdruck volkstümlicher Frömmigkeit ist, wählt man gerne exponierte Stellen, wie das eindrucksvoll bei dem Kreuz und der Fatimakapelle oberhalb von Herdorf-Sassenroth im Hellertal der Fall ist. Religiosität und Profanität mischen sich bei so genannten Gipfelkreuzen, die bei uns manchmal bizarre Felsgruppen krönen, etwa die Hohe Ley bei Mudersbach oder die Weiße Ley bei Astert.

Der Druidenstein bei Kirchen-Herkersdorf gar, ein beliebtes Kalendermotiv, glänzt leider durch Geschmacklosigkeit, die dem imposanten Naturdenkmal neuerdings ein glitzerndes Metallkreuz verpasst hat (1992). Eigentlich ist das Felsenkreuz Endpunkt einer Kreuzweganlage, die durchaus originell mit Erzstufen des Siegerlandes ausgestattet worden war (1924–1926). Das ist nun nicht der erste Fall von Missbrauch, den der Basaltkegel erlitten hat. So war der Druidenstein zum Gesteinsabbau bestimmt (1920), diente unter Napoleon militärischen Zwecken oder musste gar als Theaterkulisse herhalten (1948). Die Behauptung, er habe keltischen Druiden als Kultstätte gedient, scheint glatte Erfindung zu sein.

Doch ist die Vorstellung von der Umwandlung oder „Taufe" heidnischer Kultstätten an Weggabelungen und Straßenkreuzungen nicht ganz abwegig. Ein offenbar sehr altes Stück dieser Art steht im Vorgarten eines Hauses in der Kreuzgasse von Höhn. Das aus Trachyt gemeißelte Kreuz spendete am einst wichtigen Straßenknoten und von weithin sichtbarer Stelle des Hohen Westerwaldes seinen Segen. Im Devotionalienstil des 20. Jahrhunderts lädt das Straßenkreuz südlich vor Hartenfels zur Andacht. Vor der Basaltkuppe mit ihrer Burgruine als Hintergrund entwickelt es fast zu viel Eigenleben und missrät beinahe zum Postkartenmotiv.

Monolithische Steinkreuze der Art, wie sie im Rechtsrheinischen verbreitet ist, kommen auch im Westerwald gelegentlich vor. Bei Leuterod steht ein solches Exemplar und bildet mit seinem dunklen Basaltlava-Gestein einen auffälligen Akzent inmitten der von Höhenzügen und Einzelbergen eingefassten Landschaft der Montabaurer Senke. Den süddeutschen Marterln entsprechen bei uns Gedächtnismale in Form von Bildstöcken und Feldkapellen. Im Stil anders als in Süddeutschland, sind sie aber auch bei uns recht häufig, jedenfalls in Gegenden mit katholischer Tradition. Gegenüber der damit reich gesegneten Mosellandschaft wirkt vor allem der Westerwald sehr viel ärmer. Doch liegt das bloß an der konfessionellen Zersplitterung. Einen letzten Schlag führte die Säkularisation (1803), in deren Folge viele der bisherigen Stifter und Unterhaltsträger verschwunden sind.

Oft blieben nur Reste der alten Anlagen. So steht am Ortsausgang von Salz an der Straße nach Bilkheim ein hübsches Barockkreuz. Das Halbrelief in flacher Nische zeigt eine Kreuzwegszene. Also muss es sich um die Station eines Kreuzweges handeln, die von den ursprünglich vierzehn übrig geblieben ist. Die siebenzeilige Inschrift nennt den privaten Stifter:

HAT AVE GE / RICHT PETER / JVNG SPEIGER / MEISTER AVF /
DEMSCHLOS MOLS / BERG GEBIRDIG / IN BEROTH 1764

Im Original ist der Buchstabe N stets seitenverkehrt. Die Existenz einer einst vollständigen Kreuzweganlage in einem doch damals recht kleinen Westerwalddörfchen überrascht nicht weiter, wenn man den einstigen Rang der Kirche zu Salz bedenkt. Sie ist eine der ältesten des Westerwaldes, die zeitweise Sitz eines Kollegiatstiftes (seit 1289 in Diez) und Grablege des örtlichen Adels war. Alte Wallfahrtstradition ist hier lange lebendig geblieben und erlebte ihren Höhepunkt in der Reiterprozession am Erntedankfest. Von Salz aus säumen noch heute Kreuzwegstationen neueren Datums die Straße in Richtung Weltersburg. Sie münden auf die 1525 erstmals erwähnte Leonhardskapelle (Neubau 1863) und bieten ein Muster dafür, wie religiöses Brauchtum mit seinen Einrichtungen Landschaft so sehr prägt, dass selbst der vorüber brausende Verkehr kaum dieses Bild trüben kann.

Mitunter lieferte die Natur, vor allem Bäume und Quellen, Vorgaben für spätere Andachtsstätten. Der Verdacht auf ehemals heidnische Naturkulte ist verständlich, aber kaum angebracht. Im Hermoldertal bei Großholbach berührt der Wanderweg die Bildches-Eiche. Die mittlere von drei kleinen Kapellen hält eine Erklärung für diese Bezeichnung bereit. Ein künstliches Rindenstück mit einem Marienbildnis ziert das Altärchen. Hier stand am alten Wallfahrtsweg von Großholbach zur Gnadenkapelle in Wirzenborn einst eine Eiche mit geschätztem Alter von 500 Jahren. Andreas Herborn (1796–1839) hat dann gegen 1830 aufgrund eines schicksalhaften Erlebnisses eine Nische in den alten Baum geschnitzt und ein Marienbildnis mit zwei Engelfiguren hinein gestellt. Dem letzten Willen des Vaters entsprechend hat sein Sohn Johann wohl in den 1880er Jahren den Zuwachs entfernt und die Nische wieder freigelegt. Seitdem erst spricht man von der "Bildches Eich". Sie starb ab, als nach dem Ersten Weltkrieg amerikanische Besatzungssoldaten an dem hohlen Baum zündelten. Der Zimmermann Jakob Meudt sägte überstehende Baumteile ab und sicherte den Stamm durch ein Dach. Josef Hehl aus Heiligenroth hatte das alte Bildnis 1921 durch eine Lourdesstatue ersetzt, die 1938 gegen eine Muttergottes mit Kind ausgewechselt worden ist. Schließlich setzte man zu beiden Seiten noch Heiligenhäuschen zu Ehren der Heiligen Judas Thaddäus (1921) und Antonius von Padua (um 1950). Das Marienbildnis stand bis dahin im Torso des alten Baumes. Erst 1963 entstand die jetzige Kapelle, als Massivbau mit Nachbildung des Baumes.

Das wird hier so breit erzählt, weil man hier – vielleicht ohne es zu wissen – an eine eher süddeutsche Tradition angeknüpft hat. Wallfahrtsstätten mit Baumheiligtum waren in der Zeit nach dem Dreißigjährigen Krieg sozusagen in Mode gekommen und bis um 1725 beliebt.

Die Wertschätzung gewaltiger Bäume in Kunst und Volksbrauchtum erfährt eine Steigerung, wenn Einzelbäume durch ihre Lage landschaftsprägend wirken. Manchmal sind deren Standorte oder der Baumriese selber sagen- oder legendenumwoben. Westerwald und Taunus besitzen etliche Parallelen, etwa die „Gebildete Eiche" bei Peterslahr, die Glockenbuche bei Dickendorf, die Linde auf dem Kapellenberg in Oberrod und die Maleiche bei Singhofen, die angeblich Rest einer mittelalterlichen Grenzmarkierung ist.

Der Bildstock in Ellar, das zwar 1372 Stadtrechte erhielt, aber seinen dörflichen Charakter bewahrte, entspricht bereits jenem Typ, den man im Rheinland treffend "Heiligenhäuschen" nennt. An der Kirchstraße markiert das kleine Bauwerk auffällig die Stiegen der Bergstraße. Eine jüngere Version ist die Straßenkapelle am Ortsrand von Seck. Auch sie steht bezeichnenderweise an der Einmündung einer

Straße. Sie erinnert an die römisch-christliche Statio, einen Punkt, an dem liturgische Umzüge innehalten zu stillem Gedenken. In Rom erlebt diese Tradition ihren jährlichen Höhepunkt im Brauchtum zur Fasten- und Passionszeit, an dem sich in der Regel der Papst persönlich beteiligt.

Solche Stationen sind überall im Rheinland entlang alter Kirch- und Begräbniswege anzutreffen. Ein sehr schlichtes Beispiel liefert die Feldkapelle unterhalb des Berges "Hähnchen" in der Flur zwischen Niederelbert und Holler.

Nicht selten stehen diese Stationen unter ausladenden Bäumen. Dann tragen sie symbolische Bedeutung und dienen gleichzeitig recht praktisch als Schattenspender und Regenschutz. Die Totenlinde bei Gackenbach bringt das in ihrem volkstümlichen Namen zum Ausdruck. Sie breitet ihre Krone über das Heiligenhäuschen, das am Weg von Gackenbach zur alten Pfarrkirche in Kirchähr an einer Weggabelung steht.

Auch innerhalb von Ortschaften werden Wege und Weggabelungen mit religiösen Bauten markiert. Sie können sehr einfach sein wie in Ellar. In Oetzingen bei Leuterod ist der Typ des „Heiligenhäuschens" zweimal zu Straßenkapellen (17. Jh.) weiter entwickelt. Allerdings waren ursprünglich beide zur Frontseite nicht geschlossen und bewahrten so noch Herkunftsmerkmale. Eines der beiden Kapellchen besitzt ein geschweiftes Dach mit zierlichem Glockenstuhl und vermittelt der sonst reizlosen Dorfstraße einen Tupfer barocker Eleganz. Die Feststellung sei erlaubt, dass ein solches Baudenkmal in seiner Unaufdringlichkeit sicher mehr zur Verschönerung eines Ortsbildes beiträgt, als es manche der Aktionen „Unser Dorf soll schöner werden" vermocht hat. Die Wendelinuskapelle (1903) vor Untershausen mit ihren mächtigen Linden und das „Armenhäuser Bildchen" (1893, Vorläuferkapelle 1607) im Montabaurer Stadtteil Allmannshausen stehen ganz in der Tradition der Straßenkapellen.

Scheinbar von Autobahn und ICE-Trasse erdrosselt erscheint eine kleine Kapelle bei Dernbach, die sich unter zwei hochragenden Linden duckt. Ihr polygonaler Chor (1692) mit seinem Kreuzgewölbe und angetreppten Strebepfeilern ist sogar kunstgeschichtlich bemerkenswert. Vor der Kapelle birgt eine Zisterne den „Heilborn", dem die Leute wundertätige Kraft zusprechen. Inmitten dieser arg zersiedelten und von Unruhe erfüllten Landschaft bilden Baum, Born und Betstätte einen Raum der Stille und Besinnung, genauso wie die Berger Kirche bei Niederbrechen. Die Wallfahrtskapelle in wehrhafter Lage wird heute eingeschnürt von Autobahn, Landstraße und ICE-Strecke. Im Mittelalter suchten die Bewohner des untergegangenen Dorfes Bergen hier oben Zuflucht in irdischer und geistlicher Not. Die überlieferte Reiterprozession, ähnlich der in Salz, konnte nach dem Krieg wiederbelebt werden.

Während Kalvarienberge hierzulande selten und mit Ausnahme des Kreuzberges über Bonn recht bescheiden sind, trifft man häufig Kreuzwege an, die auch landschaftlich in Erscheinung treten.

In Salz sind uns bereits solche Anlagen begegnet. Wohl immer erhalten sie ihren großzügigen Zuschnitt nur im Zusammenhang mit einer Kirche oder Kapelle. Ist dies in Salz die ehemalige Stifts- und jetzige Pfarrkirche St. Adelphus, bilden als weitere Beispiele die beiden Wallfahrtskirchen von Marienthal bei Au an der Sieg und Marienthal im Rheingau Ausgang und Ziel des Kreuzweges. Anders als die Kirche mit ihrem zum Teil noch originalen Barockinventar ist der Kreuzweg mit seinen kapellenartigen Stationen künstlerisch belanglos. Die ziegelroten Kapellen wirken indes inmitten des bewaldeten Berghanges durchaus reizvoll. Der mitunter mühsame Aufstieg aus dem Seelbachtal kann sozusagen über die geographische Situation den Pilgern wohl so etwas wie bußfertige Gesinnung vermitteln. Die haben es im Rheingauer Marienthal insofern leichter, weil sie durch gepflegte Parkanlagen ohne nennenswerte Steigung wallen dürfen. Künstlerisch ist auch diese Anlage ohne Reiz, was aber in frommen Augen kaum zählt.

Eine Besonderheit stellt der Stationenberg bei Montabaur dar, der seine Entstehung und sein Bildprogramm dem früheren Franziskanerkloster verdankt. Es handelt sich um ein in unserer Gegend isoliert dastehendes Beispiel einer Frömmigkeitsform des 16./17. Jahrhunderts. Sie entfaltet sich auf dem Wallfahrtsweg nach Wirzenborn, der wohl seit Ende des 15. Jahrhunderts begangen wird und zu einer Muttergottes mit Kind (um 1400) führt. Die Gnadenkapelle (1501) mit dem Bildnis ist eine der größten im Westerwald aus älterer Zeit. Dies und die gute Ausstattung verdankt sie der benachbarten Stadt. Wappenschluss-Steine im Sterngewölbe halten das Andenken an edle Stifter wach, die den Bau ermöglicht haben. Bemerkenswert ist zudem, dass auch hier Gnadenbild und heilsame Quelle verbunden sind ähnlich wie beim Heilborn in Dernbach.

Heil- und Wirzenborn (= würzige Quelle) wie auch der Sauerborn unterhalb der

Montabaurer Altstadt werden übrigens von Ausläufern der Mineralwässer des Lahngebietes und des Taunus gespeist. Ohne genau zu unterscheiden, nennen es die Leute „Selterswasser", was unter vielen Bezeichnungen in den Handel kommt. Doch ehe das Wasser aus dem Wirzenborn gekostet werden kann, muss der Stationenberg überwunden werden. Bald hinter der ehemaligen Hammermühle am Gelbach unterhalb Montabaur beginnt eine extreme Steigung, an deren Fuß- und Abbruchkante die beiden ersten Stationen stehen. Sie säumen fortan den Pfad bis zum Ziel der Wallfahrt. Die vierzehn Fußfälle bestehen aus einer rechteckigen Säule, die oben in einer Nische unter geschweiftem Dach abschließt. Darin sind die Szenen aus den schicksalhaften Beziehungen zwischen Jesus und seiner Mutter Maria als Halbreliefs dargestellt. Die bereits im Mittelalter entwickelte Theologie der „Schmerzen" und „Freuden" Mariens ist später zu jeweils einer Siebenzahl komprimiert und so von den Franziskanern dem Volk gepredigt worden. Am Anfang unseres Weges stehen sinnvollerweise die Schmerzen, angefangen von der bitteren Weissagung Simeons im Tempel bis zur Grablegung Jesu. Näher zum Ziel folgen im zweiten Abschnitt des Weges die Freuden, angefangen von der Verkündigung des Engels bis zur Krönung Mariens im Himmel.

Am Scheitelpunkt erhebt sich weithin sichtbar eine Sommerlinde, die ihre Krone über eine weitere, allerdings aufwendiger gestaltete Station ausbreitet. In der Nische steht eine Vollplastik der Muttergottes mit Kind. Darunter meldet eine Inschriftplatte, dass Johannes Erhardus von Neurod 1726 die Anlage gestiftet hat. Deren Analogie zu den vierzehn Stationen der Kreuzwege und Kalvarienberge liegt auf der Hand. Nur bilden jetzt marianische Themen den Hauptinhalt. Die Anlage von Montabaur ist in ihrer Art einmalig für den Westerwald. Ihre landschaftsprägende Wirkung ist bis heute nicht ausgelöscht und verleiht dem Pilgerweg seinen besonderen Reiz. Die Reliefs wurden jahrhundertelang gerne von Andersdenkenden toleriert. Erst Nazihorden und moderner Vandalismus vergriffen sich daran, so dass die erhaltenen Originale der Sicherheit halber in die katholische Pfarrkirche von Montabaur übertragen werden mussten.

Lehrreich ist es, an dieser Stelle rheinabwärts zu blicken, wo auf dem Kreuzberg bei Bonn neben der Kapelle zu den Sieben Schmerzen Mariens (1627/28) Kurfürst Klemens August 1746 die Heilige Stiege, eine getreue Nachbildung des Scala sancta in Rom stiftete. Auf dem Balkon an der Außenfront führt in vollplastischer

Szene Pilatus den mit Dornen gekrönten Jesus dem Volk vor. Von mehreren Seiten führen Stationswege bergan. Die Idee der Kalvarien- und Stationenberge erreicht im Rheinland hier ihre höchstmögliche Vollendung.

Ganz aus dem bisherigen Rahmen fallen schließlich die Anlagen von Arenberg (1860), in denen sich Geist und Geschmack(-losigkeit?) des Katholizismus des 19. Jahrhunderts rührend oder skurril, je nachdem, baulich in der Landschaft entfalten. Pfarrer Johannes Kraus ließ in den Jahren nach 1860 am Hang unterhalb der Kirche grottenähnliche Kapellen und Bildstöcke errichten. Sie sind ähnlich wie die Kirche (1860–1872) mit Kieseln, Quarziten und sonstigen Natursteinen, mit Kristallen und Muscheln verziert. Phantasievoll stellen fast lebensgroße Figuren Szenen aus dem Leben Jesu und der Heiligen dar. Man bewundert, wie der heilige Antonius den Fischen predigt oder der Jesusknabe dem Joseph in der Werkstatt hilft. Doch das alles steht ja nun wirklich nicht in der Bibel.

5.6 Bücherwürmer
Autoren – Leser – Sammler

„Versuche sind's der freien Stunde; und hat's auch nicht genützt, so hat es doch gefreut", notierte der Oberlehrer mit Federhalter auf der ersten Seite eines Schulheftes. Seite um Seite füllen Gedichte und Prosa, Gereimtes und Ungereimtes, Nachdenkliches und Heiteres, sorgfältig in Sütterlin aufgezeichnet. Die Nassauische Heimat – Westerwald, Lahn und Taunus – liefert viele Motive. Anderes schöpft der belesene Philologe aus antiken Autoren. Und die lasen auch wir noch vor fünfzig Jahren im griechischen oder lateinischen Original am Kaiser-Wilhelm-Gymnasium, einem grauen Gemäuer neben der damals noch ebenso grauen Pfarrkirche.

Kaum vorstellbar, dass allein in Montabaur lange Zeit die einzige Höhere Schule des engeren Westerwaldes in Montabaur bestand. Das hatte dem Städtchen den ehrenvollen Namen „Westerwald-Athen" eingetragen. Vielleicht sogar bis ins 15. Jahrhundert zurück reicht die Tradition gelehrten Unterrichts, der in der so genannten „Latein-Schule" erteil wurde. Unter Napoleon war Schluss damit. Erst 1868 begann der Auf- und Ausbau einer Höheren Schule, die sich schließlich aufgrund allerhöchster Kabinettsorder „Kaiser-Wilhelm-Gymnasium" nennen durfte. Die Pennäler hatten Seine Majestät günstig stimmen können, als sie mit ihren Lehrern zu Fuß nach Bad Ems wanderten, wo Wilhelm I. gerade kurte (1871).

Das liest sich alles so leicht und fast selbstverständlich. Doch muss man wissen, dass bis 1941 die Stadt allein sämtliche Kosten trug und gewaltige Opfer für das Gymnasium gebracht hat. Unmessbar aber bleibt, was sich in dieser Einrichtung an geistigem Leben entfaltet und weit hinaus ins Land gewirkt hat. Pennäler und Professoren paukten nicht nur Griechisch und Latein, sondern waren mitunter im Rahmen ihrer Möglichkeiten auch wissenschaftlich tätig. Dr. phil. et iur. Melchior Thamm (1903–1912 Gymnasialdirektor) erwirkte von der Schulbehörde sogar einen sechsmonatigen Studienurlaub (1909/10), über den er in dem Büchlein „Herbsttage in Konstantinopel und Kleinasien" (Montabaur: Willy Kalb, 1912) unterhaltsam berichtete. August Maßfeller (1895–1927 Professor) knobelte an einem mathematischen Lehrsatz.

Ein Sektor dieser facettenreichen, leider erst ungenügend erforschten Aktivitäten spiegelt sich in der heute erstmals der Öffentlichkeit vorgestellten Bibliothek zum Thema Westerwald und Nassauer Land. Begründer ist Johannes Ebert aus Bieber bei Offenbach. Dort 1871 in einfachen Verhältnissen geboren, fand er auf dem Umweg über eine Schlosserlehre zum Gymnasium, das er mit Glanz in Mainz absolvierte. Während des Studiums an den Universitäten Gießen und Bonn war er wiederholt gezwungen, als Aushilfslehrer Geld zu verdienen. Im Staatsexamen erhielt er 1903 die Lehrbefähigung für Griechisch, Latein und Deutsch. Später hat er aushilfsweise auch Französisch unterrichtet. Nach einer Probezeit in Wiesbaden kam er Ostern 1905 als Oberlehrer nach Montabaur.

Ebert erhielt 1916 den Titel Professor. Überschattet wurde dies durch den Weltkrieg. Als Unteroffizier im Heeresdienst holte er sich ein Leiden, dem er 1923 erlag. Dennoch widmete er sich sowohl der Wissenschaft als auch der Politik. So stritt er für die Deutschnationalen, was im katholischen Montabaur nicht gerade als „angepasstes" Verhalten galt. Dagegen verschaffte ihm die Wissenschaft größere Befriedigung. An erster Stelle war das die Beschäftigung mit alten Sprachen und Kulturen. Über die europäische Antike hinaus galt sein ausgeprägtes Interesse dem brahmanischen Indien. Er lernte sogar Sanskrit, die heilige Sprache des Hinduismus.

Zutiefst war er emotional der hessen-nassauischen Heimat verbunden. Das prägte sogar seine sportlichen Ambitionen, wenn er mit Walter Türk auf Wanderschaft ging und mit diesem die Wanderwege des Westerwald-Vereins markierte. In der Buchhandlung Walter Kalb erwarb er nach und nach den Grundstock zur jetzt an die Stadt gestifteten heimatkundlichen Bibliothek. Was heute meistbietend bei Antiquaren verhökert wird, ging ja damals noch zum Ladenpreis über die Theke.

Die Ungunst der Zeit mag dazu beigetragen haben, dass Johannes Ebert bis auf Skizzen zur Stadtgeschichte nichts weiter veröffentlicht hat. Doch hat er Materialien zur Regionalkunde des Westerwaldes hinterlassen. Johannes Ebert hatte 1905 Helene Franz aus Wiesbaden geheiratet. Deren Eltern waren ebenfalls eng mit dem Westerwald verbunden. Der Schwiegervater war nämlich lange als Bankrevisor in Marienberg tätig, wo er auch mit seiner Familie wohnte.

Die Tochter Gertrud (*1906) heiratete 1936 den Montabaurer Bürgermeister Heinrich Roth. Ferdinand Ebert (1907–1982), der Sohn, erbte die heimatkundlichen Interessen des Vaters. Er studierte zunächst Architektur und Jura in Darmstadt und München, dann Theologie in Frankfurt. Als Diözesanjugendsekretär in Limburg, als Soldat und dann als Kaplan in Lahnstein war Ferdinand Ebert stark beansprucht. Dennoch schaffte er mit einem kleinen Büchlein im Jahre 1940 auf einen Schlag den Durchbruch. Unter dem Titel „Unser Bistum" veröffentlichte er eine Handreichung zur Diözesankarte. Sie hat Generationen von Seelsorgern die Grundzüge der heimatlichen Kirchengeschichte vermittelt.

Ferdinand Ebert fand dann als Pfarrer in Oberelbert/Welschneudorf und Osterspai hinreichend Muße für seine Studien. Die Leitung des Bistums hatte ihm bewusst die relativ kleinen Seelsorgebezirke zugewiesen, um dafür seinen Dienst als Historiker in Anspruch nehmen zu können. Schöne Beispiele, wie man Wissenschaft und Seelsorge verbinden kann, liefern die leider durchweg ungezeichneten Leitartikel in der Limburger Kirchenzeitung und die Beiträge zum damaligen neuen Diözesangesangbuch. Hier fanden, abermals anonym, ein Abriss der Geschichte des Bistums sowie eine Andacht zu Heiligen der Heimat Aufnahme.

Entfaltete er mit solchen Publikationen erhebliche Breitenwirkung, so blieb er als Autor stets im Hintergrund. Er war außerordentlich zurückhaltend und öffentlichkeitsscheu. Nur im engen und vertrauten Kreis durfte man ihn als humorvollen und geistreichen Plauderer erleben. Anders als sein Vater konnte er die heimatkundliche Bibliothek systematisch ausbauen. Eine große Bereicherung war das Vermächtnis Pfarrer Albert Geßner (1888–1962), Großholbach, an Ferdinand Ebert. Eine Reihe von Büchern der Sammlung im Stadtarchiv trägt dessen Namenszug.

Die Bibliothek, die jetzt in den Besitz der Stadt Montabaur überführt worden ist, zeichnet sich einmal durch die systematische Pflege aller für die Regionalforschung relevanten Disziplinen aus, von den Ortschroniken bis zu den Hilfswissenschaften. Außer den jetzt registrierten Büchern existiert noch eine Sammlung von Zeitschriftenaufsätzen, Separatdrucken, Karten, Urkunden und alten Bildern vom Westerwald. Sodann besticht der gute Erhaltungszustand und Wert der Objekte. Vielfach handelt es sich ja um Werke, die nicht nur vergriffen sind, sondern wegen geringer Auflage oder außergewöhnlicher Ausstattung von hohem bibliophilen Rang und unschätzbarem Handelswert. Manche Titel gibt es bestenfalls als Reprint, im Original nur sehr selten, im Westerwald wohl nirgends sonst.

Ein Neffe von Ferdinand Ebert hat den Bestand erheblich erweitert durch Einbeziehung des rheinischen Westerwaldes bis zum Siebengebirge sowie durch Pflege der Naturwissenschaften. Dadurch ist die Naturkunde in seltener Vollständigkeit vertreten. Zunächst war daran gedacht, die Sammlung dem Museum in Hachenburg zu überstellen, wo jedoch kein Interesse bestand. Auch eine Koordinierung der Sammeltätigkeit mit der Nassauischen Kulturstiftung kam auf Dauer nicht zustande, weil seit längerem die Mitteilung der Neueingänge und der Fortgang der Registrierung unterblieben ist.

Alle, die am Aufbau dieser einzigartigen Sammlung mitgewirkt haben, waren als Lehrer oder Schüler eng mit dem ehemaligen Kaiser-Wilhelm-Gymnasium in Montabaur verbunden. Indem die Stadt nun dieses zugleich geistige wie materielle Vermächtnis pflegt, erinnert sie an die Redensart "Westerwald-Athen". Das Stadtarchiv ist damit noch mehr zum wissenschaftlichen Mittelpunkt für die Regional- oder Heimatkunde des Westerwaldes geworden.

Ein anderer Bücherwurm aus Montabaur hätte vielleicht noch das eine oder andere ergänzen können. Die Rede ist von Pfarrer Hans Becker (1905–1980). Die beiden kannten sich bereits vom Kaiser-Wilhelm-Gynasium, wo die Väter lehrten und ihre Söhne büffelten. Seine Laufbahn als Kleriker begann Becker als Kaplan in

Höhr-Grenzhausen und Hachenburg. Bis 1937 hielt er die Fahne hoch als Bezirkspräses des katholischen Jungmännerverbandes Westerwald. Dann als Pfarrer in Frankfurt kehrte er 1959 in den Westerwald zurück, wo er die Pfarrei Ahlbach bei Limburg versah. Dort trafen sich die beiden Heimatforscher in den 1970er Jahren, wobei Becker vorschlug, ihre beiden Bibliotheken zu vereinigen. „Da kommt was zusammen", hört der Chronist noch heute als Echo des damaligen Gesprächs. Gemeinsam war beiden Herren die Vorliebe für geschichtliche Betrachtungen. Für die Limburger Bistumsgeschichte haben sie sich bleibende Verdienste erworben. Gerne sprachen sie über die alten Bibliotheken, die in der Säkularisation in alle Winde zerstreut wurden. Voller Verehrung gedachten sie der Gelehrten und Leser vergangener Zeiten.

Einer der wohl bedeutendsten Bücherwürmer des Mittelalters im Rechtsrheinischen dürfte Graf Gerhard II. von Sayn (1417–1493) gewesen sein. Ungewöhnlich, dass der adelige Herr an der Artistenfakultät zu Köln studierte, nicht alltäglich, dass der Priester und Domherr nach dem Tod seines kinderlosen Bruders den geistlichen Stand verließ, die Regierungsgeschäfte in Hachenburg übernahm (1452) und heiratete. Dem Kloster Marienstatt schenkte er 128 wertvolle Handschriften (um 1490). Noch im Testament empfahl er den jugendlichen Haudegen im Ritterstand den jüngeren „Titurel" als Lektüre. Über das weitere Schicksal der Pergamente lässt sich nur spekulieren. An den edlen Spender und Bücherwurm aber erinnert in Marienstatt eines der wertvollsten Werke spätmittelalterlicher Plastik, ein Sarkophag mit Figuren Gerhards und seiner Gattin Else Gräfin von Sierck. Durch solche Sponsoren erfahren wir gelegentlich auch von anderen Bücherwürmern, die in der Regel ja lieber zwischen Regalen und Buchdeckeln weilen und wirken. Adam Walter (1734–1756) hatte den Grad eines Magister artium erworben (1726) und war schließlich Pfarrer seiner Heimatstadt Montabaur (1734–1756) geworden. Testamentarisch hatte er seine Bibliothek dem Kloster Marienstatt vermacht. Wie viele Bücherwürmer aber in Kutten und Talaren gesteckt haben müssen, ahnt man bei Durchsicht von Bibliotheksinventaren, die bei der Aufhebung von Eberbach, Arnstein, Mariensatt oder Heisterbach angefertigt worden sind.

5.7 Dinkelbrot und Kräuternonne
Klostermedizin von Hildegard bis heute

Um verborgenes Wissen geht es „Im Namen der Rose", Bestseller als Buch und erfolgreich als Film. Schauplatz der Dreharbeiten war das ehemalige Zister-zienser-Kloster Eberbach (1135–1803) im Rheingau. Das Geheimnis, dem hier nachgespürt wurde, ist jedoch pure Erfindung. Wirklichkeit aber ist, was Ärzte und Apotheker, Botaniker und Chemiker neuerdings an nützlichen Überlieferungen alter Klöster entdecken konnten. Der Startschuss erfolgte bereits im Jahre 1977, als Eberbach Schauplatz einer Tagung über „Das Erbe der Klostermedizin" war. Seit-dem dämmert die Erkenntnis, dass die Forschung hier Nachholbedarf hat.

Nun gehören medizinische Themen tatsächlich zum Schrifttum der Mönche und Nonnen. Im Sinne des Evangeliums (Mt 25,36) zählt die Klosterregel des hl. Bene-dikt Krankenfürsorge zu den „Instrumenten der guten Werke". Dem Klosterver-walter wird bedeutet, dass er zu diesem Punkt am Tage des Gerichts Rechenschaft ablegen muss. Eigens wird die Ordnung in Krankenhaus und Hospiz geregelt. Kranksein ist nach der Regel auch Merkmal des vom Sündenfall betroffenen Men-schen. Der Abt im Kloster „muss wissen, dass er die Sorge für kranke Seelen … übernommen hat". Fasten, Abstinenz und Diäten entfalten doppelte Wirkung, indem sie einerseits Schwächen überwinden und körperliche Erkrankungen lin-dern oder heilen, andererseits aber die Makel von Schuld und Sünde tilgen hel-fen. „Der Abt handle wie ein erfahrener Arzt. … Wenn aber seine Mühe nicht fruchtet", so „greife er zu einem wirksameren" Medikament, dem Gebet. Darum hat man gesagt, das Kloster sei „Heilstätte" und „Stätte des Heils".

Mit Esoterik oder Wunderheilung hat das alles nichts zu tun. Mediziner haben klar-gestellt, dass sie „als Vermittler zwischen Erfahrungsmedizin und heutigen Thera-pieanforderungen … entschieden der unreflektierten Übernahme des alten Wissens in vermeintlich alternative Heilverfahren entgegenwirken" möchten.

Zunächst ging es darum, die klösterliche Überlieferung erst einmal zu erschlie-ßen. Inzwischen hat man über fünfhundert Heilpflanzen aus sechshundert Hand-schriften registrieren können. Da beginnt allerdings auch das Problem, denn nicht immer ist eindeutig erkennbar, was die alten Bezeichnungen tatsächlich meinen.

Das ist wie in rheinischen Redensarten, die etwa mit „Butterblume" alles Mögliche meinen. Ähnlich verwirrend sind mitunter die Bezeichnungen für Krankheiten und ihre Symptome. Nichts also für Amateure und Laien!

Erstaunliches kommt zu Tage. So kannte man offenbar schon die Wirkungen von Antibiotika. Das Arzneibuch des Klosters Lorsch (gegründet 764) am Oberrhein empfiehlt, auf Außenwunden eine Paste aus Schafdung, Käseschimmel und Honig zu streichen und zwanzig Tage zu belassen. Möglicherweise hat der Käse antibiotische Wirkungen entfaltet, nachdem Bakterien im körperwarmen Mist dazu angeregt hatten. Antibiotika, so wissen wir heute, wirken langfristig. Das würde die von den Mönchen empfohlene lange Verweildauer erklären. Manche Arzneien und Therapien sind bis heute in der Volksheilkunde gebräuchlich. Fenchel, Thymian und Melisse wurden schon in mittelalterlichen Abteien gegen Beschwerden in den Atemwegen oder bei Verdauungsproblemen verwendet. Das Johannes-Kraut gilt heutzutage gar als Modedroge. Andere traditionelle Pflanzen sind längst Bestandteil gängiger Medikamente, die der Hausarzt verschreibt: Mädesüß (in Aspirin), Herbstzeitlose (in Mitteln gegen Gicht und gegen Leukämie) oder Roter Fingerhut (in Herzmitteln). In diesem Zusammenhang wird die Rolle der hl. Hildegard von Bingen (†1179) maßlos überschätzt. Fehlende Kenntnisse ersetzte sie oft durch visionäre Spekulationen, wie manche ihrer heutigen Jünger auch. Ihre geschichtliche Größe liegt in ihrer Mystik und bei ihren kirchenpolitischen Aktivitäten, nicht aber auf medizinischem Gebiet. Zur „ersten Ärztin und Naturforscherin" in Deutschland haben sie erst die Medien des 20. Jahrhunderts erkoren.

Mit dem Aufschwung der Städte und der Gründung von Universitäten – in Köln (1388) – endet die Ära einer selbständigen Klostermedizin. Was nun folgt, ist Medizin im Kloster, die sich in das allgemeine Medizinal- und Apothekenwesen einordnet. Neuen Aufschwung erlebte diese neue Form von Klostermedizin, als die Folgen von Reformation und Dreißigjährigem Krieg überwunden waren und die Klöster eine neue Blüte erlebten. Wie man auf einem alten Stich der Abtei Marienstatt sehen kann, unterhielt sogar dieses relativ kleine Kloster im Westerwald ein eigenes Krankenhaus (Infirmarium) und stand damit nicht allein. Die großen Stifte unterhielten Siechenheime (Hospize) und oft auch üppig bestückte Apotheken, die auch der Öffentlichkeit zugänglich waren. In Eberbach sind die ehemaligen Krankenhäuser sowohl aus dem Mittelalter als auch aus der Barockzeit baulich erhalten. Klosterliköre und Melissengeist („Karmelitergeist") sind noch immer populäre Produkte, die einst aus dem Hantieren mit Kräutern und Essenzen hervorgegangen sind. Viele Klöster verkaufen sie mit Erfolg, auch wenn sie längst außerhalb in weltlichen Betrieben hergestellt werden.

Immerhin verraten die marktschreierischen Auswüchse, wie viel Interesse an Klostermedizin momentan in der breiten Öffentlichkeit vorhanden ist. Dabei konnten wir sehen: Eine eigenständige Klostermedizin gab es nur so lange, wie Mönche und Nonnen als einzige Intellektuelle ein Wissenschaftsmonopol besaßen. Ferner ist sie auf keinen Fall identisch mit Kräuterheilkunde, obwohl das oft so vermittelt wird. Letztendlich ist Klostermedizin weit weniger ein Repertoire an Medikamenten, sondern eine Lebenshaltung.

Damit könnte deutlich werden, dass Klostermedizin erst durch die Bereitschaft zur fächerübergreifenden Zusammenarbeit hoffähig werden konnte. Manche Fakultätsmediziner alter Prägung mochten darüber nur geringschätzig lächeln, wie sie sich ja auch über so genannte Alternativmethoden erhaben dünkten. Die Zeiten wandeln sich – manchmal sogar zum Besseren!

5.8 Ort der Heilung, Stätte des Heils
Klostermedizin

🍃 „Der andrängenden Natur als ein verborgener Ort friedlicher Arbeit und Besinnung abgerungen", so beschreibt Wolfgang Einsingbach die Empfindungen der Mönche des ehemaligen Zisterzienser-Klosters Eberbach im Rheingau. Dessen Gründung vor bald 900 Jahren in der Nähe von Rüdesheim vollzog sich aber wesentlich planvoller, als es die romantisierende Sicht des sonst so kompetenten Autors vermittelt. Seine Äußerung bildet ein Beispiel für die immer noch verbreiteten Missverständnisse bei der Betrachtung mittelalterlicher Klöster und ihrer Bewohner. Sie halten sich hartnäckig gegen besseres Wissen, zumal sie mitunter literarisch anspruchsvoll verbreitet werden wie etwa „Im Namen der Rose" und in dem am Roman anknüpfenden Kinofilm.

So gut wie kein Zisterzienserkloster – und von solchen sei vorzugsweise die Rede – wurde „der andrängenden Natur ... abgerungen", sondern im längst erschlossenen Kulturland angelegt, oft sogar unter Einbeziehung bestehender Siedlungen oder landwirtschaftlicher Betriebe. Ebenso wenig haben die Mönche in nennenswertem Umfang durch produktive Arbeit selber den Lebensunterhalt der Gemeinschaft gesichert, sondern dies Ordensleuten minderen Ranges (Konversen) und dem Gesinde überlassen. Klostergründungen setzen stets relativ anspruchsvolle Rahmenbedingungen (ertragreiche Böden, Klimagunst, natürliche Energiequellen) und hohe örtliche Infrastruktur (Zufahrtswege, nahe Absatz- und Einkaufmärkte, Sicherheit etc.) voraus, um funktionieren zu können. Mönchisches Dasein verlangt zu allen Zeiten und an jedem Ort ein Mindestmaß an Lebensstandard, um kontemplatives Leben überhaupt durchhalten zu können.

Dies aber bedeutet andererseits, dass eine solide Klosterstätte gerade durch ihren Lebensstandard in ihren Blütezeiten recht getreu das wissenschaftliche, technische und ökonomische Niveau ihrer Epoche spiegelt. Disziplin der Kommunität und Ehelosigkeit sichern wohl eine höhere Authentizität, als sie vielleicht ein Adelssitz bieten mag, den Fehden und Erbstreit schwächen. Nicht ohne Grund war in Klosterherrschaften der Spruch in Umlauf: „Unterm Krummstab ist gut leben."

So wird verständlich, dass in letzter Zeit das fachliche Interesse an der medizinischen und pharmazeutischen Überlieferung der alten Klöster erheblich zugenommen hat. Seit Jahren besteht an der medizinischen Fakultät der Universität Würzburg eine Arbeitsgruppe unter Professor Gundolf Keil, die sich speziell diesem Thema widmet und im Austausch mit Experten in aller Welt steht.

Noch ein anderer Umstand kommt hinzu. Ganz im Sinne des Evangeliums (Mt 25,36) zählt die benediktinische Mönchsregel die Krankenfürsorge zu den „Instrumenten der guten Werke" des Mönchs (Kap. 4). Dem Klosterverwalter (Zellerar) wird bedeutet, dass er gerade zu diesem Punkt am Tage des Gerichts Rechenschaft ablegen muss (Kap. 31,9). Ein eigenes Kapitel regelt die Ordnung in Krankenhaus und Hospiz (Kap. 36). Kranksein ist nach dem Weltbild der Regel eben Merkmal des vom Sündenfall betroffenen Menschen. Sogar der Abt im Kloster „muss wissen, dass er die Sorge für kranke Seelen ... übernommen hat" (Kap. 27,6). Fasten, Abstinenz und Diäten entfalten eine doppelte Wirkung, indem sie einerseits Schwächen überwinden und körperliche Erkrankungen lindern oder

197

Der Rundgang soll nicht durch bau- und kunstgeschichtliche Details überfrachtet werden, sondern angesichts der günstigen Bausubstanz in Eberbach nachvollziehen helfen, wie die Hauptfunktionen Eberbachs in den Epochen des mittelalterlichen Klosters und des Barockstiftes konkret erfüllt worden sind, nämlich körperliche Heilung und seelische Heilung zu bewirken.

Die eindrucksvolle Stimmung, die über dieser Klosterstätte liegt, darf nicht vergessen lassen, dass die alte Abtei Eberbach sehr viel mehr gewesen ist als die Örtlichkeit, an der wir jetzt weilen. Ihr Wirtschaftsgebaren war rücksichtslos und erfolgreich, so dass Lebensart und Lebensideal nach außen getragen und durchgesetzt werden konnten. Hinter Bezeichnungen wie „Erbacher Hof" in Mainz oder „in der Erbach" in Limburg verbergen sich mächtige Stadtresidenzen. Die einflussreichsten am und im Westerwald unterhielt Eberbach in Niederlahnstein und Hadamar. Umgekehrt besaß Heisterbach entlang des Rheins bis nach Linz sowie in Neustadt an der Wied Grund und Boden. Die Frauenklöster der Zisterzienser in Blankenberg (Zissendorf) und Herchen an der Sieg sowie St. Katharinen bei Linz hielten auf ihre Weise Schritt. Der Blick auf eine historische Besitzkarte erwies die frommen Stiftungen gleichsam als konzernartige Gebilde. Obwohl die Mönchsgemeinde von Eberbach seit 1803 aufgelöst ist, blieben die Baulichkeiten des Mittelalters samt den Zutaten des 17./18. Jahrhunderts so gut erhalten, dass die Rekonstruktion des damaligen Klosteralltags anhand der Architektur und zum Teil aus dem überlieferten Inventar gelingt. Proportionen und Stilelemente sind in nicht unbedeutendem Maße von der Spiritualität her und aufgrund der liturgischen Bedürfnisse des Konventes zu interpretieren. Ähnliches gelingt mit Unterschieden in Sayn, Rommersdorf und Marienstatt, wo allerdings 1888 ein neues Kloster eingerichtet und vieles nach modernen Bedürfnissen umgestaltet worden ist. Um hier die historischen Verhältnisse zu erkennen, muss man manchmal sehr genau hinsehen.

Doch trotz allem Drumherum halten wir fest: Das benediktinische Kloster als „Schule des Herrendienstes", wie es im Vorwort zur Regel des Mönchsvaters Benedikt definiert wird, war als Stätte des Heils gedacht. Indem Natur die Gnade voraussetzt, ist es zugleich Ort der Heilung, sowohl metaphysisch als auch medizinisch. Ob im Kloster selber oder in den zugehörigen Höfen in Stadt und Land klopften Bedürftige nie vergebens an die Pforte. Suchten sie nun Linderung oder gar Heilung ihrer Gebrechen, wollten sie nur Hunger und Durst stillen, suchten sie Kleidung oder verdingten sich auch auf einen Tageslohn – sie durften erwarten, dass man Milde walten ließ. Sicher, das war keine soziale Umwälzung, aber doch recht viel in einer Zeit, in der es an staatlicher Wohlfahrtspflege mangelte oder fehlte.

5.10 Oasen zu Nutz und Frommen
Klostergärten am Mittelrhein

„Benedictenkraut" und „Karthäusernelke", „Mönchspfeffer" oder „Kapuzinerkresse" – nomen est omen! Die Namen dieser und anderer Pflanzen lassen etwas vom engen Zusammenhang heutiger Gartenkultur mit der Welt der Klöster ahnen. Für den heiligen Benedikt war das Kloster ein Trainingslager für den Dienst vor Gott. Um zu funktionieren, musste es unabhängig sein, nicht anders als weltliche Einrichtungen heute. Und da ist die erste Ordensregel sehr genau: Alles Lebensnotwendige muss sich innerhalb der Klostermauern befinden, auch die Mühle. Wenn Not am Mann ist, sollen die Mönche zum Einbringen der Ernte ausrücken, selbst wenn anderes liegen bleibt.

Gegenüber der Antike haben die christlichen Klöster die körperliche Arbeit geadelt. Garten und Feld sind nicht mehr nur Produktionsstätte, wo Sklave und Knecht schuften. Der Acker trägt Dornen und Disteln wegen der Sünden von Adam und Eva: Die Arbeit ist auch Bußübung. Der Garten erinnert aber zugleich auch an Eden, die Oase in der Wüste, den Urzustand vor dem Sündenfall. Garten und Gärtner, Blumen und Bäume, Erde und Wasser sind Teile der Schöpfung Gottes. Sie spiegeln seine Allmacht und sind dem Menschen wortwörtlich zu „Nutz und Frommen" übergeben. Immer behielten in der Vorstellungswelt wie der Sprache der Mönche und Nonnen Zeit und Ewigkeit gleichermaßen ihre Bedeutung. Alles wurde unter beiden Aspekten wahrgenommen.

Der Herr reicht „Brot zur Sättigung" (Ex 16,8), und Wein „erfreut des Menschen Herz" (Ps 103,15). Aber unter diesen Gestalten gewährt Gott auch die Vereinigung mit Christus. Gartenprodukte spielen profane und liturgische Rollen: Das Gebet möge wie „Weihrauch vor Gottes Angesicht emporsteigen" (Ps 140,2) intonierte man beim Chordienst. Vor der aufgepflanzten Osterkerze preist der Diakon im Ostergesang „Exultet" den Fleiß der Biene.

Wenn man bedenkt, dass der Mönch im frühen Mittelalter einziger Typ des Intellektuellen war, wundert es nicht weiter, dass durch die Klöster das gesamte Wissen der Antike in ihren Schreibstuben (scriptorium) kopiert und in den Bibliotheken (armarium) aufbewahrt worden ist. Kaum aufgezeichnet und nur indirekt erkennbar sind die praktischen Kenntnisse, die hier überliefert wurden.

Fast immer bedeutete die Gründung eines Klosters, dass Acker- und Gartenbau einer Landschaft insgesamt verbessert und neue Methoden aus den Ursprungsländern einer Abtei importiert wurden. Bei Weinproben im Rheingau profitiert man noch heute vom Kenntnisstand burgundischer Zisterzienser des 12. Jahrhunderts. Gärten ergänzten Kirche und Kreuzgang zum Herzstück des Klosters. Kreuzgärten sind dadurch oft bis heute erhalten geblieben, wenngleich nur selten in der originalgetreuen Bepflanzung. Wie kaum sonst noch sind hier im Geviert des Klaustrums Weltliches und Geistliches verschränkt. Der Verbindungsgang zu den Wohn- und Arbeitsräumen ist zugleich Prozessionsweg, Stätte für Lesung und Meditation. Kräuter und Blumen liefern geistige Anregung, aber auch Schmuck, Würze und Heilmittel. Über diese zentralen Gärten hinaus kennt die mittelalterliche Klosteranlage weitere Flächen für Zierpflanzen, Heilkräuter, Gemüse und Obstbäume. Aus dem Benediktinerkloster Sankt Gallen ist ein Idealplan überliefert, der Einzelheiten festhält. Notker, Abt auf der Reichenau, hat in seinem Gedicht *Hortulus* eine zugleich praktische wie theologische Abhandlung zum Gartenwesen hinterlassen. Albertus Magnus, der große Dominikaner, hat sogar während seiner Kölner Zeit einen modern wirkenden Gartenplan ersonnen. Sein Lehrbuch der Pflanzenkunde bildete lange einen Standard mittelalterlicher Botanik.

In den Frauenklöstern war das Niveau nicht geringer, nur hatten die Nonnen offenbar geringeren schriftstellerischen Ehrgeiz. Allein die Äbtissin Hildegard von Bingen hat Abhandlungen über die Pflanzen und ihren Nutzen geschrieben. Damit wird heute viel Missbrauch getrieben, da die Sprache des 12. Jahrhunderts nicht mehr verstanden – und weil vor allem die Doppelsicht von geistlichem und weltlichem Wert nicht nachvollzogen wird.

Hildegards Werk zeigt, dass insbesondere pharmazeutische Fragestellungen das Studium von Pflanzen und ihren Wirkungen gefördert haben. Jahrhundertelang bildete die „Mönchsmedizin" den einzigen Maßstab der abendländischen Heilkunde, ehe sie durch arabische und jüdische Einflüsse überholt wurde. Doch auch dann gehörten hervorragend ausgestattete Klosterapotheken zur festen Einrichtung eines jeden Klosters, sehr zum Wohl auch der Bevölkerung außerhalb der Klausurmauern. Später noch begegnen wir in den Konventen immer wieder heilkundigen und experimentierfreudigen Mönchen und Nonnen. Der Franziskaner Ramón Lull (13. Jh.) ist hier ein Beispiel für viele.

Reformation und Dreißigjähriger Krieg haben in Mitteleuropa das Klosterwesen zutiefst umgekrempelt, Ergebnis ist das Barockstift. Trotz des äußeren Wandels vollzog sich in den oft grandiosen Anlagen des 18. Jahrhunderts, wie sie uns in Rommersdorf, Sayn, Marienstatt und Eberbach begegnen, dasselbe monastische Leben wie eh und je. Die Gärten wurden nun zu repräsentativen Außenanlagen nach dem Vorbild herrschaftlicher Schlösser. Aber ganz im Geist der Tradition erschöpften sie sich nicht im dekorativen Gepränge, sondern bildeten das Parkett vor der Kulisse von Gotteshaus und Kloster, in dem die Devise „Bete und arbeite" unverrückbarer Grundsatz geblieben war.

Die ehemalige Zisterzienser-Abtei Kamp am Niederrhein lieferte vielleicht sogar die Anregung zu den Gärten von Sanssouci in Potsdam. Die Gartenterrassen und Blumenarrangements sind aber nicht auf den Sitz des Herrschers ausgerichtet, sondern führen empor zur „Schule des Herrendienstes", wie es die Klosterregel Benedikts zum Ausdruck bringt. Die Vorhalle des Paradieses, des Gartens Eden, wird hier beinahe erreicht.

5.10 Edle Häupter
Wo hat der Abt die Mitra her?

🦋   Den Spitzhut, auch Mitra oder Inful, kannten wir nur vom Nikolaus. Erst bei der Firmung erlebten wir als Kinder dann auch den Bischof in der Pfarrkirche zu Montabaur mit demselben Kopfschmuck. Man lehrte uns, Mitra und Stab seien Zeichen des Bischofs. Und Nikolaus wirkte ja einst auf Erden als Bischof, übrigens in der heutigen Türkei.

Bei einer Wallfahrt nach Marienstatt zog zu unserer Verwunderung der Abt des Klosters ebenso wie der Nikolaus gekleidet in seine Kirche. Ist der etwa auch Bischof? Der Religionslehrer am Kaiser-Wilhelm-Gymnasium antwortete, der sei so etwas Ähnliches. Nun, der muss es ja wissen, meinten wir. Aber er wusste es nicht. Selbst nach katholischem Verständnis ist ein Abt (in der Regel) Priester. Anfangs war er nicht mal das, nicht einmal Diakon, sondern schlicht Laie. Einziges Zeichen seiner klösterlichen Würde war der Stab. Ein Altersstab, auf den sich Ältere eben stützen. Gerne wurde älteren Mönchen ein solcher Altersstab verliehen, wie man noch bis zuletzt in Maria Laach beobachten konnte. Und Abt bedeutet auf Deutsch „Vater", eine Rolle also, in die nicht gerade der Neuling schlüpft. Da ein solcher Stabe meist in einer Krümme endet, lag nahe, ihn symbolisch als Hirtenstab zu deuten. Alte Grabsteine von Äbten in Arnstein, Eberbach oder Marienstatt zeigen die verstorbenen Klostervorsteher einzig mit Stab.

Bischöfe trugen nicht unbedingt einen Stab. Der von Rom, also der Papst, tut es bis heute nicht. Stattdessen hält er ein Zeremonialkreuz in der Hand. Alle diese Würdenträger erkannte man in erster Linie am Spitzhut, den beim Papst jahrhundertelang die dreifache Krone (Tiara) ergänzte.

Das erklärte anschaulich eine Ausstellung „Schmuckformen am Körper" im Landesmuseum Koblenz (1981), wo es hieß: „Die wichtigsten Körperpartien für das Anbringen von Schmuckteilen waren Kopf [...]. Der Schmuck dient vor allem dazu, den Geschmückten innerhalb seiner eigenen Gruppe herauszuheben, zu individualisieren. Zum Wesen des Schmucks gehört es aber auch, die Eigenschaften der menschlichen Gestalt gesetzmäßig hervorzuheben. Dies gilt sowohl für den Behangschmuck in der Form von [...] Halsketten und Bändern als auch für Kopfbedeckungen, Kopfschmucke und Frisuren aller Art, die den Träger oder die Trägerin erhöhen und ihn bzw. sie damit möglichst imponierend erscheinen lassen". Das kennt man aus dem Alltag. Wenn der Polizist seine Schirmmütze aufsetzt, ist er im Dienst. Früher galt das für alle Bedeutungsträger. In Residenzstädtchen wie Hachenburg oder Neuwied, in Nebenresidenzen wie Montabaur oder Engers, sah man von weitem, wer da schritt: mit Birett (katholisch) oder Barett (evangelisch), Mitra oder „Kreissäge", Helm oder Zweispitz. Den Kurhut gar trug nur einer, er, der Landesherr selbst, bei uns der Kurfürst von Köln, Mainz oder Trier. Mit dem behördlich verordneten Judenhut hatte man nicht nur im Rheinland deutsche Bürger anderen Glaubens diskriminiert.

Noch in bürgerlicher Zeit achtete man streng darauf, ob Hut oder Zylinder angebracht seien. Gymnasiasten erkannte man in Montabaur noch in den 1920er Jahren an der dunklen Schirmmütze. Die „Kreissäge", halbkugelförmige und breitkrempige Klerikerhüte, trugen dort noch in der Nachkriegszeit Angehörige der Genossenschaft der Barmherzigen Brüder und der Bischof, dieser allerdings mit Kordel und Quaste.

Nach alldem lässt sich nachvollziehen, warum sich Äbte nicht länger mit dem Stab allein begnügen wollten, erst recht wenn man bedenkt, welch ausschlaggebende Bedeutung der Kopfputz seit jeher im Mönchtum hatte: An Bart- und Haartracht (Tonsur) konnte man Priester von Laien, Mönche von Brüdern, selbst die verschiedenen Orden voneinander unterscheiden.

Wer aber setzte dem Bischof die Bischofsmütze auf? Wer durfte den neuen Bischof „investieren"? Ja, diese Bedeutung hat das Wort ursprünglich. Wörtlich bedeutet es: „einkleiden", ein Ausdruck der im Klosterjargon noch heute üblich ist, wenn ein Kandidat als Neuling (Novize) in die Gemeinschaft der Mönche oder Nonnen aufgenommen wird. Er bekommt den Habit, die Klostertracht, übergestreift, wird also wortwörtlich eingekleidet. Wer früher eine Funktion ausübte, wer ein Amt innehatte, der bekleidete dieses. Man sah es an seiner Kleidung, die ihn von anderen und vor allem vom Volk abhob. Kleider machen eben Leute.

Amtszeichen (Insignien) des Bischofs sind zusätzlich zu den priesterlichen Gewändern der Stab und der Ring. Das Tragen der Mitra erlaubte der Papst erstmals im Jahr 1049 dem Trierer Erzbischof. Seitdem ist die liturgische Bekleidung höherer Geistlicher (Pontifikalien) festgelegt und bis heute üblich, allerdings nicht mehr ausschließlich bei Bischöfen. Seit dem Spätmittelalter nämlich verlieh der Papst das Vorrecht zum Tragen der Pontifikalien auch an Äbte, was dem meist klammen Vatikan zusätzlich Einkünfte bescherte.

Anders als Himmerod in der Eifel und Heisterbach im Siebengebirge gelangte Marienstatt erst spät in den Genuss dieses Privilegs, und auch das nur durch einen juristischen Trick. Das Kloster ließ sich rechtlich die im Bauernkrieg untergegangene Zisterzienserabtei Michaelstein im Harz eingliedern (inkorporieren). Damit kauften die Westerwälder automatisch deren Pontifikalrechte mit ein. Dieses Michaelstein war wesentlich älter als Marienstatt. Zwar in der Reformation aufgelöst, konnten in Michaelstein noch einmal Mönche vorübergehend einziehen (1629–1640). Mit dem nur innerkirchlich gültigen Dreh behielten die Katholiken aber den Fuß in der Tür. Und der 1658 in Koblenz geborene Johann Kaspar Pflüger war somit der erste „infulierte" Abt von Marienstatt (1658–1688). Seitdem tragen alle Nachfolger die Mitra.

5.11 Geistliches Mistbeet
Barmherzige Brüder und Schwestern

❧ Die Revolution fraß ihre Kinder. Aber es blieb noch genug Flurschaden. Trotz der Aussöhnung Napoleons mit der Kirche bedeutete die Säkularisation mit ihren Folgen für die Katholische Kirche einen ungeheuren Einschnitt. Zerschlagen waren nicht nur die geistlichen Kurstaaten, zu denen fast der ganze Westerwald gehörte. Bei der Besitzergreifung kirchlichen Eigentums zeigte man oft wenig Achtung vor dem Wert der alten Kulturstätten. Klöster wurden zerstört (Arnstein) oder umfunktioniert (Marienstatt, Hachenburg), Klosterkirchen niedergelegt (Montabaur), Ordensleute vertrieben (Montabaur, Hadamar, Marienstatt, Hachenburg), die letzten Einsiedeleien geschlossen (Oberherschbach, Beselich), Kunstwerke und Kulturgüter massenhaft verschleudert.

Zurück blieb ein geistiges Vakuum. Es provozierte im aufgehenden 19. Jahrhundert in weiten Teilen der Bevölkerung eine religiöse Rückbesinnung. Im Wes-

terwald vollzog sie sich auf zwei Ebenen. Da erfolgte jene „romantische Hin-
wendung zum Volksgeist und zur Geschichte", der wir viele der bis heute beliebten Legenden und Erzählungen verdanken, die sich um spirituelle Stätten oder
Persönlichkeiten im Westerwald ranken.

Als mächtiger noch erwies sich die „betonte Rückwendung zur hergebrachten
Ordnung und Lehre". Da, wo noch vor kurzem gegen Rom agiert worden war
(„[Bad] Emser Punktation", 1786), hörte man wieder auf den Papst. Der Wes-
terwald wurde ultramontan.

Hier ein Schicksal für viele: Der herzoglich-nassauische Soldat Anton Roth aus
Holler musterte nach der Niederlage gegen Preußen (1866) ab und wurde Bergmann im Siegerland. Die Übernahme durch den Sieger lehnte er ab. Wie viele
seiner Kameraden aus Kurtrier wollte er auf keinen Fall in einem „protestan-
tisch-preußischen" Heer dienen. Die Episode zeigt, wie es um das Herz der Westerwälder im Trierischen stand.

Zu den politischen Umwälzungen kam die soziale Frage, die bei uns weder Revolution noch Restauration wirklich in den Griff bekamen. Der Staat passte. Die
verarmte Kirche konnte nicht (mehr) helfen. Da haben „Ehrenamtliche", wie man
heute sagen würde, das Problem angepackt. Der Koblenzer Caritaskreis (1817)
ist die erste bekannte Initiative dieser Art. Leute wie Görres und Brentano waren
dabei. Industrialisierung, Bevölkerungswachstum und Verstädterung hatten Rück-
wirkung auf den Westerwald und schufen erst jetzt das „Land der armen Leute",
von dem immer die Rede ist. Gerade hier aber reiften Persönlichkeiten heran, die
mit Elan dem Elend begegneten.

Katharina Kasper (1820–1898) aus Dernbach lernte die Not kennen, als ihr Vater
starb und die Bauernfamilie verarmte. Katharina trug zum Unterhalt bei durch
Waschen, Spinnen und Weben, durch Feldarbeit und Dreschen, Gemeindedienste
wie Waldarbeiten, Schneeschaufeln, Wegebau und Steinklopfen. Zu alldem kamen
die religiösen Pflichten, Krankenbesuche und Nachtwachen. Ihr Beispiel zündete.
Eine Schwesterngemeinschaft wuchs heran. Sie bot unentdeckten Begabungen
echte Chancen. Dernbacher Schwestern eroberten schließlich sogar Pult und Katheder von der Volksschule bis zum Gymnasium. Und auch das soll nicht ver-
tuscht werden: Auch manches „Mauerblümchen", das sich im Dorf isoliert fühlte,
gelangte als Ordensschwester zu Ansehen und sinnvoller Aufgabe.

In Höhr ging Peter Lötschert (1830–1886) ähnliche Wege. Nach Lehre und Berufspraxis als Kaufmann begann er, mit zunächst einem, später mit vier Gefährten, eine religiöse und karitative Gemeinschaft aufzubauen, aus der die Genossenschaft der Barmherzigen Brüder zu Montabaur hervorgehen sollte. Mit ihr verschmolz bald eine ähnliche Kommunität, die von den Brüdern Vogt aus Eitelborn auf dem Hofgut Denzerheide gegründet und dann nach Arzbach verlegt worden war. Krankenpflege, Unterhaltung von „Rettungshäusern" und Küsterdienste waren und sind ihre Hauptaufgabe. Außer in Deutschland wirken die Brüder aus dem Westerwald auch in den Niederlanden und den USA sowie in Tansania.

Die offizielle Kirche stand dieser klösterlichen Laienbewegung im Grunde wohlwollend gegenüber. In beiden Fällen hat sich der Geistliche Rat Jakob Wittayer (1819–1881) aus Oberahr, der als Pensionär in Dernbach lebte, um den Auf- und Ausbau beider Kongregationen hoch verdient gemacht.

In Weitersburg bei Vallendar beschritt der Schornsteinfeger Peter Friedhofen vergleichbare Wege. Durch Zulauf von Gleichgesinnten wurde er zum Stifter der Barmherzigen Brüder von Trier (offiziell: „… vom hl. Johannes vom Gott"; seit 1850), die bis heute segensreich auch in Nachbarländern und in Übersee wirken. Beim Kreuzkapellchen im Tal der Wied begannen einige Frauen, darunter Margarethe Flesch aus Schönstatt, mit der Pflege von Kranken und Waisenkindern. Parallel dazu verschrieben sich Peter Wirth aus Niederbreitbach und Anton Weber aus Roßbach karitativen Aufgaben. Die Kongregationen der Franziskanerinnen und Franziskanerbrüder (offiziell: „vom Hl. Kreuz; seit 1862) pflegen das Erbe ihrer hochherzigen Stifter bis heute und wirken eifrig im In- und Ausland. Auf der Rheininsel Nonnenwerth unterhalb des Siebengebirges erwarb 1846 die Familie von Cordier die seit der Säkularisation verwaiste uralte Klosterstätte aus dem Mittelalter. Schon bald darauf begann die Tochter Auguste ein klösterliches Leben zu führen mit dem Ziel, eine Schwesterngemeinschaft zu gründen. Sie wurde bald bei den Franziskanerinnen eingegliedert (1856) und hat derart gestärkt eine segensreiche Tätigkeit entfaltet. Die höhere Schule auf der Rheininsel erlangte ein hohes Ansehen, so dass Schüler von weither aus dem Westerwald und Siegerland in das Internat eintraten.

In diesem Klima und unter dem Eindruck solcher Vorbilder strömte die Jugend in geistliche und kirchliche Berufe. Die Bischöfe und Ordensoberen entsandten Personal in die Diaspora, ins Ausland und nach Übersee. Im südwestlichen Westerwald wuchsen ja genug Aspiranten nach. Schließlich sprach man vom „geistlichen Mistbeet". Und das produzierte weniger Kirchenbeamte oder weltfremde Asketen, sondern Menschen „tätiger Nächstenliebe".

Eine Gegend mit einer Bevölkerung von derart ausgeprägt religiöser Mentalität war auch für auswärtige Organisationen attraktiv. So stimmt es nicht wunder, dass die Gesellschaft des katholischen Apostolates, umgangssprachlich als Pallottiner und Pallottinerinnen bekannt, ihre deutschen Mutterhäuser in Limburg errichteten (1892, 1895), wo sie sogar im Stadtbild in Erscheinung treten. Ähnlich richtete sich die Picpusgesellschaft im alten Kloster Arnstein ein (1919). Die von ihnen betreute Wallfahrt machte sie so populär, dass die Leute den komplizierten Namen des Ordens durch „Arnsteiner Patres" ersetzt und sie so beinahe zu Einheimischen gemacht haben. Fast abenteuerlich wirkt das Werk des phantasievollen Pfarrers Johannes Baptist Kraus in Arenberg. Hier bei Koblenz hatte er die fromm-skurrilen Freianlagen mit Szenen aus dem Leben Jesu und der Heiligen geschaffen, die noch heute Pilger und Touristen anlocken. Damit deren Betreuung gesichert war, baute er vorsorglich gleich ein Klösterchen dazu. Schließlich konnte er erfolgreich drei junge Damen aus Schwyz für den Westerwald erwärmen (1868). Die kleine Gemeinschaft tat sich jedoch sehr schwer hier, zumal bald der deutsch-französische Krieg eine gespannte Atmosphäre erzeugte und die Schweizerinnen zur Ausreise veranlasste. Nur eine von ihnen sollte zurückkommen und das Werk vollenden: Anna Maria Joseph Willimann, die bei ihrer Einkleidung (1868) als Schwester den Namen Cherubine erhalten hatte. Mit Unterbrechung durch den Kulturkampf wurde Arenberg zu einer Erfolgsgeschichte.

Auch für Evangelische erwies sich die Gegend als fruchtbarer Nährboden. Graf Zinzendorf, der mit seinen Anhängern vor Unduldsamkeit aus der Schweiz (Neuchâtel) über Herrnhut schließlich bis in die Wetterau ausgewichen war, erhielt 1749 den Besuch des wiedischen Hauptmanns Bata, der Möglichkeiten für eine Ansiedlung in Neuwied anbot – gerade im richtigen Augenblick, denn schon bald schafften es neue Büdinger Herrschaften, dass die „Herrnhuter" das Land verließen und nach Neuwied zogen (1750). Trotz erheblicher finanzieller Schwierigkeiten fassten die „Geschwister" hier allmählich Fuß und lasen 1754 aus London, Zinzendorfs Aufenthaltsort, die Botschaft: „Die Gemeinde in Neuwied bleibt da."

5.12 Quaestiones disputatae
Dialog mit Karl Löber

❦ „Wir beiden Alten wünschen uns, Sie bald einmal bei uns zu haben, aber nicht nur für einen Kurztermin", schrieb Karl Löber am 27. 8. 1979 am Ende eines langen Briefes, in dem er u .a. über die Flora des Nahetales berichtet hatte. Der „Kurztermin", auf den er anspielt, lag eine Weile zurück und hatte eine besondere Bewandtnis.

Korrespondenzen über die Pflanzenwelt des Dilltales und den vegetabilen Schmuck gotischer Sakralbauten hatten eine Freundschaft begründet, die in wechselseitigen Besuchen gipfelte, bei denen wir uns mal in die Naturgeschichte des Haigerer Raumes, mal in die Bauplastik und Glasmalerei des Altenberger Domes (Bergisches Land) vertieften. Bei einer solchen Gelegenheit flüsterte Frau Löber meiner Mutter als heißen Wunsch ihres Mannes zu, er wolle mich gerne einmal im Habit der Zisterzienser sehen. Dem wurde prompt abgeholfen mit einer Blitzvisite in Haiger, ein „Kurztermin" mit großem Hallo, wie man sich denken kann. Eine eher nebensächliche Episode, so scheint es, aber Karl Löber arbeitete nun mal mit allen Sinnen und sehr konkret. Auch wenn er in die Tiefe zielte, nahm er die äußeren Begleitphänomene wahr. Das zeigte sich schon bald: Als ich ihm einen mehrtägigen Klosteraufenthalt anbot, nahm er begeistert an. Die Tage in Marienstatt waren für ihn gespannte Aufmerksamkeit. Löber erfuhr unmittelbar eine Wirklichkeit, die alte Vorurteile zerstörte. Er fragte nach intimen Details des Klosterlebens und gestand, dass er sich vieles anders vorgestellt habe. Die monastische Lebensweise fand er zunehmend als vereinbar mit seinem evangelischen Bekenntnis. Nur die Missstände und Missverständnisse des 16. Jahrhunderts dürften nicht wiederholt werden, war sein allzu berechtigter Vorbehalt.

Über die Begegnung mit dem Mönchtum hinaus lenkte der Synodale der Kirche von Hessen und Nassau das Gespräch zu zentralen Problemen. Der junge katholische Theologe hörte zum ersten Mal vom Berneuchener Kreis, erfuhr erstaunt von dem durchaus unterschiedlichen Verständnis des Abendmahles innerhalb der evangelischen Kirchen und lernte vieles, was er als vorkonziliarer (!) Theologiestudent nicht einmal gehört hatte. Auf der Bank oberhalb des „Kaiserlichen Friedhofs" (Gemarkung Müschenbach) schweiften wir in Gedanken ab hinüber nach Marburg, sahen Zwingli und Luther im Gespräch. Karl Löber mochte dem Schweizer Reformator nicht folgen. Schließlich, als es zu dämmern begann, legte er Zeugnis ab: Sein Verständnis vom Abendmahl stand dem katholischen näher als dem von Zwingli. Sein Vorbehalt gegenüber gängiger Eucharistie-Verehrung fiel milde aus. Er, der versierte Volkskundler, rückte sie zum Volksbrauchtum. Genau zur Vesper der Mönche waren wir einig geworden.

Nein, das waren keine Spitzfindigkeiten. Karl Löber bewegten die Fragen im innersten. So war er nun mal. Ja, selbst seine Botanik war nicht pure Rationalität, dies auch, zweifellos. Aber er liebte die Pflanzen als solche, verlieh ihnen tieferen Sinn und spürte all dem nach, was das Volk an Sprüchen und Deutungen um die Geschöpfe wand oder wie Künstler im Spiel mit Naturformen ausdrücken. Die Beschäftigung mit der Akelei, wohl Krönung seines Werkes, mag dies am besten zeigen. Nicht allein die wissenschaftliche Beherrschung des Gegenstandes und die sachlich annähernd vollständige Abhandlung dazu sind bewundernswert. Bei einem solchen Thema gehört auch die innere Anteilnahme dazu, wenn das Ganze gelingen soll. So hallt noch heute nach, mit welcher Ergriffenheit mir Karl Löber die rätselhaften Zeichen AGLA über dem Gekreuzigten im Musterbuch des Villard d'Honnecourt (13. Jh.) als kabbalistische Ligatur erläuterte.

Karl Löber war ein Lehrer ohne oberlehrerhaftes Gehabe, ein Pädagoge durch und durch. Als theologisch interessierter und kirchlich engagierter Laie, aber auch als Botaniker und Volkskundler wirkte er über die Schule hinaus. Niemals habe ich ihn rechthaberisch erlebt, vielmehr war er bis ins Alter bereit, selber zu lernen. Außer der absoluten Wahrheit, die wir Gott nennen und vielleicht mit Karl Löber auch als solchen bekennen, blieben alle Erkenntnisse für ihn „quaestiones disputatae", etwas worüber sich reden lässt.

Blick dahinter

6.1 „Unter den langen Dächern ...“
Von Haus und Hof

🦋   „Unter den langen Dächern“ heißt ein Roman von Fritz Philippi (1869–1933). Der Titel spielt auf eine Eigenart von Bauernhäusern im Hohen und Oberwesterwald an. Bei den Häuschen war in der Regel das Strohdach weit zur Wetterseite herabgezogen. Im Westerwald redete man vom „Niederlaß“. Philippis Erzählungen aus dem Westerwald waren damals sehr geschätzt und verbreitet. Sie mögen dazu beigetragen haben, die Vorstellung vom „typischen Westerwälder Bauernhaus“ zu nähren. In Wirklichkeit überlagern sich hier wie in der gesamten Volkskultur des Gebietes „mannigfache Einflüsse ... aus dem hessischen, dem trierischen und dem niedersächsisch-westfälischen Raum“, wie Fachleute versichern. Die beschriebene Anpassung an die Witterungsverhältnisse auf den seinerzeit entwaldeten Hochflächen ist jedoch lediglich eine Abwandlung des fränkischen Fachwerkbaues. Solche Bauteile trifft man auch in anderen dem Wind stärker ausgesetzten Hochflächen der Nachbargebirge an, hier vor allem in der Eifel. Zusätzlich zwang oft Armut den Bauherrn so sehr zur Sparsamkeit, dass nur das zur Ausführung gelangte, was Mensch und Vieh gerade zum Leben brauchten. So ist später als Stilelement ausgelobt worden, was eigentlich pure Not erzwungen hatte.

„Das“ Westerwälder Fachwerkhaus, wenn man das überhaupt so sagen darf, tritt uns in zwei vorherrschende Typen entgegen. Das ist zunächst das zweistöckige fränkische Fachwerkhaus, das von dem abgeschlossenen Hofraum umgeben wird. Bei ihm setzen starke Stützen (Ständer) auf dem Boden, einer Sockelmauer oder Schwelle auf und ziehen durch zwei, bei Stadthäusern auch mehrere Geschosse. Zeitlich später treten auch Stockwerke auf, die als selbständige Gerüste aufgeführt sind (Rähmbau). Ständerverstrebungen können zu charakteristischen Mustern angeordnet sein, etwa als Andreaskreuz oder als „Hessen-Mann“ (ab 16. Jh.). Damit verbunden waren mitunter Fenstererker mit reichem Schnitzwerk. In seltenen Fällen (Herborn, Leun) werden Überhänge oder Überstände durch üppig verzierte Knaggen aufgefangen. Der andere Typ, der sich seit dem 16. Jahrhundert herausgebildet hat und im Westerwald weit verbreitet war, ist jenes

217

Bauernhaus, das Philippi zum dichterischen Motiv wählte und das wir uns später noch genauer ansehen wollen. Das Fachwerk wurde nicht selten mit kunstvollen Schnitzereien verziert. Im Dillgebiet sieht man auch eigens hervorgehobene und bemalte Eckpfosten. Eine besondere Art dörflicher Handwerkkunst stellt der Kratzputz dar, den man im Hinterland häufig antrifft. Es sind Schmuckformen in den Gefachen, die in den noch feuchten Mörtel über dem Lehmkern eingeritzt oder ausgeschabt werden. Die Flächen werden dabei farbig, meist gelb oder hellgrau, angelegt, die Ziermotive treten weiß hervor. Infolge des hohen Abnutzungsgrades sind alte Beispiele heute selten geworden. Darüber hinaus haben unbekannte Künstler manches schlichte und doch eindrucksvolle plastische Werk hinterlassen, zumeist religiöser Art. Diese Volkskunst tritt freilich ganz hinter den Importen aus den deutschen Kunstlandschaften vom Niederrhein bis Salzburg zurück.

Eines der vielleicht besten Beispiele für kunstvolles Balkenwerk im inneren Westerwald liefert das „Gasthaus zur Burg" (1631) in Grenzau, einem Ortsteil von Höhr-Grenzhausen. Das Obergeschoss ist zur Front hin als breiter Mittelerker gestaltet, dem ein geschweifter Giebel aufgesetzt ist. Auch die Fenster waren ursprünglich als fränkische Erker ausgebildet. Das Balkenwerk trägt reiche Schnitzereien. Seine Lage im romantischen Brexbachtal am Fuße des Burgberges steigert den Eindruck von wohlhabender Bürgerlichkeit. Doch darf nicht übersehen werden, dass hier ein Gastwirt baute und nicht ein Kleinbauer wie sonst in den Dörfern.Ebenso beliebt waren mancherorts Inschriften, die ins Balkenwerk geschnitzt wurden. Mal war es nur der Hinweis auf den Erbauer: *Johannes Phlippus, liber baro a Walderdorff, Archidiaconus* 16[64] … wie dessen Name über der Eingangstür zum Naurother Hof bei Bilkheim erscheint. Oft aber sind es regelrechte Sinnsprüche, die etwas von der Lebensphilosophie der Erbauer oder Bewohner dieser schönen Häuser vermitteln. Kostproben sind unten im „Blickpunkt" zu lesen.

Auch anderswo sind prachtvolle Fachwerkbauten entstanden, die in ihrer kunstvollen Ausführung zwar denkmalwürdig, aber für den Lebensstandard der Westerwälder untypisch sind. Das Hüttenschulzenhaus in Alsdorf (um 1700) mit seinem Laubenvorbau spiegelt die Bedeutung des Erbauers und den im Vergleich zum inneren Westerwald höheren Wohlstand des Siegtales. Ähnliche Formen waren früher in der Gegend auch andernorts nicht selten.

Sonst findet man derartig reiche Fachwerkbauten fast nur in den kleinen Residenzstädtchen wie Hachenburg, Hadamar, Holzappel und Montabaur oder Camberg und Idstein im Taunus. Städte und Dörfer in den Tälern von Rhein und Lahn sind erwartungsgemäß meist reich an aufwendigen Fachwerkbauten und rufen bis heute das Entzücken vieler Besucher hervor, wie man in Linz und Limburg, Erpel und Unkel, Kaub und Lorch erleben kann.

Wenn Nachbarn sich zusammenschlossen, geriet das Bauwerk umso stattlicher. Das gilt vor allem dort, wo das Selbstbewusstsein eines Dorfes in der Errichtung eines Gemeindehauses gipfelte. Das älteste im Westerwald soll das von Meudt sein (1596). Gerne „schlug man die Fliegen mit einer Klappe" und brachte im Fachwerkbau Bürgermeisteramt, Betsaal (Kirche), Schule und vielleicht auch die Feuerwehr unter. Was im hessischen Westerwald weit verbreitet ist, hat im rheinland-pfälzischen mit nur zwei Vorposten Fuß fassen können: die „Rathäuser" in Rehe (1741) und Waigandshain (1752). Als die SPD nach dem Krieg das Dorfgemeinschaftshaus zum politischen Ziel erkor, wurde diese Maßnahme sicher zu Recht als fortschrittlich begrüßt. Nur scheint nicht jedem bewusst geworden zu sein, dass da ein alter Hut aufpoliert worden war. Ein schönes Beispiel für ein Gemeinschaftswerk ganz anderer Art bietet das Zunfthaus der Weber in der Hundelsgasse zu Linz am Rhein. Das Haus besticht durch einen eleganten Schweifgiebel, wie er zur Bauzeit (16. Jh.) gerade aufkam. Dabei sind geschweifte Bohlen dem Sparren vorgeblendet. Der dreigeschossige Giebel wird von Kehlbalken getragen. Die Verstrebungen sind mit phantasievollen Figurenschnitzereien geschmückt.

Im östlichen Westerwald begegnen wir noch einer weiteren Möglichkeit der Verzierung. Nicht nur Schnitzwerk und Verstrebungen erhalten Schmuckwerk, sondern auch die Gefache zwischen den Balken werden ornamental bemalt. Dabei bringt man mit einer speziellen Methode (Kratz- oder Stipptechnik) auf den Verputz Schmuckmuster auf. Man sieht unterschiedlichste Pflanzenmotive, Fischgräten- und Rautenmuster, aber auch einfache geometrische Figuren.

Im nordöstliche Westerwald, wo sich bergische Einflüsse geltend machen, hat man die Schnittpunkte der waagerecht und senkrecht über das ganze Haus laufenden Hölzer gerne durch fünf Holznägel gesichert, die dann durch farbigen Anstrich zusätzlich betont wurden. Eine vor allem im Bergischen Land nicht nur verbreitete, sondern auch kultivierte Außengestaltung des Bürger-, seltener des Bauernhauses war die völlige Verschieferung. Zahlreiche gute Beispiele sind auch in Montabaur erhalten, woran man erkennt, dass es sich um eine privilegierte Bauweise handelt. In der kurtrierischen Nebenresidenz Montabaur konnten sich Kaufleute und höhere Beamte so etwas leisten. In den Dörfern der Umgebung würde man damals vergebens danach gesucht haben.

Im einst bergischen Westerwaldteil und nördlich der Sieg liegen die Dinge anders. Die dort geradezu typische Verbreitung verschieferter Häuser spiegelt die wirtschaftliche Prosperität des Bergischen Landes, das im 18. Jahrhundert zu einer der ersten Industriegebiete Deutschlands geworden war. Ein eigenes Gepräge haben auch die Höfe der Winzer um das Siebengebirge, deren Fachwerkfront mitunter durch Fenstererker betont sein können.

Blicken wir lieber „unter den langen Dächern" hinein, in die Wohn- und Arbeitsstätten des weitaus größten Teils der Bevölkerung von einst! Anstelle der mehrgliedrigen Hofanlage, wie sie sonst im Verbreitungsgebiet des fränkischen Fachwerkbaues meist anzutreffen ist, herrschen im inneren Westerwald und auch im Taunus lang gestreckte, durchweg zweigeschossige Anwesen vor, bei denen Wohnräume, Stall und oft sogar die Scheune unter einem Dach liegen.

Der fränkische Charakter kommt bei diesen schlichten Bauten im zentralen Koch- und Wirtschaftsraum zum Ausdruck, dem Ern („Ährn"), wo sich ein Großteil des Alltagslebens abspielte. Man betrat diesen Raum in der Regel von der Breitseite her. Die Tür war zweigeteilt, so dass bei günstiger Witterung die obere Hälfte offen gelassen werden konnte und etwas mehr Licht in das dämmerige Innere fallen ließ. Der geschlossene Unterteil hielt das Vieh auf Distanz. Im Grunde ist dieser Raum also nichts anderes als ein geräumiger Flur. Er war nicht unterkellert, und sein Boden bestand aus festgestampftem Lehm. Daneben lag die so genannte gute Stube, ein nur bei festlichen Anlässen genutztes Wohnzimmer. Im Niederlass befand sich noch eine weitere Kammer. Das Obergeschoss besaß eine weitere Stube und eine Kammer. Vom Flur im Erdgeschoss gelangte man zum Stall und in die Scheune.

Die Feuerstelle im Ern war ursprünglich nur ein niedriges Gemäuer direkt unter dem hölzernen Rauchfang („die Härf"). Die Speisen wurden in einem Henkeltopf gekocht, der auf Beine gestellt oder an einem verstellbaren Eisenhaken („Esel") über die Flammen gehängt wurde. Von hier empfing auch „die gute Stube" nebenan Wärme, bis man später gusseiserne Öfen installierte, die vom Ern aus befeuert wurden.

Das Leben in diesen uns heute so romantisch anmutenden Häusern oder Hütten war erbärmlich. Heinrich Roth (1889–1955) aus Holler erzählte, wie er mit Eltern und acht Geschwistern in diesem Ern hockte, wie alle gemeinsam aus einem Topf löffelten und zu mehreren in allzu engen Kammern übernachteten. Er schilderte die Angst der Leute in dieser feuergefährlichen Umgebung, die immer wieder in verheerenden Bränden ihre traurige Bestätigung fanden. Als Petroleumlampen aufkamen, wurden sie als technischer Fortschritt bestaunt. Der Kienspan kam aus der Mode. Die ohnehin teuren Kerzen brauchte man nur noch bei Feierlichkeiten wie Allerheiligen und Weihnacht.

Das unsichere Lebensgefühl spiegelt sich in mancherlei Hausinschriften. Am Haus Sen in Hasselbach im Taunus war zu lesen:

> Wann Gott dem Haus nicht gibt sein Gunst
> So ist der Menschen Arbeit al umsunst
> Dies Haus … steht
> In Gotes hand Got bewares
> für fewer und Brand
> 1678

Wen wundert's, dass diese Bauernhäuser später, als man es sich leisten konnte, umgestaltet, manchmal verschandelt oder gar verschwunden sind? Wie sie aussahen, innen ausgestattet waren und wie viele Abwandlungen es gegeben hat in Westerwald und Taunus, also im alten Kurtier, in den ehemaligen Herzogtümern Nassau und Berg, das vermitteln anschaulich die Freilichtmuseen in Mechernich-Kommern (Eifel), „Hessenpark" in Neu-Anspach (Taunus) und Bad Sobernheim (Nahe), in denen man alte Gehöfte originalgetreu aufgestellt hat. Landwirtschaftliche Techniken im nördlichen Westerwald und Sieggebiet zeigt das Bergische Freilichtmuseum in Lindlar. Die kleine Häusergruppe im Museum zu Hachenburg repräsentiert demgegenüber nur Gebäude des in einem kleinen Teil des Westerwaldes vorherrschenden Typs.

Blickpunkt

Haussprüche

Wer da bauet an der Straßen,
muß die Leute reden lassen.
Es ist kein Meister in der Welt,
der bauen kann, wie's jedem gefällt.

Viel feint, die mich neiten,
aber wenig die mich kleiten und
weren der naiter nog so vil
so geschit dog was got haben will.
Wer will bauen an Gassen und Str[a]sen
der mus die Leydt Reten lassen.
Einen Vatter von G[o]tt beschert
ist beser verbaut Ails unnitzlig verzert.
Wan has und neydt Brent wie feyer
So were das holtz im Sauren Thal nigt so deyer.

AVF ERDEN BAWEN WIR STARCK VND FEST
VND SIND DOCH NVR FRÖNDE GEST
VUND WO WIR EWIG SOLLTEN SEIN
DA BAVWEN WIR ECER WENIG HIN

(Kaub 1661)

6.2   Tracht aus dem Katalog
Menschen in Tracht, Uniform und Kostüm

❧   Eindrucksvoll ist der Aufmarsch. Zur Blasmusik kommen die Männer in einem blauen weiten Kittel mit rotem Halstuch, in schwarzen Kniebundhosen zu weißen Strickstrümpfen, die manche recht kühn gegen rote ausgetauscht haben. Ihre Mädchen – früher sprach man gerne von Maiden – tragen schwarze, weite Röcke, weiße Blusen und bunte Tücher über der Schulter. Zu erleben ist der Aufzug bei Trachten- und Kirchweihfesten. Die Träger kommen aus Volkstanzgruppen, Folklore- und Wandervereinen. Sie eint das Bewusstsein, die Volkstracht ihrer Heimat zu bewahren. Stutzig wird man erst bei Reisen oder Wanderungen durch die rheinischen Mittelgebirge. Ob Kirmes oder Dorfjubiläum, Sängerfest oder Karneval (Fasching), ob Maibaum oder Richtbaum, ob Wandertag oder Grillabend – derselbe Anlass, dieselbe „Tracht"!

Aber was unterscheidet Tracht von Modekleidung oder Kostüm? Wahrnehmbar wurde so etwas erst im 19. Jahrhundert, als das Bürgertum modeführend wurde. Von Hachenburg bis Idstein, von Montabaur bis Weilburg folgten die Städter wie früher der Adel mehr und mehr internationalen Trends. Die Landleute konnten da kaum mithalten. Statt sich immer wieder der Mode nach zu kleiden, trug man die Alltagskleider auf. So sah man auf dem Dorf noch lange die Kniebundhoden des 18. Jahrhunderts, während die Bürger längst in langen Hosen mit Bügelfalte stolzierten. Was heute als Merkmal der „Volkstracht" bezeichnet wird, ist also nicht Ausdruck schöpferischer Volkskultur, sondern Zeichen von Verlegenheit und Not.

Allmählich erst veränderten sich auch auf dem Dorf die Gewohnheiten und Möglichkeiten. Besonders die Männer legten oft schon ihre Kittel ab, wenn sie vom Wehrdienst beim Herzog Adolf oder den Garnisonen des Königs von Preußen in ihre Dörfer auf dem Westerwald oder Taunus zurückkehrten.

Tracht kommt von tragen. Man trug, was in Stoff und Schnitt gefiel und was erschwinglich war. Die Bauernkleidung erstarrte nicht in bestimmten Formen, sondern blieb wandlungsfähig je nach Angebot. Wolle lieferte man in örtlichen Annahmestellen industrieller Spinnerein ab, statt sich damit in der „Spinnstube" abzuquälen. Linnen kaufte man günstiger, als es selber zu weben. Schließlich lieferte die Industrie preisgünstige Fertigprodukte: blaue Kittel, Leinenhosen, Kopftücher. Man kaufte und trug, egal ob aus deutschen oder belgischen Textilfabriken!

Die „Tracht" in Westerwald und Taunus, so wissen wir inzwischen, ist eine „Kopfgeburt", ähnlich wie die verlogene Verklärung des Landlebens. Folklore und Touristik haben zum Vergnügen der „Sommerfrischler" die „Westerwälder Volkstracht" kreiert. Und die Industrie lieferte nach. Westerwälder kleideten sich mit „Volkstrachten" aus Manufakturen in Belgien, die über mechanische Spinnmaschinen und Webstühle verfügten.

Gerne bezahlten die Städter für Auftritte der „echten Westerwälder". Es handelt sich um jenen blauen Allerweltskittel, wie er – ähnlich dem heutigen T-Shirt – überall in Hessen, Rheinland und Westfalen in Gebrauch gewesen ist. Dazu gibt es besagte Kniebundhosen aus barocken Zeiten, die einst von den Leuten getragen wurden, so wie heute die Jeans. Die Import-Mütze, wie sie Fuhrmann oder Bahnschaffner trugen, oft auch ein rotes Halstuch, vervollständigen eine Männerkleidung, die genauso gut in Sauerland und Eifel, wie in Westerwald und Taunus als jeweils „typische Volkstracht" ausgegeben wird. Die „Tracht" war zur Verkleidung, dass „Brauchtum" zum Theater geworden. So äußerte der Lehrer und Schriftsteller Fritz Ullius aus Oberneisen anlässlich des Deutschen Wandertages 1927 in Herborn: „Wir haben vom Standpunkt der Heimatpflege … gegen alle so genannten Trachtenfeste und -veranstaltungen unsere ganz besonderen Bedenken." Dazu zitiert der Redner den Heimatdichter Heinrich Naumann: „Trachtenfeste leisten der Trachtenvernichtung Vorschub, sie blasen der Volkstracht den Kehraus."

Gewiss hat es Gegenden im Deutschen Reich gegeben, wo es kontinuierliche Überlieferungen einer Kleiderordnung gegeben hat mit einer großen Farb- und Formenfreudigkeit. In bayrischen Landschaften oder im Schwarzwald will man Regionaltrachten erkennen. In unserer Nachbarschaft ist es vor allem die hessische Schwalm, deren Kleidung man den Charakter einer Volkstracht zuzubilligen pflegt. Dr. Claudia Seeheim, Expertin vom Germanischen Nationalmuseum in Nürnberg, mahnte jedoch die Rheinländer, dass hiesige „Trachten" reine Kunstprodukte seien, die von der Mentalität im späten 19. Jahrhundert mit ihrer für Heimatkalender und Ölschinken gebastelten Dorfidylle gefördert worden waren. Sogar die Genremaler horteten Kostüme, abgewetzte Kleidung, gar Lumpen vom Bauernhof, um aus dem Sammelsurium „authentische Szenen" zu arrangieren.

Der frühere Leiter des Rheinland-Pfälzischen Freilichtmuseums Bad Sobernheim, Dr. Klaus Freckmann, wollte es genau wissen. Volkstanzgruppen „in Tracht" sollten vor ihrem Auftritt Art und Herkunft ihrer „Trachten" erklären und belegen. Aber sie haben alle ohne Ausnahme gekniffen. Der Wissenschaftler, wörtlich zitiert: „Sie trägt Rock, Schürze, Mieder und Haube, er Dreispitz, Kniebundhose und Weste, das gelte gemeinhin als rheinische Tracht – alles Quatsch!"

Im Westerwald dagegen hat es nie eine einheitliche „Volkstracht" gegeben, sondern nur unterschiedliche Tragegewohnheiten je nach der regional vorherrschenden Mode. Nach gewissen Vorlieben konnte man durchaus erkennen, ob die Träger eine Kleidung aus dem Kurtrierischen (Unterwesterwald, westlicher Einrich), dem Alt-nassauischen, dem wiedischen oder saynischen Westerwald stammten.

Die Männer dürften spätestens nach dem Ersten Weltkrieg endgültig mit dem Über-kommenen gebrochen haben. Alte Frauen und Witwen blieben aber zumindest im Nassauischen bestimmten Vorlieben treu. Noch in den 1960er Jahren gelang das Foto des Ehepaares Hübinger in Holler. Während der Ehemann darauf in altväterlichem Anzug erscheint, ist die Frau noch in der im Unterwesterwald zeitweise üblichen Art alter Frauen des Unterwesterwaldes gekleidet. Doch: Seide, Bänder, Samt – sie kamen aus der Fabrik. Die Westerwälder Redensart „Selbst gesponnen, selbst ge-macht, ist die beste Bauerntracht" entspringt einer Illusion. Sie ist „eine Art früher ideologischer Widerstand gegen die Industrialisierung". Und heute? Ein Kirmesspaß!

6.3 „Wäller" – gibt's die?
Mundart und schlechtes Deutsch

❦ „Wäller" – gibt es die? Natürlich nicht! Aber gehört hat man das schon. Nun kann man ja für alles einen Namen (er-)finden, fragt sich nur, was gemeint ist: Leute, Wälder, eine Kreuzung zwischen französischen und amerikanischen Hü-tehunden, eine Firma für Haarpflege vielleicht, oder nur ein Rechtschreibfehler; richtig könnte es dann „Wella" oder Wellen heißen. Bleiben wir am besten bei der Sprache. Biologisches sei ausgeklammert.

Das Wort „Wäller" steht nicht im Duden und nicht bei Kehrein (†1876, Montabaur). In keinem seriösen Wörterverzeichnis ist es zu finden. Waller – ohne Umlaut! – schon. So geschrieben ist es ein Fisch, ein anderer Name für den Wels (*Silurus glanis*). Waller in altertümlichem Deutsch meint einen Wallfahrer. Waller nannte sich auch der amerikanische Jazzpianist Thomas Wright (†1943), aber das spricht man wohl anders aus.

Wäller – Umfragen auf den Straßen und in Schulen von Frankfurt und Köln, Bonn und Koblenz ernteten Achselzucken: „Nie gehört!" Gäbe es da nicht den Adolf Weiß aus Mademühlen. Der gewann 1913 ein paar Flaschen Wein bei einem touristischen Wettbewerb. Er reimte nämlich:

> „Das Schicksal bestimmte mich nicht zum Prasser,
> ich mußte bis jetzt mich begnügen mit Wasser.
> Doch würde ich gern einmal trinken den Wein,
> und sollt's auch nur ‚edler Mosel' sein.
> Drum als ich das Preisausschreiben las,
> dacht ich gleich, was gilt's? Du riskierst den Spaß!
> ‚Hui Wäller? – Allemol!' so tönet der Ruf,
> den in meiner Sehnsucht nach Wein ich schuf."

Sprachforscher der Universität Bonn haben jetzt genauer hingehört. Sie sehen die Sache schlicht als Verballhornung des Begriffs Westerwälder. Demnach handelt es sich keineswegs um Dialekt, sondern um sprachliche Nachlässigkeit. „Wäller" ist also nicht mehr als eines der Un-Worte, wie sie die Werbung heute laufend produziert!

Ob Westerwälder sich nun derart veralbern lassen, ist eher Sache von Geschmack und Selbstbewusstsein. Aber erweist man seiner Heimat einen Dienst, wenn man ihren Namen verstümmelt? Mundart, Dialekt oder Volkssprache, so lehrte uns Altmeister Richard Beitl (†1982), „bezeichnen in der Welt von Laut und Wort den Gegensatz zur Hoch- und Schriftsprache, … im Sinne einer fruchtbaren Spannung und Wechselwirkung zwischen zwei Polen. Wie die Tracht den sichtbarsten Bereich des Volkskleides ausmacht, so erfüllt sich der Begriff der Volkssprache am reinsten in den Dialekten einer Landschaft."

„In unverfälschter Mundart" geschrieben oder gesprochen, verspricht manche Ankündigung. Manchmal glaubt der Urheber sogar daran. Man redet halt gern, wie einem der Mund gewachsen ist, und hält die Alltagsprache für Dialekt. Am besten, wir hören mal hin. Das aber ist leichter gesagt als getan, denn unsere Mundarten nähern sich heute immer mehr der Hoch- oder leider noch mehr der Umgangssprache an. Immer weniger Menschen beherrschen noch den überlieferten Dialekt. Hilfreicher könnten alte Tonbänder sein, die vielleicht den Zungenschlag von einst gespeichert haben. Die Fachleute reden vom Moselfränkischen, das, grob gesehen, im ehemals kurtrierischen Westerwald und im Südsiegerland gesprochen und im Kölnischen vom Ripuarischen abgelöst wurde. Nun sind das eher überholte Lehrbuchweisheiten, weil sie nur noch bedingt die gesprochene Wirklichkeit wiedergeben. Längst sind ja die historischen Grenzen verschwunden. Und die modernen Lebensumstände, die von Mobilität und Medieneinfluss bestimmt werden, zerreiben die letzten Reste der überlieferten Mundart. Nun wollen manche retten, was zu retten ist, und veranstalten verdienstvolle Wettbewerbe zur Pflege von Volkssprache und -literatur. Der Schwäbische Albverein nennt sie zutreffend „Mundart-Spektakel". Die dann veröffentlichten Kostproben beweisen schwarz auf weiß, wie sehr der angebliche Westerwälder Dialekt in subjektive Wortschöpfungen abgeglitten ist. Das haben die Veranstalter bestimmt nicht beabsichtigt. Die Umsetzung des Gesprochenen in Schrift gelingt hierzulande viel weniger als dies in Gegenden der Fall ist, wo Mundart literarischen Rang erreichen konnte, wie das etwa bei der stadtkölnischen Umgangssprache gelungen ist. Die erwähnten Wissenschaftler sind dem Phänomen zu Leibe gerückt. Mit allen Kniffs der modernen Statistik haben sie Sprachproben registriert. Immerhin ergaben sich dabei auch heute noch deutlich unterscheidbare Räume mit ähnlicher Sprachfärbung und gemeinsamem Wortschatz. Siegerland und Maifeld bilden solche relativ geschlossenen volkssprachlichen Gebiete, zwischen denen der Westerwald mit fließenden Übergängen und häufigen Fremdanleihen liegt.

Früher sah man das nachweislich unbefangener. Im „Westerwälder Schauinsland", einem hierfür absolut unverdächtigen Organ, kam man schon 1915 zu dem Ergebnis, dass es „den" Westerwälder Dialekt nicht gibt, und belegt das anschaulich mit Beispielen. So seufzte denn auch Bernhard Jeck im „Rhein-Lahn-Freund" von 1983: Westerwälder „Mundart, wie bis du so verschieden."

Einen „Westerwälder Dialekt", der für die gesamte Landschaft typisch gewesen wäre, hat es also nie gegeben. Wenn Adolf Weiß ein anderes Mal reimte

„Wir Kinder des Waldes, wie jedem bekannt,

wir wurden und werden stets Wäller genannt",

so suchte er offensichtlich, für das von ihm in Umlauf gebrachte Schlagwort auch eine sachlich Begründung zu (er-)finden, auch wenn sie an den Haaren herbeigezogen war …

Noch weniger kann heute davon die Rede sein. Die genannten Sprachgrenzen haben immer für sprachliche Vielfalt gesorgt, wie sie dem historischen und kulturgeschichtlichen Charakter eines Durchzugsgebietes entspricht, das der Westerwald nun einmal ist. Und selbst diese Eigenheiten werden mehr und mehr verwischt, wo sie sich noch behaupten konnten.

Da Ober- und Unterwesterwald fast ausschließlich innerhalb des moselfränkischen Einflusses liegen, konnte in der Tat der Eindruck entstehen, es gäbe „den" Westerwälder Dialekt. Hörte man jedoch genau hin, so zeigte sich auch hier eine sprachliche Vielfalt, die früher von Ort zu Ort wechselte. Die territoriale und konfessionelle Zersplitterung leistete dem Vorschub.

Aber auch ohne das reichte schon die räumliche oder soziale Distanz zur eigenen Sprachentwicklung. Zwei Kilometer Entfernung konnten genügen, um schon deutlich den Wechsel in Klang und Ausdruck zu hören. Man konnte örtliche Besonderheiten leicht heraushören und unterschied das „Platt" des einen Ortes von dem des anderen. Pikant vielleicht, dass auch „Platt" eher ein niederdeutscher Begriff ist und sich als Einfuhrware erweist. Manche mögen sich erinnern, wie noch nach dem Krieg auf Anhieb zu hören war, ob ein Sprecher aus Montabaur oder aus Holler stammte, obwohl diese Orte nur eine halbe Wegstunde auseinander liegen. Die unverkennbar gutturale Sprachfärbung jedoch, wie sie für die Kreisstadt damals typisch war, ist inzwischen ausgestorben.

Und das geschah keineswegs nach ehernem Gesetz, das war von den Leuten so gewollt. Selbst im bereits zitierten „Westerwälder Schauinsland" hat man schon vor dem Krieg vor der „geheiligten Tradition des Dialektes" gewarnt. Tonbandaufzeichnungen im Besitz der Geschichtswerkstatt Westerwald aus den 1970er Jahren belegen akustisch, wie ältere Leute inzwischen bemüht waren, den Dialekt zu verdrängen. Man schien sich zu schämen, wenn man kein Hochdeutsch sprach oder das, was man dafür hielt. Mundart galt als Ausdruck von Rückständigkeit. Die Allgegenwart der Medien nivelliert inzwischen die bodenständige Sprache auch in Rückzugsgebieten. Zuwanderung und Zuzug entziehen dem Dialekt auch den gelebten Rückhalt in der Bevölkerung. Was als „Westerwälder Dialekt" zu hören ist, erscheint oft kaum mehr als Nachlässigkeit im Sprechen. Die aber wird es immer geben, nicht nur im Westerwald.

Statt aussichtsloser Versuche, Mundarten über das hinaus zu retten, hätten die auch in der Schriftsprache manifesten alten Orts- und Flurnamen stärkere Aufmerksamkeit verdient gehabt, die nun aus Grund- und Adressbüchern endgültig getilgt sind. Schließlich begegnen sich hier Sprach- und Geschichtsdenkmale unter einem Begriff. Damals heiß diskutiert und heute längst vergessen sind diese Vorgänge, wobei man um vermeintlicher Schönheit willen selbst Anleihen süddeutscher Herkunft nicht gescheut hat. Wer würde ernsthaft Namen wie Waldbrunn oder Rosenheim im Moselfränkischen suchen wollen oder im Westerwald vermuten, um nur diese Beispiele zu nennen. Waldbrunn entstand 1974 als Ergebnis der kommunalen Gebietsreform. Rosenheim sollte den bis 1961 gültigen, aber als leicht anrüchig empfundenen Namen Kotzenroth ersetzen. Demgegenüber sind ältere Namensänderungen noch eher nachzuvollziehen: Wenn Kackenberg zu Neuhochstein oder Rotzenhahn zu Rotenhain wurde, blieb der Namenswechsel noch im sprachlichen Rahmen. Nur das originelle Pfeifensterz hat überlebt als Ortsteil der Gemeinde Rothenbach.

Kaum einzusehen aber sind die zahllosen Fälle, wo ohne Not historisch gewachsene Bezeichnungen für Straßen und Plätze neumodischen Benennungen weichen mussten. Wenn im Unterwesterwald der „Jokespod" oder der „Bracken" zur Ost- und zur Bergstraße eines Dorfes und der Juxplatz zum Konrad-Adenauer-Platz einer Kleinstadt wurden, ist das wohl eher ein Beitrag zur Geschichts- und Gesichtslosigkeit, denn diese Straßennamen findet man in der Nachbarschaft zuhauf.

All das geschah im Westerwald zu einer Zeit, als es die vorherrschende Mentalität zuließ, sogar denkmalwürdige Bauten wie das alte Franziskanerkloster in Montabaur und in nicht wenigen Dörfern ansehnliche Fachwerkhäuser ersatzlos abzureißen. Da waren glückliche Umstände am Werk, wenn letztere nur nach auswärts verscherbelt wurden, erst recht, wenn sie noch in den Freilichtmuseen Neu-Anspach, Kommern (Bilkheim) oder Bad Sobernheim bestaunt werden können.

Die Denkmalpflege hat inzwischen nachgezogen. Ob auch die Sprachdenkmalpflege den Anschluss schafft, statt in bloßer Folklore zu verharren, wird sich zeigen.

Das führt uns zurück zur Eingangsfrage. Wohlfeile Heimatblätter zeigen: Westerwälder sterben aus oder sie mutieren zu „Wällern". Für gewöhnlich widerfährt den Betroffenen eine solche sprachliche Erniedrigung durch Missgunst von außen: etwa wenn Polen zu Pollacken, Briten zu Tommys oder Schwarze zu Niggern werden. Im Westerwald nimmt der Artenschwund den umgekehrten Verlauf. Darum: Setzt Westerwälder auf die Rote Liste!

Blickpunkt

Regionale Sprachgrenzen
Ein Kind wäre im Raum Montabaur das „Kend",
im Hohen Westerwald aber das „Könd".
Nördlich von Asbach und Linz werden aus Haus das „Hus"
und die Häuser zu „Hüser".
Die Kartoffel bleibt bis über die hessische Grenze hinaus
die „Erbel", während sie sich zum Rhein hin zur „Grumper" wandelt
Man schleppt sie hier oben im „Korf",
erst im Gebiet zur Lahn hin im „Korb".
Dafür geht man auf den Westerwaldhöhen geradezu
hochdeutsch aus dem „Dorf", und nur im Niederwesterwald,
aus dem „Dorp". „Losse mer jonn", würde leicht al
 kölnische Redeweise erkannt, die noch im Nordwesten
unserer Landschaft üblich ist. Aber im Westerwaldkreis,
da „due mer gin". Ebenso wie das Verb schlagen bei uns zu
„schl n" verkommt. Beides sind keine Zufälle.
Die Sprachgrenze für viele dieser Begriffe deckt sich annähernd
mit der alten kurtrierischen Grenze.
Solche Standardbeispiele zeigen,
wie sich die verworrene Geschichte des Westerwaldes
bis in die Sprechgewohnheiten hinein spiegelt.

6.4 Sammelsurium und Trödelkram
Von der Rumpelkammer zum Museum

❧ Museen gibt es im Westerwald länger, als man denkt. Und heutzutage mehr, als man behalten kann. Lahn und Taunus können da gut mithalten.

Alte Reiseführer empfehlen den Besuch der Ausstellungen beim Schloss Neuwied oder im Sayn-Wittgensteinschen Museum Alexandrinum. Das in Neuwied fand einen würdigen Nachfolger im Roentgen-Museum. Seine Bestände fanden in Berlin, Stuttgart und New York eine vornehmere Bleibe. Die saynische Sammlung lagerte seit 1888 im Hachenburger Schloss, dann auf Schloss Friedewald.

Auch Schulen dienten später als Ausstellungshallen, man denke nur an die Naturalien und Terrakotten von Dr. Führer im Kaiser-Wilhelms-Gymnasium zu Montabaur oder die Sammlung des Altertumsvereins Herborn in der dortigen „Hohen Schule". Die großartige Mineraliensammlung aus dem Siegerland war lange in der ehemaligen Gewerbeschule zu Siegen zu sehen. und das Museum des Siegerlandes im Oberen Schloss ist direkt aus dem Schulmuseum des Realgymnasiums (gegr. 1902) hervorgegangen. Die Anregung, ein „Vaterländisches Antiquitäten-Museum" in Weilburg einzurichten (1811), ist wohl der älteste Beleg für ein Heimatmuseum in unserer Gegend. Im Westerwald selber fand der Gedanke daran erst viel später Eingang. Im Jahre 1907 beantragte der Kreisausschuss des Oberwesterwaldkreises bei der Bezirkskommission Wiesbaden zur Erforschung und Erhaltung der Denkmäler die Errichtung eines Westerwald-Museums. Doch im Weltkrieg hatte man dann andere Sorgen.

Als genug Scherben zerschlagen waren, sehnte man sich wieder nach heiler Welt, die man gern in ländlicher und „völkisch gesunder" Idylle zu entdecken glaubte. „Westerwald", ein Begriff mit nur schwachem historischem Inhalt, geriet schon damals zu einer Art Markenzeichen. Das „Westerwald-Museum" des Kreises Altenkirchen führte schließlich als erstes den Landschaftsnamen.

In Montabaur hatte Schreinermeister Adam Busch aus den Zeitungen vom Museumsboom in Amerika (1922) gelesen. Dort war man hinter Antiquitäten her, die von Besatzungstruppen aus Deutschland mitgebracht worden waren. Dem Ausverkauf der Heimat müsse man entgegenwirken, meinte Busch und suchte dafür bei Stadt und Kreis Unterstützung. Für solche Neuerungen aber waren die Behörden nicht besonders aufgeschlossen. Da stellte Busch sie mitunter vor vollendete Tatsachen. Er kaufte einfach Möbel auf, holte bei Antiquaren Angebote ein und drohte, sie teuer nach auswärts zu verkaufen. Das aber wollte keiner zulassen. Trickreich auch bei überhöhten Preisvorstellungen brachte Busch eine ansehnliche Sammlung zustande. Leider konnte man sie nur auf dem Dachboden des Montabaurer Schlosses besichtigen. Bald musste über eine endgültige Bleibe nachgedacht werden. Schließlich bot Bürgermeister Heinrich Roth 1928 dem Unterwesterwaldkreis die „ahl Schull" an. Es handelt sich um das in kurtrierischer Zeit von Hofbaumeister Ravensteyn errichtete Gebäude (1713) gegenüber der Kirche, in dem heute die Touristinfo untergebracht ist. Da die weitläufigen und schwer beheizbaren Räume für Wohnzwecke wenig geeignet waren, trennte sich die Stadt nicht ungern davon. Als Landrat Richard Collet am 10. Juni 1930 das Museum der Öffentlichkeit übergab, bot dieses ein durchdachtes und attraktives Bild. Statt sinnloser Anhäufung von Altertümchen erfüllte die thematisch gegliederte Sammlung voll ihre Aufgaben für Unterrichtszwecke und allgemeine Belehrung. Nächst dem späteren Oberregierungsrat August Bertsche, der sich beim Kreis für das Museum stark gemacht hatte, war das gelungene Arrangement Verdienst von Pfarrer Franz Englert aus Leuterod sowie dem Montabaurer Buchhändler Willi Kalb mit Sohn Walter und nicht zuletzt von Adam Busch.

Manche Schaustücke kann man noch heute in Hachenburg betrachten, etwa den Stoßzahn eines Mammuts aus Freirachdorf oder die Nagelschmiede aus Holler, in der noch immer der arme Köter im Rad den Blasebalg anzutreiben scheint. Natürlich hatte Busch bei seinem Sachverstand besonders auf kostbare Möbel (17./18. Jh.) geachtet. Aber auch eiserne Ofenplatten mit Verzierungen, Krüge aus dem Kannenbäckerland und nicht zuletzt Reste von Volkstrachten gehörten zur Ausstattung. Es gab ferner Waffen aller Art, Münzen, vorgeschichtliche Fundstücke sowie jede Menge an „Flachware", also Fotos, Stiche, Gemälde und Karten. Fahnen von 1848 zeigten, dass man die revolutionäre Geschichte Deutschlands im Westerwald nicht ausklammern mochte. Alles verteilte sich auf fünf Räume, die Fluren und Treppenhäuser. Ein Arbeitsraum diente gleichzeitig als Archiv. Insgesamt fand die bürgerlich-kleinstädtische Kultur stärkere Berücksichtigung, was leider in Hachenburg nicht mehr erreicht worden ist.

Die allein lebende Tochter des ehemaligen Hausmeisters der „ahl Schull", Fräulein Hammerstein, die im Dachgeschoss wohnte, betreute das Museum fast über die ganze Zeit seines Bestehens hin. Eigentlich war es immer geöffnet, man brauchte nur unten zu schellen oder vom Pfarrhof aus zu rufen. Der Eintritt betrug 25 Pfennig für Erwachsene und 10 Pfennig für Kinder (1930).

Sehr vieles war schon damals Leihgabe, weil sich die Eigentümer nicht endgültig von liebgewordenen Gegenständen trennen wollten. Zuletzt lud der Luftschutz nach einer groß angelegten Entrümpelungsaktion von Dachböden noch manches Schnäppchen ab. Der Kunsthistoriker Clemens Weiler vom Museum Wiesbaden sichtete und katalogisierte die Bestände. Nach dem Krieg zog zeitweise die Spruchkammer in die Museumsräume, so dass die Bestände ausgelagert werden mussten. Nach erneuter Überprüfung durch Dr. Joseph Röder, Koblenz, konnte 1950 das „Kreis-Heimat-Museum" wieder eröffnet werden. Doch war die Zeit nicht günstig. Pläne von Walter Kalb zu weiterem Ausbau fanden kein Gehör bei der Kreisverwaltung (1966). Stattdessen wurde 1969 das Gebäude gründlich renoviert und das neue „Tourist-Center" in den Museumsräumen eingerichtet. Die Sammlungen gelangten mal wieder in die Vorburg des Schlosses Montabaur.

Es waren die Jahre, als auch in Hachenburg über das Schicksal des dortigen Heimatmuseums nachgedacht wurde, dessen Schicksal eng mit dem des renovierungsbedürftigen Schlosses verknüpft war. Hohe Erwartungen, die man an die „Schloss Hachenburg-Betriebs- und Verwaltungsgesellschaft m. b. H." als neuem Besitzer des Komplexes (seit 1970) knüpfte, sollten sich nicht erfüllen. Nach deren Bankrott (1974) musste die Stadt sogar nach verschwundenen Antiquitäten aus ihrem Besitz und dem des Heimatmuseums fahnden. Dennoch blieb Hachenburg Option als Standort eines künftigen Westerwald-Museums. Schon bei der Jahresversammlung des Rheinischen Vereins für Denkmalpflege und Landschaftsschutz in Hachenburg (1972) hatte Hermann Josef Roth als Festredner in Anwesenheit maßgebender Vertreter aus Verwaltung und Politik entsprechende Wünsche formuliert. Die Ausführungen von Roth weckten heftiges Presseecho. In Hessen wünschte man ein „Nassau-Museum … möglichst in einem nassauischen Kernland". Gemeint war in erster Linie Schloss Hadamar, zumal der nassauische Zentralstudienfonds als dessen Eigentümer Mittel für die Betreuung eines zentralen Westerwald-Museums angeboten hatte, jedoch vergebens. Die Bestrebungen im rheinischen Westerwald waren inzwischen zu stark geworden. Hier wollte zunächst noch Altenkirchen mitmischen. Landrat Dr. Hermann Krämer suchte nach möglichen Standorten, wobei außer der Kreisstadt auch Weyerbusch genannt wurde. Kritisch mahnte, nach Hachenburg und Montabaur gewandt, Archivdirektor Dr. Franz Josef Heyen, Koblenz, man solle „bewusst den Altenkirchener Raum einbeziehen". In Montabaur dagegen, noch immer offiziell Standort des Kreisheimatmuseums, war das Interesse gering.

Hachenburg blieb am Ball. Schon 1969 hatte Stadtbürgermeister Wilfried Seide im Einvernehmen mit den Landräten der Kreise Altenkirchen und Oberwesterwald das Schloss als Museumssitz angeboten. Eine Gesprächsrunde Ende 1972 im Hause von Eberhard Pickel mit Hildegard Sayn, Hermann Josef Roth, Dr. Heinrich Schneider und Prof. Dr. Hans Spiegel muss als die eigentliche Geburtsstunde des jetzigen Museums angesehen werden. Noch war zu diesem Zeitpunkt das Schloss Favorit, zumal Spiegel großes Interesse seitens der Eigentümer signalisierte. Als man in Altenkirchen über ein angebliches Scheitern Hachenburgs als Museumsstandort zu munkeln begann, lud Schneider im März 1973 zu einer größere Runde ein, darunter Dr. Harry Beyer vom Heimatverein Altenkirchen, P. Albert Kloth aus dem Kloster Marienstatt, Dr. Walter Kwasnik als Heimatforscher und Prof. Spiegel für die Schlosseigentümer. Roth konnte der Einladung nicht folgen, hatte aber schriftlich eine Konzeption vorlegen lassen, die „sehr begrüßt und ohne Abstriche gebilligt" wurde.

Das offizielle Hachenburg blieb reserviert, wenn nicht gar ablehnend, zumal abträgliche Gerüchte über die Schloss GmbH in Umlauf kamen. Um demgegenüber größeres politisches Gewicht zu erzielen, lud Heinrich Schneider zur Gründung des „Hachenburger Kreises" ein, die am 25. August 1973 erfolgte. Darin standen zwölf Hachenburger Bürgern je einer aus Altenkirchen, Bad Marienberg, Kroppach, Marienstatt, Montabaur und Nister gegenüber. Die Standortfrage bildete nicht das einzige Gesprächsthema. Vielmehr setzte man sich intensiv mit der Rolle des Museums auseinander, das als zentrale Bildungsstätte aufgefasst wurde. Publikationen von Hermann Josef Roth brachten es mit sich, dass man ihn öffentlich sogar als verantwortlichen Planer des Museums bezeichnete.

234

Die Eröffnung einer Fossilien-Ausstellung von Friedel Schweitzer im Oktober desselben Jahres in Westerburg wurde zu einer Kundgebung für das geplante Museum.

Roth entwickelte in einem viel beachteten Referat die Konturen eines modernen Museums und relativierte deutlich die Standortfrage, obwohl im Augenblick die Chancen für Hachenburg am günstigsten erschienen.

In Westerburg zeigte sich, dass der „Hachenburger Kreis" keine einseitige Interessengemeinschaft für örtliche Belange gewesen war, sondern sich auf Anregung von Heinrich Schneider „zur Förderung des kulturellen Lebens im Westerwald" gebildet hatte. Roth konnte bei dieser Gelegenheit bekannt geben, dass inzwischen auch Kultusminister Dr. Bernhard Vogel Mitglied des Kreises geworden sei.

Als Vogel dann am 20. November zu Besuch kam, beschlich manche Westerwälder Angst vor der eigenen Courage. Roth, „Motor des Hachenburger Förderkreises", wie die Presse schrieb, ließ zu Beginn einen dreiseitigen Kriterienkatalog verlesen, der das breite Aufgabenfeld absteckte, die einem künftige Museum aus seiner Sicht zu übertragen sei. Als Experten hatte Roth außerdem Dr. Ulrich Löber vom Rheinischen Museumsamt in Bonn mitgebracht, dessen Kostenvoranschlag offensichtlich alles sprengte, was man bislang als Aufwendung für nichtschulische Kulturarbeit kannte. Das schien nicht machbar, fürchteten manche der Anwesenden. Vertraulich sickerte jedoch zuverlässig durch, dass es bereits eine positive Übereinstimmung zwischen Minister Vogel und dem künftig zuständigen Landrat von Montabaur gäbe. Friedel Schweitzer, Westerburg, und Paul Schmidt, Rennerod, berichteten ergänzend über didaktische Erfahrungen mit Lehrstoff aus der Geologie und Musikpflege. Den Landräten von Westerburg und Montabaur, Lingens und Heinen, den Hachenburger Bürgermeistern Karlheinz Christian und Dr. Blume, Abgeordneten aller Parteien, darunter MdB Pelter, Diez, dürfte aufgegangen sein, dass ein Heimatmuseum mehr sein kann als ein Abstellraum für Trödel! Unausgesprochen hingen im Raum allerdings die erwähnten Gerüchte über die Schloss-GmbH. Als der Kultusminister nach den Beständen des Heimatmuseums in Hachenburg fragte, musste Bürgermeister Christian sichtlich verlegen ausweichen. Trotzdem war nun politisch der Durchbruch erzielt, und die Verwaltungen begannen die Verantwortung für das zu übernehmen, was von ehrenamtlicher Seite angestoßen worden war. Der schon erwähnte Bankrott im Schloss hat die weitere Entwicklung kaum beeinflusst. Nachdem aus dem Kreis Altenkirchen keine praktikablen Angebote vorlagen, beschloss der Hachenburger Stadtrat am 30. 10. 1974, „das ehemalige Stichtersche Forsthaus im Burggarten dem Westerwaldkreis" zur unentgeltlichen Nutzung für das geplante Museum zur Verfügung zu stellen. Er folgte damit unausgesprochen in etwa dem Modell, das dem bisherigen Kreis-Heimat-Museum in Montabaur zugrunde gelegen hatte, das mit seinen Beständen zum Teil den Grundstock für Hachenburg lieferte.

Die nominelle Trägerschaft sollte zunächst beim Westerwald-Verein liegen, der bei geringer Reibungsfläche einen auch für Altenkirchen akzeptablen Kooperationsrahmen abgab. Kurz zuvor war nämlich der Hachenburger Kreis dem Wanderverein als Mitglied beigetreten und hatte in diese Richtung vorgearbeitet. Allerdings hatte bereits 1973 Erwin Kaiser, Hadamar, die Fähigkeit des Vereins für diese Aufgabe öffentlich bezweifelt. Folgerichtig wurde mit Wirkung zum 1.1.1982 die Trägerschaft einer Stiftung übertragen.

Am 20. September 1976 eröffnete Kultusminister Dr. Bernhard Vogel vor zahlreichen Gästen das Landschaftsmuseum Westerwald. Diese Bezeichnung hatte Hermann Josef Roth, „der … einer der eifrigsten Verfechter eines lebendigen Museums war" angeregt, um die Einrichtung bewusst vom „Heimatmuseum" alten Stils abzuheben und die Blickrichtung auf eine Region zu richten, die weder historisch noch kulturell eine Einheit bildet, sondern nur landschaftlich unterscheidbar ist. Mit seinem Fachreferat vor der Festversammlung verabschiedete sich zugleich das ehrenamtliche Element aus der verantwortlichen Mitgestaltung – der „Hachenburger Kreis" hatte seine Aufgabe erfüllt.

Die Gründer wollten ein „Landschaftsmuseum" und haben für das Haus deshalb auch diesen Namen vorgeschlagen. Die anderen Teillandschaften sind nicht so weit gekommen. Vielleicht hat sich das als klug herausgestellt, denn kaum eine der rheinischen Landschaften ist auch zu politischen Einheiten zusammengewachsen. Ausnahmen bilden das Bergische und das Siegerland. Dort hat man sowohl in Solingen auf Schloss Burg an der Wupper (seit 1894) als auch im Siegener Schloss (seit 1905) überzeugende Landschaftsmuseen eingerichtet, die möglichst viele Facetten ihres Raumes darstellen. Ob das im und für den Westerwald und den Taunus überhaupt möglich ist, wäre eine Prüfung wert.

6.5 „Da laufen ja die Winnetous in der Gegend herum"
Heimlichkeit und Erleuchtung um Karl May

❦   Sie wollten ihn mit dem Lasso fangen. Doch der Gejagte rannte auf eine Hütte zu und presste sich mit Kopf und Rücken an deren Wand. In Abwehrstellung und gegen die tückische Schlinge sicher – nun hatten die Häscher das Nachsehen! Enttäuscht riefen sie: „Das hast du doch bloß im Karl May gelesen." Es war das erste Mal, dass der Chronist den Namen hörte. Und von da an blieb dieser Name haften.

Kaum zu glauben, wo er überall auftauchen konnte. Sogar im Elitezirkel bei der Meisterpianistin Anny Fein. Da saß der Knirps und quälte das Klavier mit Etüden aus dem Notenbuch von Damm. Der begabte Joseph Sch., geduldig auf seine Unterrichtsstunde wartend, tröstete sich mit einem Schmöker über den zweifelhaften Hörgenuss hinweg. Was er denn so aufmerksam lese, wollte „das Fräulein" – so sagte man damals – wissen. „Karl May", war die Antwort. Worauf die Musiklehrerin in helles Lachen ausbrach: „Ach, ihr Buben und euer Karl May!"

Als die Militärregierung wieder den Straßenkarneval zuließ, kamen auch die Jüngeren der Sache schon näher. Statt der martialischen „Helden" von vorgestern tauchten jetzt Cowboys und Rothäute auf. Ein solcher zierte den Schutzumschlag eines Schmökers in Vaters Bücherschrank, das umgehend verschlungen wurde. „Die Regulatoren von Arkansas" von Friedrich Gerstäcker, natürlich in Jugendausgabe, entführten in eine neue Welt, in die Neue Welt von einst. Szenen wurden nachgespielt. Darin stand der edle Assowaum, die Rothaut, gegen den bösen Cotton, das Bleichgesicht. Anerkennend bemerkte der Lehrer vom Gymnasium im Dialekt seiner Heimatstadt Köln: „Da lofen ja de Winnetous un de To-kei-chuns in de Jejend h'rum!" Sein Sohn verriet, dass der Herr Studienrat daheim Karl May eifrig lese und (angeblich) alle Bände besäße. Karl May, da war er wieder! Und Sohn Richard ließ sich überreden, einen davon unter der Hand auszuleihen.

Der Zufall fügte glücklicherweise, dass es sich um „Winnetou I" handelte, den denkbar besten Einstieg. Den kleinen Leser ließ es von nun an nicht mehr los. Wie alle Gleichaltrigen entwickelte er einen Spürsinn für die grünen Bände. Er entdeckte sogar fünf davon in der Pfarrbücherei von Oberelbert. In der hinteren Reihe.

237

Doch, dieses Versteck half wenig. Schluss war erst, als der Pfarrer entdeckte, dass Zwölfjährige solch jugendgefährdendes Schriftgut lasen und dadurch die Leistungen im Lateinunterricht nachließen.

Der Verdacht des Pastors war begründet. Stärker sogar, als er ahnte. Nicht nur bei fälliger Erledigung von Hausaufgaben entführte die Phantasie weg von den katalaunischen Feldern in den Llano estacado. Statt Vercingetorix hieß der Feind jetzt Vupah Umugi. Und in den altmodischen Schülerpulten des Kaiser-Wilhelm-Gymnasiums ließ sich leicht die „Felsenburg" neben dem „Gallischen Krieg" verstecken. Höchste Geistesgegenwart war vonnöten, wenn man dran kam. Da musste auf Anhieb die richtige Zeile vorgelesen und übersetzt werden.

In der Kirche war Karl-May-Lesen weniger stressig. Sicher, niemand durfte schwänzen. Gut, dafür bekamen die grünen Bücher einen Umschlag aus schwarzem Kartonpapier. Das Format stimmte sowieso. Wer konnte da schon unterscheiden, wer im Gesangbuch blätterte oder andachtsvoll Charlies Belehrungen meditierte. Da störten die Kleinsten in den vorderen Bänken sehr viel mehr. Die spielten während Liturgie und Predigt „Eisenbahn" – mit dem Rosenkranz: Die Perlen waren die Waggons, das Kreuz die Lok.

Die Meinung der Erziehungsberechtigten und Erziehenden war geteilt. Manche witterten Gefahr für die Pubertierenden und kassierten gnadenlos die Schmöker. Andere ließen sich ertappen, wie jener Akademiker, der sein Jüngstes an der Hand spazieren führte und die Buben in der Laube nicht bemerkte. Die trauten ihren Ohren nicht, als sie aus dem Mund der Autoritätsperson hörten: „Silveli, jetzt jehn mer heim, unn da les'n wa Karl Mäj." Na, also, das klang fast wie die Rechtfertigung für das permanent schlechte Gewissen heimlicher Fans von Shatterhand und Kara Ben Nemsi. Doch mit zunehmendem Alter erledigte sich die Heimlichkeit von selber. Ja, der Phantast aus Sachsen schien mehr als Abenteuer zu bieten. Islam beispielsweise war damals in Schulen kaum ein Thema. Bei der Lektüre von Xenophons „Anabasis", dem Kriegszug der Hellenen durch Anatolien, drängten sich Parallelen auf. So könnte vielleicht Halef zu seinem Effendi gesagt haben …! Waren das denn nicht Gegenden, durch die auch das deutsch-arabische Duo ritt? Und der Lehrer heizte die Diskussion noch auf, wusste Phantasie und historische Wirklichkeit zu trennen. Islam stand nicht im Katechismus. In Geschichte (Schülerjargon!) lernte man, dass Karl Martell das Verhängnis ein für allemal abgewehrt habe. Und sonst phantasierte man bestenfalls von Wasserpfeife oder Harem. Nur der Griechischlehrer wusste mehr. Wusste Genaueres über die noch so fremde Religion, nannte ihre Gebote, bezeichnete die Lage von Kerbela und Nedschef Ali, definierte den Unterscheid zwischen Sunniten und Schiiten. „Woher mag isch dat wohl allet wissen? Aus Karl Mäj." Klar doch, so hätten wir geantwortet, wenn er wirklich und nicht rhetorisch gefragt hätte. Mit seinen Kenntnissen scheint er weiter gewesen zu sein als mancher Texaner im Weißen Haus. Aber dort liest ja auch keiner Karl May!

6.6   Grootvaders tocht door het wilde woud
Großvaters Reise in den Westerwald

❦   „Wir aus Höhn-Urdorf fanden damals, der Westerwald sei der schönste Wald auf der ganzen Welt. Wir liebten seine Wildheit. Seitdem ist es ja sehr zurückgegangen, auch mit dem Westerwald. Als die Städteplaner kamen, war es aus mit der Wildheit". – Dieser Westerwald, in den Großvaters Reise führt, ist nicht durch Städteplaner gelichtet, sondern zerstoben, wie die Worte eines Märchens zu zerstieben pflegen. Nicht der geographische Westerwald ist es, wohin uns der dänische Erzähler führt, sondern ein Zauberwald, jenseits aller Erdbeschreibung, ein Land der Phantasie. In diesem Wald tummeln sich Tiger und Löwen und Schlangen, Frauen und Soldaten, da ernten Menschen üppige Tropenfrüchte, da fliegt der Zeppelin … Schauen wir einen Augenblick in das Album. Zwischen den schönen Bildern ist zu lesen:

„Ich heiße Julia. Ich bin fünf Jahre alt, aber ziemlich groß für mein Alter. Ich wohne in Höhn-Urdorf. Mein Großvater heißt Julius. Er ist alt, aber sehr lieb. Wenn er mir Geschichten erzählen soll, wird er schnell müde. Dann verwandle ich ihn in ein Kasperle, und dann muss er weiter erzählen. […] Dann kamen wir wieder ins offene Land. In der Ferne sahen wir den Stegskopf und die Kirche von Stein-Neukirch. Die Kühe waren schon gemolken und standen nun auf den Weiden und käuten friedlich wieder. Wir winkten dem Stier zu. Er kam uns ganz ungefährlich vor, verglichen mit den Tieren vom Westerwald. […] ‚Immer wenn wir zurückkamen nach Höhn-Urdorf fanden wir, das Beste an der Fahrt in den Westerwald war Großmutters guter Abendkaffee', sagte Großvater. ‚Noch tagelang erzählten deine Mutter und Tante Mia von all den wilden Tieren, die sie im gefährlichen Westerwald gesehen hatten. Aber war er wirklich so gefährlich? Du weißt ja, Julia, denn du bist ja schon groß, dass Kinder den Westerwald immer ein bisschen gefährlicher machen, als er in Wirklichkeit ist", sagte Großvater.

Unterwegs im fremdsprachigen Ausland, das rheinabwärts ja bald erreichbar ist, mag der Weg in einen Buchladen führen. Da liegt und lockt der uns bekannte Umschlag – Cover nennen die das jetzt auf Deutsch – und verblüfft liest man: Grootvaders tocht door het wilde woud, erschienen 1972 bei Junk Boekjes. Der Westerwald ist zum „wilden Wald" geworden. Alles andere ist geblieben, nämlich: Reproducties van schilderijen van Henri Rousseau.

Die Geschichte, die Ellen Jacobsen auf Deutsch „für Julia und für alle Menschen von fünf Jahren an bis in Großvaters Alter" erzählt, ist also nur Begleitung oder Hinführung zu den großartigen Bildern des Franzosen Henri Rousseau, der zu den größten naiven Malern gezählt wird. Ein Bildband hohen Ranges, um den die Geschichte einen verbindenden Rahmen bildet, der die Wanderung in die Dämmerung des Dschungels, wie Rousseau ihn gemalt hat, anregen soll. Die Geschichte könnte auch anders erzählt werden. Beherrschend sind die Bilder, die gut reproduziert sind. Kinder vorschulpflichtigen Alters können den großformatigen Band ebenso in die Hand nehmen wie der Erwachsene, der bereit ist, sich auf künstlerische Gestaltung einzulassen. Erfreulich für uns, dass der Westerwald den Namen lieh für den Märchenwald dieses empfehlenswerten Kunst- und Märchenbuches.[1]

Manchem mag der Zusammenhang zwischen dem französischen Maler und dem Westerwald recht konstruiert zu sein. Ohne genau zu wissen, was Herausgeber und Übersetzer beabsichtigten, ergeben sich aus dem künstlerischen Lebenslauf des Malers Berührungspunkte zum Rheinland.

Henri Julien Félix Rousseau (1844–1910), Sohn eines Klempnermeisters und Eisenwarenhändlers, gilt als einer der Wegbereiter des Surrealismus. Von Kind an liebte der sonst eher leistungsschwache Schüler Dichtung und Musik über alles. Dennoch

---

[1] Großvaters Reise in den Westerwald. Eine Geschichte v. Flemming Johansen. Zu Bildern v. Henri Rousseau. Dt. v. Ellen Jacobsen. Reinbeker Kinderbücher. Reinbek: Carlsen Vlg., 1972

startete er sein Berufsleben recht prosaisch. Nach dem Militärdienst als Klarinettist ging er zum Zoll, weshalb er auch Le douanier („der Zöllner") genannt wird. Von den neun Kindern aus seiner Ehe mit der Schneiderin Clémence Botard überlebte ihn nur eines. Nach dem Tod der Ehefrau ließ er sich frühzeitig pensionieren und widmete sich ausschließlich der Malerei. Als solcher musste er „zu Lebzeiten viel Spott hinnehmen, weil Kritikern seine Bilder einfältig und allzu schlicht erschienen. Künstlerkollegen wie Kandinsky, Schlemmer oder Picasso allerdings verehrten den großen Naiven", wollte das Nachrichtenmagazin DER SPIEGEL wissen.[2] Über seinen Gönner Alfred Jarry lernte er Paul Gauguin kennen, und durch diesen die Künstler Degas, Mallarmé und Strindberg. Für ihn besonders wichtig war die Freundschaft mit Guillaume Apollinaire, über den sich eine Verbindung zum Rhein knüpfen lässt. Ursprünglich hieß der französische Schriftsteller italienisch-polnischer Abstammung Wilhelm Albert Vladimir Apollinaris de Kostrowitzky (1880–1918). Bei einem Sommeraufenthalt der Familie in Stavelot (Stablo, 1899) begeisterte er sich für die Ardennen, also den Westflügel des Rheinischen Schiefergebirges. Zwei Jahre später (1901) engagierte ihn die Baronin Ellinor de Milhau, eine geborene Hölterhoff aus Köln, für ein Jahr als Französischlehrer für ihre Tochter Gabrielle. Die Baronin besaß eine Villa in Bad Honnef und das Schlösschen Neu-Glück in Oberpleis-Bennerscheid. So kam es, dass Apollinaire mit einer attraktiven englischen Kollegin namens Annie Playden die Baronin auf einer etwa dreimonatigen Reise an den Rhein begleiten durfte. Die romantische Rheinlandschaft und mehr noch seine unglückliche Verliebtheit in Anny fanden ihren Niederschlag in dem Gedichtzyklus Les Rhénanes (Die Rheinischen).[3] Nun heißt es, der Dichter habe sich „als eine Art Bindeglied verstanden und in den Gedichten zwischen Zeichnung und Wortkunst seinem literarischen Avantgardismus Ausdruck verliehen". Hier wäre dann vielleicht ein Band zu schlingen zwischen dem imaginären Urwald und dem realen Westerwald. Jedenfalls hat die Muse – und hier besonders die Malerei – den Dichter inspiriert, wie es analog in einem Gemälde von Rousseau (1909)[4] zum Ausdruck kommt. Bei einem Bankett, das Picasso für Rousseau in Montmartre gab (1908) hielt Guillaume Apollinaire spon-

---

[2] Heft 6/2001
[3] Veröffentlicht in Alcools. 1913
[4] La Muse inspirant le poète (1909), Kunstmuseum Basel

tan eine Ansprache, die in einen Gesang endete mit dem Refrain „La peinture de ce Rousseau". Für Apollinaire war Henri Rousseau der „Ucello unseres Jahrhunderts". Er sah in dessen Bildern etwas von dem vorweg genommen, was einmal die Kunst der Moderne ausmachen würde.

Rousseau hat weder den Westerwald noch sonst eine geografisch fassbaren Wald gemalt. Was er abbildete, hat er selbst wiederholt als Traum erklärt. Dementsprechend fehlt den Bildern die klassische Perspektive. Die Bildelemente stehen idealisiert für sich. Figuren erscheinen frontal oder im Profil. Das Ganze ist in prangende Farben getaucht und ohne Schatten. So gleißt der Urwald in seinem Gemälde „Der Traum der Yadwiga" in mehr als fünfzig Grüntönen.

Henri Rousseau starb am 2. September 1910 im Hospital Necker in Paris nach einer Blutvergiftung. Gerade mal sieben Menschen waren bei der Beisetzung zugegen, darunter Guillaume Apollinaire, der auch die Inschrift für das Epitaph verfasst hat: „Freundlicher Rousseau, du hörst uns. Wir grüßen dich, Delaunay, seine Frau, Monsieur Queval und ich. Lass unsere Koffer zollfrei durch die Pforte des Himmels, Wir bringen dir Pinsel, Farben und Leinwand, Damit du malest in der geheiligten Muße des wahren Lichts Wie einst mein Bildnis: Das Angesicht der Sterne. Dies Buch zeigt dir eine Waldwelt, die nie – und in der Phantasie immer – existiert hat; sie wird Realität, sowie du in die Bilder eindringst. Großvater ist dein Großvater oder mein Großvater; der Wald ist der Wald hinter eurem Haus oder vor der Stadt."

Blickpunkt
Einige Maler und Zeichner rechtsrheinischer Landschaften:

Blum, Wilhelm (M. 19. Jh.)
Breitling, Joseph (um 1831)
Dielmann, Jakob Fürchtegott (1809–1885)
Fries, Ernst (1801–1833)
Gardner, John (1729–1808)
Hundeshagen, Bernhard Helferich (1784–1858)
Jansen, Franz Maria (1885–1958)

Kalb, Walter (1904–1990)

Kerkhoff, Daniel (1766–1831)

Knaus, Ludwig (1829–1920)

Krevel, Louis (1801–1876)

Lasinsky, Johann Adolf (1808–1871)

Luthmer, Ferdinand (1842–1921)

Maler, Berket Foster (1825–1899)

Mannfeld, Bernhard (1848–1925)

Manskirch, Franz Josef (1768–1830)

Manskopf, Johannes (1864–1940)

Merian, Matthaeus d. Ä. (1593–1650)

Osterwald, Georg (1803–1884)

Ponsart, Jean Nicolas (1788–1870)

Pose, Eduard Wilhelm (1812–1878)

Preyer, Johann Wilhelm (1803–1889)

Ramboux, Johann Anton (1790–1866)

Reifferscheid, Heinrich (1872–1945)

Schenck, Peter (1660–1718)

Scheuren, Caspar Johann Nepomuk (1810–1887)

Smits, Jan Gerrit (1823–1920)

Thoma, Hans (1839–1929)

Tombleson, William (* um 1795, † um 1846)

Ubbelohde, Otto (1867–1922)

Volkmann, Lina (1899–1942)

Weckerling, Ernst (1877–1917)

Weckerling, Karl (1867–1948)

6.7   Menschen ohne Maske

Der Fotograf August Sander

🍂 Westerwälder Menschen auf der „photokina" 1976, der Weltmesse der Photographie! Aber diesmal nicht nur als Besucher wie sonst auch, sondern in Fotografien von August Sander. „Porträts und Situationen" ist eine Bilderschau betitelt, die in der Kölner Kunsthalle und dem Kölnischen Kunstverein zu sehen war. Einer der Schwerpunkte ist das Werk Sanders.

Er wurde 1876 in Herdorf geboren. Nach der Volksschule schuftete er als „Haldenjunge" in Grubenanlagen des Hellertales. Als er einem Fotografen der Bergwerksgesellschaft helfen musste, ließ ihn die Lichtbildnerei nicht mehr los. Ein Onkel schoss Geld vor, so dass er sich eine Fotoausrüstung kaufen und eine Dunkelkammer einrichten konnte. Die Herdorfer fanden so viel Gefallen an seiner Kunst, dass sie sich nach damaliger Manier auch im Gehrock oder Sonntagskleid ablichten ließen und so Sander eine erste finanzielle Hilfe gewährten. Beim Militär (1896–1898) standen die Kameraden vor der Linse seiner Kamera. Sein Chef gab ihm eine Empfehlung mit auf den Weg, der ihn für zwei Jahre nach Berlin, Magdeburg, Halle/Saale, Leipzig und zuletzt nach Dresden führte, wo er am akademischen Kunstunterricht nippte. Erst in Linz an der Donaus fasste er Fuß als Angestellter (1901) und wurde schließlich Alleineigentümer (1904) eines Fotoateliers. Hier hatte er auch seine Frau Anna kennen gelernt und geheiratet (1902), Aus der Ehe sind vier Kinder hervorgegangen. Der geschäftliche Erfolg in Linz ermutigte ihn zum Umzug und zur Eröffnung eines Ateliers in Köln im Jahre 1910.

Anfangs tat er sich in der Domstadt schwer und radelte mangels Kundschaft ins Siegerland und durch den Westerwald als Photograph der „kleinen Leute". Im Weltkrieg focht er als Landsturmmann für den Kaiser, vergebens, wie wir alle wissen. Aber dann wurde sein Name bekannt. Die Prominenz in Köln fand ebenso den Weg in Sanders Atelier, wie das Arbeiterpaar, das sich zum Hochzeitsbild stellte. Sander vermied nach allen Kräften das übliche Atelierklima, in dem die Menschen zur Pose erstarrten. Indem er sich mit seinen Kunden unterhielt, verhinderte er, dass sie eine Rolle spielten und stattdessen ihren natürlichen Ausdruck behielten. So nahm er sie auf. Etwa zehntausend Glasplatten-Negative sind erhalten. Sie zeigen „Menschen ohne Maske", wie ein Sammelband mit einer Auswahl seiner Bilder treffend betitelt ist.[1] Seine Kölner Kundschaft ist ebenso festgehalten wie „Sonntagsmusiker im Westerwald", „Bauernkinder" oder „Jungbauern auf dem Weg zum Tanz" und andere photographische Skizzen und Porträts von Westerwälder Menschen aus den Jahrzehnten vor und nach dem Ersten Weltkrieg.

Angesichts der Unmittelbarkeit und Lebendigkeit seiner Bilder überrascht es, dass Sanders stets seiner großformatigen Holzkamera treu geblieben ist. Zur Kleinbildphotographie, die seit 1925 mit der Entwicklung der LEICA von Wetzlar aus ihren Siegeszug antrat, konnte er sich nie entschließen.

Aufgrund von Anregungen aus Künstlerkreisen – vor allem die „Gruppe Progressiver Künstler" – trug sich August Sander mit dem Gedanken, ein Photo-Sammelwerk unter dem Titel „Menschen des 20. Jahrhunderts" herauszubringen. Er sah Kapitel „Die Großstadt", „Die letzten Menschen" (Kranke, Irre) und „Die Stände" (Arbeiter, Bauern, Soldaten, Beamte) vor, aber nur ein Band „Antlitz der Zeit" mit einer Auswahl von sechzig seiner Portraits wurde 1929 publiziert. Alfred Döblin verfasste dazu das Vorwort. Doch die Nazis verboten sein Werk und steckten seinen Sohn Erich als Mitglied der Sozialistischen Arbeiterpartei Deutschlands ins Zuchthaus (1934). Sogar sein Buch „Antlitz der Zeit" wurde eingezogen und die Druckstöcke vernichtet (1936). Sander lebte von da an in Kuchhausen am Siebengebirge. Dort lagerten wichtige Fotos und Negative relativ sicher, während sein Atelier in Köln ausgebombt wurde (1944). Klug befasste er sich ausschließlich mit der während dieser Zeit unverdächtigen Landschaftsfotografie. In alten Heimatkundebüchern sind seine Bilder erschienen. Zurück in Köln startete er eine umfangreiche Bilddokumentation über die Kriegszerstörungen (1946). Im Jahre 1964 starb Sander im Alter von 85 Jahren. Seine Bilder haben ihn überlebt und inzwischen weltweit Aufsehen erregt. Nach der „photokina" wird die dort gezeigte Auswahl unter anderem in New York, Brüssel, Florenz und Berlin zu sehen sein. Der Münchener Verlag Schirmer/Mosel, der den Nachlass verwaltet, hat außer dem 1971 veröffentlichten Sammelband aufwendige Luxusmappen herausgebracht. Da erst ein relativ kleiner Teil der Bilder der Öffentlichkeit bekannt ist, wird man gerade im Westerwald und Siegerland mit Spannung diesen

---

[1] München: Verlag Schirmer/Mosel, 1971

tholischen Kirche, den Altkatholiken der Schweiz, gefördert haben. Fünf Jahre später übertrug man ihm die kleine Diasporapfarrei Binningen bei Basel (1906).

Die wenigsten ahnten zunächst, dass sie einen international geachteten Gelehrten vor sich hatten. Doch blieb das Licht nicht lange unter dem Scheffel verborgen, und Aloys Anton Führer zögerte nicht, wenn man ihn zu Vorträgen über sein Fachgebiet einlud. In zum Teil allgemein verständlichen Schriften befasste er sich mit „Christus in Indien" (1908) oder „Buddhismus und Christentum" (Basel 1909).

Hier ist er auch zu geistlicher Größe herangewachsen, wie selbst der römisch-katholische Chorregent in Limburg zugibt, schreibt er doch über Führer: „In apostolischer Armut lebte er dort 24 Jahre, ohne einen Tag Ferien. Er präpariert seine Predigten für wenige Getreue so gut, wie für eine große Gemeinde." Die bezeugte ihm, dass er nicht nur von der Kanzel tönte, sondern „immer gut gelaunt und bemüht war, jedem ihm begegnenden Bekannten etwas Warmherziges und Liebes zu sagen". „Die Predigt vom Guten Hirten" war seine letzte. Einen Tag danach erlitt er einen Gallendurchbruch, der am 11. Mai 1930 zum Tod führte. Er wurde nach altkatholischer Ordnung beerdigt. In der Schweizer National-Zeitung erinnerte sich G. Wyß: „Seine Persönlichkeit ... trug im hohen Greisenalter nach mannigfachen Leiden noch das Gepräge eines aus der Kindheit ungebrochen bewahrten Idealismus."

6.9 Bewährtes bewahren
Vom K(r)ampf ums Latein

🌿 Geradezu als „Meisterprüfung" für einen Messdiener galt damals, dass er das Suscipiat fehlerfrei dahersagen konnte. Selbst die Hollerer Zwergschüler konnten das perfekt, staunte der Knirps aus der Kreisstadt. Bis sein Vetter Joseph ihm empfahl, mal genau hinzuhören. Da flog der fromme Schwindel auf. Die sagten hörbar „Suscipiat Dominus", murmelten dann flott „eins, zwei, drei ..." und endeten lauthals und vernehmbar „... suae sanctae". Nach dem unüberhörbaren akustischen Signal wandte sich Pfarrer J. B. – im Dorf „Kaffee-Jussep" genannt – wieder zum Altar empor, um das Stillgebet, die Sekret zu sprechen. Anfangs- und Schluss-

worte laut, den Rest gemurmelt; damit mogelten sich die Volksschüler als Messdiener durch ihren Dienst. Die liturgischen Verhältnisse schienen so, dass Entscheidungen des Vatikanischen Konzils (1962–1965), dahin interpretiert wurden,
der lateinischen Messe sei der Todesstoß zu versetzen. Wodurch sie dann ersetzt
wurde, wirkte manchmal wirklich wie „Ersatz", so „billig" sah und hörten sich
nunmehr die Darbietungen mancher Zelebranten an. Als ob es nur ein kirchenpolitischer Schachzug wäre, wenn der Papst „die tridentinische Messe" plötzlich wieder zugelassen hat – so lesen sich dieser Tage (2007) Kommentare der Medien.
Natürlich soll damit erklärtermaßen auch Bedürfnissen einer Minderheit entspro-
chen werden, was in demokratischen Gesellschaften selbstverständlich und für
kirchliche längst überfällig ist. Doch das sei nicht unser Thema.

Erinnern wir uns: Die Liturgiereform von 1963 gestattete Katholiken den Gebrauch
der Gemeindesprache bei Feier der Messe. Wohlgemerkt ging und geht es um die
Gemeinde- und nicht gleich um die Volkssprache. Ziel der Reform war ja die ak-
tive Teilnahme der anwesenden Gemeinde an der Liturgie. Also könnte eine Messe
je nachdem auch in Esperanto oder Ido gefeiert werden. Nur konsequent, wenn
auch der weitgehende Erhalt der lateinischen Sprache in der Liturgie ausdrücklich
gewünscht wurde. Papst Johannes XXIII. erblickte hierin sogar eine besondere Aufgabe für die Klöster mit ihrer kulturellen Tradition. Wie weit und wie begeistert
diese ihrer Aufgabe nachgekommen sind, bleibe dahingestellt. Auch mag man fragen, ob die Verabschiedung alter Gewohnheiten wirklichen Fortschritt gebracht,
den Eifer der Gläubigen oder die Zahl der Gottesdienstbesucher gesteigert hat.

Das ist nicht gegen die Volkssprache gemünzt, deren Gebrauch bei Bedarf immer
selbstverständlich gewesen ist. Cäsarius von Heisterbach hat seine Novizen neben
dem Lateinischen auch in Deutsch unterrichtet. Mechthild von Magdeburg brachte
ihre mystischen Erfahrungen kühn in der heimatlichen Sprache zum Ausdruck.
Beide dürfen zur nicht-lateinischen Weltliteratur gerechnet werden. Beide aber
waren ebenso des Lateinischen kundig, das sie auch gebraucht haben, wo es sinn-
voll oder geboten war. Aber nein, hier geht es jetzt gar nicht um die Verteidigung
der lateinischen Messe, um den Streit zwischen „Progressiven" und „Konservati-
ven", sondern um die erste und einzige Sprache, die in ganz Europa, von Rumänien (Name!) bis Portugal verstanden und gesprochen worden ist. Zuletzt noch in
der römischen Kirche lebendig, ist sie innerhalb einer Generation verstummt. Es

bleibt nur die deprimierende Frage, wie und wieso eine weltweit einmalige Errungenschaft so gründlich und ersatzlos aufgegeben werden konnte. Wohlgemerkt: Eine weltumspannende Organisation schafft im Vorfeld der Globalisierung über Nacht ihre eigene und bewährte Weltsprache ab! Sage keiner, Latein sei eine tote Sprache, obwohl das sogar in Richtlinien deutscher Kultusministerien behauptet wird. Die naturwissenschaftliche Fakultät der Universität Bonn hielt noch bis zum Ersten Weltkrieg das Rigorosum lateinisch. In manchen Klöstern waren früher wenigstens zweimal wöchentlich Unterhaltungen nur auf Lateinisch erlaubt. Chroniken wurden noch in den 1950er Jahren lateinisch verfasst. Bei einer internationalen Tagung im Westerwald glänzten ungarische Kleriker durch virtuose lateinische Interventionen, Ansprachen und simultane Übersetzungen. Auch das Ringen um eine adäquate Psalmenübersetzung mag als Hinweis auf die Lebendigkeit dieser Sprache dienen, hat es uns doch gleich mehrere lateinische Versionen beschert. Sage auch keiner, die Jugend empfände zwangsläufig Latein als Hindernis. Als eine Unterprima Klassenfahrt ins europäische Ausland machte (1964), und auch das damals noch nicht so verbreitete Englisch nicht weiter half, fragte man sich zum nächsten Pfarrhaus durch. Dort sprach man ja lateinisch. Und die Primaner sowieso. Neueste Erfahrung vermittelten Aushilfsstunden in der Jahrgangsstufe sieben (früher: Quarta). Die Schüler erlebten Latein wohl erstmals als gesprochene Sprache. Dementsprechend waren sie mit großer Begeisterung dabei. Knüller war der Gesangvortrag des alten Boogie-Schlagers „Mecki war ein Seemann …" auf Lateinisch: Mecki erat nauta … Dem scheidenden Lehrer widmeten sie einen Abschiedsbrief in der „toten Sprache". Das Kollegium entließ ihn mit dem Westerwaldlied in der Sprache Roms. Inzwischen wird Latein an rheinischen Gymnasien häufiger gewählt als Französisch. „Etwa ein Viertel lernt immer Latein", meldete die Rhein-Zeitung im Januar 2008. Und eine Studentin äußerte sich vor der Presse: „Schon peinlich: Ein Jahr Latein zeigte bei mir mehr Wirkung als alle vorausgegangenen Deutschstunden zusammen. Ohne Latein hätte ich nie so problemlos Spanisch lernen können. Ohne Latein hätte ich viele Fachtermini im Leistungskurs Biologie und auch sonstige Fremdwörter dieser Welt schlechter verstanden. Und ohne Latein hätte ich heute im Schwedischunterricht enorme Probleme mit der Grammatik. Ich finde es gut, dass Latein in den meisten Gymnasien noch angeboten wird. Sollen die Schüler ruhig schwitzen! Ein bisschen Disziplin in unserer Fun-Gesellschaft – und das sogar mit anschließendem Gewinn."

Viele wissen sehr wohl, dass Latein „als abstraktionsfähige Fachsprache Großes geleistet hat" und vielleicht auch für heutige Wissenschaftler ein hervorragendes Ausdrucksmittel von bestechender Präzision bilden könnte. Das Erlernen dieser in Anfangsgründen nicht leichten Sprache wäre sicher auch ein Prüfstein für Eifer und Disziplin angehender Akademiker. Die Chance, die der Papst bietet, sollte demnach nicht Katholiken und deren Traditionalisten überlassen bleiben, sondern in weiten Kreisen beherzt wahrgenommen werden. *Parta tueri*, empfiehlt der heidnische Dichter eher vordergründig. „Das Erworbene zu wahren" – so heißt das auf Deutsch – geht alle an.

Blickpunkt
(„Oh, du schöner Westerwald" – lateinisch)

Castra moveamus nunc,
Iter faciamus tunc
In ventosum nimium
Saltum pulchrum, frigidum.
O quam sa-a-al-tus es minficus!
Flat et spirat ventus tuus frigidus,
Cor imum solis radius
Penetrat minimus.

Die solis animo
Saltant libentissimo
Gretula, Ionannes, nam
Valde amant choream.
O quam ...

Choreae finem capiunt,
Pueri rixam faciunt.
Qui non amat verbera
Caret puer audacia.
O quam ...

Im Blick der Forscher

🦋 **Ein „rheinischer Humboldt"** *Maximilian Prinz zu Wied* 🦋 **Pflanzenjäger zwischen Bingen und Bonn** *Von Philipp Wirtgen zum Rheinischen Herbar* 🦋 **In Stein verewigt** *Erdgeschichte namentlich*

7.1 Ein „rheinischer Humboldt"
Maximilian Prinz zu Wied

Er hätte Playboy werden können, zum Beispiel. Aber Maximilian Prinz zu Wied (1782–1867), achtes von zehn Kindern des Fürsten Friedrich Carl zu Wied und seiner Gattin Maria Luisa Wilhelmine, Prinzessin von Sayn-Wittgenstein-Berleburg, wusste Besseres. Autodidaktisch und als passionierter Jäger erwarb er sich naturkundliche Kenntnisse, die er später an der Universität Göttingen bei Professor Johann Friedrich Blumenbach (1752–1840) vertiefte. Dazu kam seine unbändige Reiselust. Napoleon hatte allerdings Europas Grenzen dicht gemacht. Über die Schweiz, Oberitalien und Savoyen kam Maximilian deshalb zunächst nicht hinaus. Aber ausgerechnet Alexander von Humboldt, den er während seiner Militärzeit in Paris kennen gelernt hatte, lenkte seine Aufmerksamkeit auf Amerika, eine Welt, der fortan seine ganze Sehnsucht galt. Erst der Sturz Napoleons erlaubte schließlich eine zweijährige Expedition nach Brasilien (1815–1817), dessen küstennahe Provinzen der europäischen Wissenschaft damals nahezu unbekannt waren. Als Fünfzigjähriger unternahm Maximilian eine zweite Reise in die Neue Welt, diesmal nach Nordamerika in das „Indianerland" am Missouri (1832–1834). Zwischen und nach diesen Reisen war er mit der Auswertung seiner Tagebuchnotizen, Skizzen und Sammelobjekte beschäftigt. In Neuwied entstand dabei ein reichhaltiges Naturalienkabinett, das Gelehrte und Naturmaler, darunter auch den berühmten Vogelmaler John Gould (1804–1881), an den Rhein lockte.

Die Ergebnisse seiner Brasilienexpedition schlugen sich in insgesamt acht Bänden nieder, und über die Nordamerikareise erschien ein dreibändiges Werk. Sie alle gelten teilweise noch heute als Standardwerke, weil in ihnen das Leben der Indianer, vor allem der ostbrasilianischen Botokuden und der Stämme am oberen Missouri, noch in authentischer Weise beschrieben ist, wie das bereits wenige Jahrzehnte später so nicht mehr möglich war.

Sehr sorgfältig hat der Prinz alles Wesentliche unmittelbar aus der Beobachtung heraus skizziert. Leider haben seine Geschwister Carl und Luise als begabte und akademisch gebildete Künstler geglaubt, die Handskizzen Maximilians vor der Veröffentlichung umzeichnen zu müssen. Dabei gingen aber Naturtreue und oft auch Atmosphäre verloren. Die Landschaften und ihre Bewohner wurden im Stil der damaligen Zeit romantisch verklärt. Der Prinz aber orientierte sich als Protokollführer mit Pinsel und Stift nicht an Akademiemaßstäben, sondern eher an Humboldts „Ansichten der Natur". Unbestechlich hielt er fest, was er wirklich sah. Aber diese scheinbare Naivität spiegelt auch immer das Erlebnishafte der Naturbegegnung und hebt das optische Protokoll auf eine künstlerische Ebene eigenen Stils. Die brasilianischen Erfahrungen bewogen den Prinzen, für seine zweite Amerikareise den Maler Carl Bodmer anzustellen – ein Glücksgriff, wie sich bald herausstellte. Als Prinz Maximilian zu Wied hoch geehrt am 3. Februar 1867 starb, wanderten nach und nach Bibliothek und Sammlungen in fremde Hände – bis nach Amerika. Selbst seine Veröffentlichungen bilden in den Originalausgaben heute fast unerschwingliche Raritäten.

7.2 Pflanzenjäger zwischen Bingen und Bonn
Von Philipp Wirtgen zum Rheinischen Herbar

❧Wenn ein Grundschullehrer die Würde eines Ehrendoktors erhält, ist das nicht alltäglich. Die Universität Bonn jedenfalls hielt den Koblenzer Lehrer Philipp Wirtgen dieser Ehre für würdig (1853). Die renommierten Professoren Ludolf Christian Treviranus und Johann Noeggerath schrieben zur Begründung damals: „Seit mehr als 20 Jahren wirkt er in Koblenz mit ausgezeichnetem Erfolg bei der Verbreitung naturwissenschaftlicher Kenntnisse. (…) Als Mensch, Bürger und Jugendlehrer genießt er unsere ungeteilte Hochachtung." Die Leopoldina in Halle bezeichnete ihr Mitglied gar als Florae Rhenanae cultor eximius (hervorragenden Hüter der Rheinischen Pflanzenwelt). Wirtgen hatte sich den Ruf erworben durch botanische Untersuchungen und Publikationen, aber auch durch Leitfäden für den naturkundlichen Unterricht an Schulen. Mit der Zusammenstellung von Fossilien im Raum Koblenz behandelte er einen Raum, der für Gesteinsschichten und Funde des Devons namens- und maßgebend geworden ist. Nicht weit war der Schritt zur Heimatkunde, die Wirtgen durch grundlegende Studien gefördert hat.

Am 4. September 1806 in Neuwied als Sohn eines Klempners geboren, beschäftigte sich Philipp von jung an nicht gerade zur Freude seiner Eltern mit Naturkunde. Zunächst Lehrling in der Werkstatt seines Vaters, verschaffte ihm Kirchenrat Meß, der das Talent des Vierzehnjährigen erkannte, einen Platz an der Präparandie zu Neuwied, wo Philipp 1824 die Lehramtsprüfung ablegte.

Zunächst unterrichtete er an der Elementarschule in Remagen, dann sieben Jahre in Winningen. Seit 1831 war er in Koblenz als Lehrer an der Evangelischen Grundschule tätig, vier Jahre später dann bis zu seinem Tod als Fachlehrer an der Höheren Stadtschule, aus der das heutige Hilda-Gymnasium hervorgegangen ist.

Der Amtszeit in Remagen war für Wirtgens Ambitionen günstig, weil er sich in der Freizeit mit der heimischen Pflanzenwelt beschäftigte und so Kontakt mit der Universität Bonn fand, vor allem mit dem Paläontologen Georg August Goldfuß (1782–1848) und dem Botaniker Theodor Friedrich Ludwig Nees von Esenbeck (1787–1837). Schon 1833 veröffentlichte Wirtgen eine „Übersicht der im Rheintal zwischen Bingen und Bonn wild wachsenden Pflanzen". Es folgten die umfängliche Arbeiten „Flora des Regierungsbezirks Koblenz" und „Gefäßpflanzen der preußischen Rheinlande". Mit dem bescheidenen Anfangsgehalt eines Lehrers konnte er gerade noch seine elfköpfige Familie unterhalten. Als ihm 1857 für die „Flora der preußischen Rheinprovinz" eine Anerkennung über 100 Talern ausgezahlt wurde, notierte er: „Das Geld kam mir in hohem Grade erwünscht, denn schwer bedrängt von allen Seiten war schon seit Wochen die vollständige Verteilung an verschiedene Gläubiger vorgenommen und zugesagt, so dass nach einer Stunde kein Taler davon mehr in meiner Hand war." Verständnis und Tatkraft seiner Ehefrau Anna Karolina Hofbauer aus Winningen trugen wesentlich dazu bei, diese Belastungen zu meistern. Nur dank gelegentlicher Zuwendungen waren ihm Studienreisen (Alpen 1844, Norditalien 1851) oder Teilnahme an Kongressen möglich. Zu seinen Gönnern zählte Prinzessin Augusta von Preußen, die spätere Königin. Wenn sie im Koblenzer Schloss residierte, empfing sie gelegentlich Wirtgen zu Fachgesprächen. Trotz höchster Empfehlungen scheiterten jedoch alle Bemühungen um einen Lehrstuhl. Die gelehrten Gremien gaben Titelträgern den Vorzug vor dem Außenseiter, auch wenn der besser war als andere Bewerber.

Am 7. September 1870 verstarb Philipp Wirtgen im Alter von 64 Jahren. Die Pflegelasten für sein Grab auf dem Hauptfriedhof trägt die Stadt Koblenz.

Wissenschaftlich lebt Philipp Wirtgen nicht nur in seinen achtzig Publikationen weiter, sondern vor allem im Rheinischen Herbar. Diese einzigartige Sammlung zur Flora von Nordrhein-Westfalen, Rheinland-Pfalz und Saarland wird heute vom Naturhistorischen Verein der Rheinlande und Westfalens (NHV) verwaltet und befindet sich in Bonn. Wirtgen war Mitgründer und Vorstandsmitglied dieses Vereins, zusammen mit den Entdeckern des Neandertalers Carl Fuhlrott (1804–1877) und Hermann Schaafhausen (1816–1893). Vereine dieser Art waren damals oft einziges Forum für Wissenschaftler ohne Hochschulposten. Die Philipp-Wirtgen-Eiche an der Koblenzer „Schwedenschanze", die 1952 vom Regierungspräsidenten gepflanzt wurde, ferner Straßen in Koblenz, Neuwied und Köln erinnern an den Forscher. Die Botanik ehrte den genialen Lehrer mit wissenschaftlichen Bezeichnungen für Pflanzenarten wie Rumex wirtgeni und Agrimonia wirtgeni oder die Bezeichnung Wirtgeria Nees für eine nordamerikanische Gattung der Süßgräser (Poaceae). Bei einem Festakt der Universität Bonn anlässlich seines 150. Geburtstages sagte der Botaniker und Vorsitzende des Naturhistorischen Vereins, Prof. Dr. Maximilian Steiner: „Man macht sich keiner Übertreibung schuldig, wenn man Philipp Wirtgen als den größten Floristen und Pflanzengeographen der Rheinlande preist."

7.3   In Stein verewigt
Erdgeschichte namentlich

❧Man braucht nur im Register zu blättern. Abhandlungen zur Erdgeschichte (Geologie), über Mineralien oder Versteinerungen (Fossilien) enthalten Stichwörter, die einem Handbuch der Heimatkunde entnommen sein könnten, von Siegen bis Ems oder von Koblenz bis Herborn. Viele natürliche Bildungen der Erde sind erstmals am Mittelrhein studiert und manche Erscheinungen hier völlig neu entdeckt worden. Manche Fundorte setzten weltweit gültige Maßstäbe, an denen jeder Neufund geprüft wird. Kennzeichnende Orte sind das oder im Jargon der Fachleute loci typici (Einzahl: locus typicus).

Nun ist es kein Zufall, dass die Landschaften an Rhein, Lahn und Sieg Gegenstand wissenschaftlicher Forschungen gewesen sind. In erster Linie haben die wirtschaftlich bedeutenden Bodenschätze diesen Studien Vorschub geleistet. Aber auch die auftragsfreie Wissenschaft hat sich unserem Gebiet nachhaltig gewidmet. Günstige Aufschlussverhältnisse oder ergiebige Fundpunkte von Mineralien oder Fossilien lieferten wesentliche Einblicke in die geologischen Prozesse während des Erdaltertums und der Erdneuzeit, und dort jeweils in den Phasen, die man Devon und Tertiär (auch: Braunkohlenzeit) nennt. Nicht zuletzt hat der Sammlerfleiß von Bergleuten und Liebhabern prächtige Stufen und interessante Kleinstmineralien der wissenschaftlichen Mineralogie überwiesen. Es ist reizvoll, auf die Fachsprache von Geologen, Fossilforschern oder Mineralogen zu hören. Darin bekamen etliche Bezeichnungen zeitweilig oder dauernd Geltung, die mit unserem Gebiet aufs engste verknüpft sind.

Zwei wichtige Gesteinspakete des Unterdevons heißen Siegen (Siegenium) und Ems (Emsium). Die Ems-Schichten hießen ursprünglich Koblenz-Schichten. Innerhalb beider werden weitere Gesteinsfolgen unterschieden, die zum Teil nach Orten unserer Gegend benannt sind. So kennen wir im Siegen beispielsweise die Bänderschiefer mit Grauwackenbänken der Kirchener Schichten, etwas darüber die Grauwacken und Bänderschiefer der Betzdorfer Schichten. Im Mittleren Siegen trifft man auf die Wildflasergrauwacke der Seifener Schichten. Im Unter-Ems lagern die Vallendar-, darüber die Nellenköpfchen-Schichten. Im Ober-Ems tragen die Hohenrheiner Schichten ihren Namen nach einer Örtlichkeit bei Lahnstein. Eine bestimmte Schicht des Karbons, die *Pericyclus*-Stufe (zwischen Tournai und Visé), erhielt die Bezeichnung Erdbachium. Aus nahe liegenden Gründen sind alle tektonischen Spezialbildungen nach Ortschaften des betreffenden Gebietes katalogisiert worden und in die Literatur eingegangen.

Die Schichtenfolgen weisen mitunter Gesteine auf, die ganz speziellen Charakter haben und infolgedessen nach ihrem Vorkommen benannt worden sind. Im Unterdevon ist der Ems-Quarzit von landschaftsprägender Bedeutung. Blaugrüne sandige Schiefer des Oberen Siegen sind die Daadener Schiefer. Wegen ihrer Fossilien wurden die Wissenbacher Schiefer auch bei Liebhabern berühmt. Unterschieden werden die mitteldevonischen Greifensteiner, Günteroder und Ballersbacher Kalke sowie die unterkarbonischen Erdbacher Kalke. Die Dillenburger Tuffe und Gießener Grauwacken sind allerdings mittlerweile aus dem Sprachgebrauch ausgeschieden. Die Langenaubacher Tuffbrekzie stellt eine einmalige Erscheinung dar. Selbst die Flußgeröll, die in der Tertiärzeit zu Tal geschleppt und bei uns abgelagert wurden, haben nahe der Lahnmündung einen eigenen Charakter, so dass man von den Arenberger oder Vallendarer Schottern spricht. Dem Taunus galt nicht minder die Aufmerksamkeit der Geoforscher. Namen sprechen für sich. Der Taunusquarzit wird als geradezu typisch für diese Landschaft angesehen, ähnlich wie der Lahnmarmor. Weniger bekannt sind die Hofheimer Kiese.

Auch hier ist die Erdkruste immer in Jahrmillionen gehoben und gesenkt, aufgerichtet und gefaltet, geschichtet und aufgebrochen worden. Das hat Spuren hinterlassen wie in einem alten Antlitz. Den auffälligsten Strukturen hat man die Namen verpasst, wo sie zum ersten Mal beobachtet wurden. Im nördlichen Taunus kennt man die Taunusrandverwerfung. Der Hunsrück-Schiefer tritt in den drei Varianten Kaub-, Bornich- und Sauerthal-Schichten auf. Ebenfalls im Schiefergestein lassen sich die Singhofen-Schichten unterscheiden. Als Vordertaunus-Einheit fasst man Eppsteiner und Lorsbacher Schiefer (Phyllite) zusammen. Die Eschbacher Klippen zeugen eigentlich den Usinger Quarzgang an. Bildungen geologisch neueren Datums sind die Mosbacher Sande.

Für die Altersbestimmung von Gesteinsschichten können bekanntlich die eingeschlossenen Fossilien von ausschlaggebender Bedeutung sein. Nach dem Siegen benannt wurden die Schnecken *Turbonitella sigana* und *Strophonella sigana*, die vor 1936 als neue Arten an der Unkelmühle bei Eitorf entdeckt worden sind. Im Namen des Armkiemers (Brachiopode) *Rhensselaeria (Rhenorhensselaeria) confluentina* dienen die Koblenz-Schichten als Artbezeichnung. Unschwer ist bei *Homalonotus rudersdorfensis* der namengebende Siegerländer Ort in der Artbezeichnung zu erkennen. Im Kulm, wie es bei Herborn ansteht, kommt die Muschel *Posidonia becheri* als charakteristisches Fossil vor. Sie ist nach dem Dillenburger Bergrat Becher benannt. Herborn ist auch verewigt in dem Namen des Stachelhäuters *Meeckechinus herbonensis* und des „Urkrebses" *Archegonus aequalis herbornensis*, der 1967 am Fundpunkt „Weinberg" entdeckt wurde.

Der urzeitliche Schachtelhalm *Archaeophyllum spitzeri* wurde nach dem Herborner Sammler Stephan Spitzer benannt, um den unentbehrlichen Beitrag der Liebhaberforscher für die Wissenschaft zu würdigen, wie der Namengeber Prof. Leistikow ausdrücklich betont hat. Auch der Herborner Diplom-Ingenieur Dr. Wolfdietrich Bindemann kam auf diese Weise zu nomenklatorischen Ehren. Da ihm der beinahe einmalige Fund des Kauapparates eines fossilen Stachelhäuters am Fundpunkt „Weinberg" gelang (1938), erhielt 1950 der Trilobit *Carbonocoryphe bindemanni* seinen Namen. Später wurde auch der Goniatit *Girtyoceras bindemanni* nach ihm benannt. Aus dem Oberdevon des Scheldetales stammt der Dreilapper (Trilobit) *Drevermannia (Formonla) scheldana*, aus dem Unterkarbon von Erdbach *Liobole glabra erdbachensis*. Gleichfalls in der Dill-Mulde wurden die Goniatiten *Crickites scheldensis* und *Monticiceras bickense* festgestellt.

Mehrere Mineralnamen stammen von Fundpunkten im Westerwald. Um den Leser nicht allzu sehr zu beschweren, seien sie in alphabetischer Reihenfolge aufgezählt. Der Dernhachit, heute Beudantit genannt, hatte seinen Namen von der Grube „Schöne Aussicht" bei Dernbach. Eleonorit ist eine Varietät des Beraunit, der nach der aufgelassenen Brauneisensteingrube Eleonore bei Bieber am Dünsberg benannt wurde.

Von dort erhielt auch das Mineral Bieberit seinen Namen. Die Emser Tönnchen sind eine in Bad Ems anzutreffende Kristallform des Pyromorphit. Der „rubinrote Eisenglimmer" von der Eisenzeche bei Eiserfeld wurde vom Siegerländer Pfarrer Achenbach Goethit genannt. Der Dichter notierte: „Wohlwollende Männer vom Westerwald entdecken ein schönes Mineral und nennen es mir zu Lieb und Ehren Goethit". Bekanntlich hat Goethe aus geologischem Interesse das Lahngebiet und den Westerwald bereist und in Holzappel Mineralien gesammelt. Weitere nach Fundorten des Siegerlandes oder des Lahn- und Dillgebietes gebildete Mineralnamen sind Herbornit, Siegenil, Müsenit und Staffelit.

Blick ins Abseits

8.1 „Mein armer Quäck!"
Todessturz eines Indianers

❧ Er wollte nur Luft schnappen am offenen Fenster nach durchzechter Silvesternacht. Da verlor er das Gleichgewicht, stürzte vom ersten Stock im Seitentrakt des Neuwieder Schlosses zu Boden. Niemand bemerkte den Unfall. So erfror der Indianer kläglich in der Nacht von Dezember auf Januar 1833/34. So jedenfalls wird es überliefert. Fast fünfzehn Jahre hatte er hier gelebt als Diener seines Herrn, des berühmten Naturforschers Maximilian Prinz zu Wied (1782–1867). Bei dessen Expedition durch die Urwälder Brasiliens (1815–1817) hatte sich der junge Indio Nuquäck (später: Quäck) aus dem kriegerischen Stamm der Botokuden so bewährt, dass der Prinz ihn fest anstellte und nach Europa kommen ließ. Neben den üblichen Diensten bei Hofe war der Indio hervorragender Begleiter bei der Jagd in den wiedischen Revieren des Westerwaldes, an den Dreifelder Weihern oder in den Rheinauen.

Lesenswert ist noch heute die Schilderung der ersten Begegnung des rheinischen Prinzen mit Indianern in Brasilien (1813): „Allein auf dem engen Pfädchen, welches zwischen den hohen Waldstämmen sich durchwand, stießen uns manche interessante Vögel auf. Wir schossen einige davon, und eben war ich im Begriff, einen derselben aufzuheben, als ich plötzlich durch den kurzen, aber unsanften Ton einer rauhen Stimme angerufen wurde. Schnell kehrte ich mich um, und siehe da, nahe hinter mir mehrere Botokuden! Nackt und braun wie die Tiere des Waldes standen sie da, mit den großen Pflöcken von weißem Holz in den Ohren und der Unterlippe, Bogen und Pfeile in ihrer Hand. Die Überraschung, ich gestehe es, war für mich nicht gering. Hätten sie feindselig gedacht, so war ich von ihren Pfeifen durchbohrt, ehe ich ihre Nähe überhaupt ahnden konnte. Jetzt trat ich keck zu ihnen hin und sagte ihnen, was ich von ihrer Sprache wusste. Sie drückten mich nach Art der Portugiesen an die Brust, klopften mir auf die Schulter und schrieen mir laute, rauhe Töne entgegen, besonders aber riefen sie bei Erblickung der beiden Rohre einer Doppelflinte mit Verwunderung wiederholt: „Pun Uruhú!" (= mehrere Flinten). Einer aus diesem Volk also war nach Ende der Expedition von Prinz Max nach Neuwied geholt worden. „Unglaublich schnell verbreitete sich die Nachricht von der Ankunft eines Wilden durch die Stadt, und erregte allgemeine Neugierde, ihn zu sehen," meldete die Presse, und an anderer Stelle: „Das Gebäude, worin er sich befand war den ganzen Tag, so wie auch die nächstfolgenden von dichten Menschenmassen belagert und sein Zimmer nie leer." Vor Besuchern musste er mit Pfeil und Bogen hantieren. „Sein Gang ist unbehülflich", stellt die Zeitung fest, „welches aber wohl von den Kleidern herrührt, die er erst zur Reise über das Meer und gegen unser kaltes Clima in Bahia erhalten hat. Da er von Jugend an völlig nackt gegangen ist, so kann er sich noch immer nicht an Bedeckung gewöhnen. Wenn er den Bogen spannen und einen Pfeil abschießen will, wozu eine starke Kraft gehört, so muss er sich wenigstens der Jacke entledigen, um Brust und Arme frey zu haben; dann treibt er den langen kräftigen Pfeil zum Erstaunen hoch, […]."

Neugierige und Wissenschaftler reisten an, um einen echten Indianer zu bestaunen. Sogar der preußische Staatskanzler Fürst Carl August Freiherr von Hardenberg wünschte den Indianer zu sehen. „So wurde er von dem Prinzen Max im Schlosse zu Engers vorgestellt", wo Hardenberg vorübergehend seinen Amtssitz hatte. Quäck jedoch soll „bey dem Anblicke der Sterne und Ordensbänder nicht in Verlegenheit gerathen seyn, und bey seiner Rückkunft äußerte er seine Zufriedenheit dadurch, dass er sagte, ‚dort sey es bon' [richtiger: bom = portug. für „gut"]." Nicht alle waren neugierig, manche hatten sogar Angst. Ein mit Maximilian bekannter Arzt fragte in einem Brief an den Prinzen besorgt, ob durch die Anwesenheit des Botokuden nicht Verluste von Wertgegenständen zu befürchten seien. Und lange danach sollen Neuwieder Kinder durch den Hinweis zur Ordnung gerufen werden: „Benehmt euch nicht wie die Botokuden!".

Als hätte der Prinz zu Wied das Indianerschicksal vorausgeahnt, notierte er schon 1821: „Alle jene Wilden, welche man aus ihren mütterlichen Urwäldern entfernt und in die Gesellschaft der Europäer gezogen hat, hielten wohl eine Zeitlang diesen Zwang aus, sehnten sich indessen immer nach ihrem Geburtsort zurück und entflohen oft, wenn man ihren Wünschen nicht Gehör gab. Wer kennt nicht die magisch anziehende Kraft des vaterländischen Bodens und der früheren Lebensweise! Wo ist insbesondere der Jäger, der sich nicht nach den Wäldern zurücksehnt, die er von Jugend auf im Genuss der schönen Natur zu durchstreifen gewohnt war, wenn man ihn in das ängstlich treibende Getümmel großer Städte versetzt?"

Jedenfalls trieben Einsamkeit und Heimweh den Quäck allmählich zu übermäßigem Alkoholgenuss, obwohl Maximilian und die Hofverwaltung den Ausschank strikt untersagt hatten. Aber wie Rheinländer so sind: „Einmal ist kein Mal", oder „Ein Gläschen auf unser Wohl …!" Die Unvernunft siegte, leider. Während Maximilian Nordamerika bereiste (1832–1834), fehlten Kontrolle und Bezugsperson. Ob nun der Silvesterunfall Legende ist oder „nur" der Anfang vom Ende, fest steht jedenfalls, dass laut Kirchenbuch Quäck im Sommer 1834 beigesetzt worden war. Das geschah nach katholischem Ritus im evangelischen Neuwied – ein Hinweis, dass er bereits in Brasilien die Taufe empfangen hatte, und zwar auf den Namen Joachim (bras.: Joaquim).

Maximilian schrieb am 6. Januar 1835 an den berühmten Forscher Carl Friedrich von Martius: „Leider ist in meiner Abwesenheit mein guter armer Quäck (der Botokude) gestorben. Mein Bruder Karl hatte glücklicherweise kurz vorher ein trefflich sprechend ähnliches Bild in Öl gemalt, die Erinnerung bleibt uns nun recht lebhaft an ihn." Ein weiteres Gemälde kommentiert der Prinz so: „Quäck blaichte während des Winters imer etwas, dennoch ist hier seine Grundfarbe etwas zu weiß angegeben, indem sie eigentlich mehr ins Graubraune fiel".

Dennoch fand der Indio seine „ewige Ruhe" nicht. Irgendwann hat man ihn exhumiert und seinen Kopf für wissenschaftliche Zwecke abgetrennt. Es war die Zeit, als ein Bekannter Maximilians, Carl Fuhlrott, die Überbleibsel des Neandertalers entdeckte. Heftig tobte damals der Streit um Natur und Herkunft des Menschen, ja um die Gleichwertigkeit der Rassen. Die merkwürdige Einstellung der brasilianischen Siedler hatte Wied selber erlebt und berichtete: „[…] sie sahen jene braunen nackten Menschen nur als Thiere an, welche blos für sie geschaffen seyen, wie ja selbst die unter der Geistlichkeit im spanischen Amerika aufgeworfene Streitfrage beweißt: ob die Wilden als Menschen gleich den Europäern anzusehen seyen oder nicht?" Durch Untersuchungen am Schädel hoffte man, eine fachlich begründete Entscheidung gegenüber weltanschaulicher Voreingenommenheit herbeiführen zu können. Der Schädel des Quäck wird heute im Anatomischen Institut der Medizinischen Fakultät der Universität Bonn verwahrt. Im Sommer 2007 sah ihn zum ersten Mal die Öffentlichkeit. Einen anderen Botokudenschädel, den Maximilian unter Lebensgefahr in Brasilien geborgen hatte, gelangte in die Sammlung von Professor Blumenbach in Göttingen. Später konnte

enkapelle des Domes kann man unschwer Blüten und Insekten bestimmen. Dagegen wirken auch die feinsten Architekturpflanzen eher grob. Selbst die Glasmalerei erreicht bei weitem nicht den Standard an Naturtreue wie bei Lochner. Der hält sich strikt an die botanische Morphologie, während die Gotiker die Pflanzenarten in einer Vielfalt von Varianten darstellen von der sorgfältig ausgeführten naturnahen Form bis hin zur Karikatur. Ja, es gibt eigentlich unerlaubte Grenzüberschreitungen, bei denen die Artmerkmale verwischt werden. So kann unversehens ein Mittelding zwischen Weinlaub und Hopfenblatt, zwischen Ahorn und Efeu entstehen. Da lassen sich regelrechte Entwicklungslinien nachzeichnen, gar Stammbäume aufstellen, die Herkunft und Abwandlungen eines Blatt-Typs spiegeln. Es erinnert fast an den biologischen Evolutionsprozess, nur dass hier eine künstlerische Auslese stattgefunden hat. Die gestaltende Hand des Menschen geht weit über das hinaus, was man als Modifikationen natürlicherweise wahrnehmen kann. Im Dom „sprießen" auch Pflanzen, die es in der Natur gar nicht gibt. Demnach ist die Domflora wesentlich Zierrat, Schmuck für markante Teile der Architektur. Die Auswahl der Pflanzenarten geschieht aufgrund ihrer dekorativen Wirkung. Die Blattgestalt an sich steht im Vordergrund des Interesses, nicht irgendwelche botanischen Befunde. Gerade mal zehn Blatt-Typen liefern die Grundlage für die Formenvielfalt des gotischen Laubwerks, das den Kölner Dom schmückt. In der Sprache der Botanik würde man sie nach ihrer Gestalt als handförmig, drei- bis fünflappig, explizit dreilappig, feder-, ei- und schildförmig, herz-nierenförmig, pfeilförmig, gefiedert und rosettenförmig bezeichnen.

Diese Grundformen werden nun abgewandelt. Grenzen setzen dabei die natürlichen Vorbilder ebenso wie die Vorlagen der Musterbücher. Sauberes Kunsthandwerk achtet nun einmal den Standard. Das Verfahren hatten im Grunde bereits die Griechen festgelegt. Im korinthischen Kapitell darf man die „Urform" für alle diese Bemühungen erblicken. Das „Geheimnis der Kathedrale", von dem so gerne gemunkelt wird, löst sich zu einem durchschaubaren Vorgang mit erklärbaren Zielen auf. Keine mystisch-verschleierte Kräuterapotheke, die ihr Geheimwissen nur Eingeweihten preisgibt, verbirgt sich hinter der gotischen Flora. Um Heilwissen geht es schon: um die nachprüfbare natürliche Heilkraft der Pflanze, um ihren Nährwert sicherlich auch, mehr noch um ihre lehrreiche Symbolik und um ihre Schönheit, die den Menschen erfreut und ihm ein Mittel reicht, mit dem er verehren kann, was sein Fassungsvermögen übersteigt. Und dafür stehen ja schließlich Dome und Kirchen.

8.3   Sie haben Papa geholt
Gestapo schlägt zu

🍃   Der Landjäger in grüner Uniform und Tschako schnappte sich den sechs-
jährigen Knirps: „Wo wohnt hier der Bürgermeister Roth?" Unbefangen wies der
Kleine den Weg: da am Ende der Pählerstraße. „Das Haus mit den bunten Scheiben an der Veranda?", wollte der Gendarm wissen. Ja, klar doch, wusste der Bub
genau. Schließlich war das sein Elternhaus.

Doch sogleich vergaß er die Schupos wieder. Ihn fesselte anderes. Alois Müller, im
Krieg zu einer marginalen Landwirtschaft gedrängt, hatte ein paar Ziegen im Stall.
Für die musste Winterfutter gespeichert werden. Eigenhändig auf der eigenen Wiese
über der Marau gemäht, hatte die Leihfuhre gerade das Heu zum Stall gebracht. Die
Kinder bestaunten die mächtigen Belgier-Gäule, während Müller und Männer die
Fracht auf den Heuboden schaufelten. Wie harmlos wirkte in solcher Umgebung die
grüne Polizei! Der Schock kam wenig später. Der Kleine traf daheim ein totales Chaos
an. Die Mutter rannte heulend und ziellos durchs Haus. Die kriegsverpflichtete Haus-
gehilfin Tamara aus Russland und Lotte Löhr, Drogistin bei Morschheuser, rannten
umher und schmierten Brote. „Der Papa ist nur verreist, er kommt bald wieder", be-
schwichtigten die Frauen mit verräterischen Tränen in den Augen.

Mutter raffte den Proviant und rannte los zum Bahnhof, wohin die Feldjäger den
geliebten Mann eskortiert hatten. Die Zeit rannte davon. Die Lok für den Zug nach
Limburg stand bereits unter Dampf. Da sah die gepeinigte Frau den Kleinlaster
der Barmherzigen Brüder. Bruder G. saß am Steuer, mit der Familie Roth vor 1933
gut bekannt. Gertrud begriff die Chance und winkte vom Trottoir aus – so hieß
damals im Westerwald der Bürgersteig – den Wagen heran. Als der Ordensmann
das Anliegen begriff, erstarrte er – und gab Gas. Die junge Frau schaffte gerade
noch den Sprung aufs Trittbrett und krallte sich außen an den Türrahmen. An der
alten kurfürstlichen Försterei stoppte Ehrwürden die halsbrecherische Fahrt, damit
die Frau abspringen konnte. Nur wenige Meter waren es von hier zum Bahnhof.
Und da langte Heinrich Roth aus dem Abteilfenster und griff dankbar nach dem
Proviant. Ein herzzerreißendes Lächeln zwischen beiden, gute Wünsche wider alle
Hoffnung, und schon dampfte die Bahn davon.

273

Von hier an kann der Bub von einst nicht mehr viel erzählen. Er und das einjährige Schwesterchen kamen unverzüglich bei Verwandten unter, bei Geschwistern von Heinrich Roth in Holler. Der Junge lebte fortan im Haus der „Geschwister Roth": Maria, Auguste und Alfons betrieben einen Kolonialwarenladen. Das Mädchen fand liebevolle Pflege beim Malermeister – damals sagte man Anstreicher – Aloys Roth und Maria geb. Metternich.

Gertrud Roth, geborene Ebert (1806–1995), hat die traurige Zeit zu Protokoll gegeben. Uli Jungbluth aus Nauort hat einiges veröffentlicht. Der Junge von damals weiß davon bloß vom Erzählen und behielt nur, wie es mit ihm auf dem Dorf weiterging. Aus der achtklassigen Volksschule in Montabaur landete er in der zweiklassigen von Holler. Fräulein Eufinger betreute die ersten vier Klassen in einem Raum. Hinten spendete ein riesiger Ofen etwas Wärme. Säcke mit Tannenzapfen standen als Heizmaterial daneben. Spannend, wenn nachgefüllt wurde, lustig, wenn es im Feuer knallte und die Lehrerin zusammenzuckte!

Bei der milden Lehrerein und erst recht bei zwei unverheirateten Tanten wäre ja prächtig zu leben gewesen – wenn, ja wenn es mit der Familie „gestimmt" hätte. Die Mutter sah man nur sporadisch. Wenn sie kam, wirkte sie gehetzt und blieb nie lange. Dem Vater, die bange Frage ließ sich nicht unterdrücken, ginge es gut, hieß es nervös. Den Kleinen packte jedes Mal unaussprechliche Angst, die sich in wachsendem Misstrauen und geheimen Tränen entlud.

Bis zu jenem Abend, dem 10. Oktober 1944! Es war dunkel und zudem verdunkelt, wie es der Luftschutz gebot. Im schummerigen Licht kniete der Kleine auf der Bank am Küchentisch und genoss seine neue Fähigkeit, lesen zu können. Auch wenn es nur Flugblätter der Nazis oder Missionsblättchen waren, nichts war jetzt vor der Leseratte sicher. Da, im Hof draußen ein Pfiff. Sein Pfiff! Den man aus Tausenden heraushörte, den nur der Papa beherrschte. Der Junge weinte haltlos. Wortlos lagen sich beide in den Armen, Vater und Sohn. Sohn, ja. Der Sechsjährige musste Erwachsenenschicksal erleben. Und spürte nur den Stoppelbart, den er bei einem so korrekten Mann noch nie gespürt hatte.

Richtig brenzlig aber wurde es, wenn Fliegeralarm gegeben wurde. Die ängstliche Lehrerin schickte den älteren der beiden Brüder Groß zwischendurch nach Hause. Die wohnten gleich neben der Schule. Dort horchte er am Volksempfänger, wie es um angreifende Bomber stand. Je nach dem räumten die Schüler den

Klassenraum und rannten in den Hof. Dort nahmen die Kinder Aufstellung im Sichtschutz der großen Bäume vor der Kirche, mit dem Rücken an die Mauer der Kirche gelehnt.

Viel ist in dem ruhigen Dorf nicht passiert. Einmal gab es Tieffliegerbeschuss an der Niederelberter Straße „unterm Bau", einer Umschaltstation der „Überlandzentrale" (elektrische Fernleitung). Ein andermal wurde ein Flieger am „Körlen" abgeschossen, dem heutigen Segelflugplatz. Das Wrack lag später an der Landstraße zwischen Montabaur und Holler und diente beherzten Kindern zu makaberen Spielen. Der Krieg hatte selbst deren Phantasie längst vergiftet.

Vom übrigen Kriegsalltag im Westerwälder Dorf blieben nur Fetzen in Erinnerung. Großereignis war, wenn „die Wutz" (das Schwein) geschlachtet wurde. Lag die Sau in der „Muhl", sammelte man erste anatomische Kenntnisse. Selig aber war man als Kind, wenn man ein „Heinzelmännchen" bekam, eine Kleinstanfertigung von Leber- oder Blutwurst. Selbst die Sonderration für Kinder schmeckte mitten im Krieg deutlich besser als das, was heute über die Theken der Supermärkte der Wohlstandgesellschaft gereicht wird.

„Dicke Bauern" gab es nur vier, drei fuhren mit Pferden, und einer, der hatte immerhin Ochsen im Joch. Die anderen hielten wenige Kühe, manchmal nur eine. Die wurden gemolken und wurden ins Joch gespannt. Das minderte die Arbeitsleistung und Milchspende. Bei vielen reichte es nur für ein Schwein und zwei bis drei Ziegen. Wer nur Kaninchen besaß, war wirklich arm. Hühner hatte jeder, und zwar freilaufende. Der Hahn krähte auf dem Mist, der sich vor der Haustür türmte. Nazis, so in brauner Uniform, sah man hier kaum mal. Anders als in der Kreisstadt, wo man vom Kreisleiter bis zur Lehrerin die Kluft des Führers trug. Dafür belebten immer häufiger abgerissene Landser das Dorf, je näher das Ende kam. Komisch, da war immer die Rede vom Endsieg. Und gruselnd beobachteten wir die Leuchtspuren von V-Waffen, die von der Montabaurer Höhe gestartet wurden. Wunderwaffen seien das. Aber dann wieder beherrschten Bomberverbände und Tiefflieger der Alliierten den Himmel. Flieger mit deutschen Kennzeichen sahen wir so gut wie nie. Und das Heer. Die Soldaten reisten in beschlagnahmten Zivilbussen an. Ihre Lastwagen trieb schlecht und recht Holzgas, wenn nicht gar Pferdegespanne den Tross darstellten. Panzer, ja einmal, da ist der Erzähler ganz sicher, einmal fuhr einer durch Holler. Komisch, selbst Erstklässler ahnten, das nimmt

Blickscheu – Tiere sehen Dich an

🌿 „Für den Rehstand besonders gefährliches Raubthier!" *Als man Adler und Wolf jagte* 🌿 **Ausgestorben und ausgestopft** *Das Westerwälder Rind* 🌿 **Kein Weibchen antwortet** *Liebestolle Gimpel am Dreifelder Weiher* 🌿 „Von der neuen Ideologie der Naturschützer erfasst ..." *Der Naturschutz rappelt sich auf*

Schlangenadler (Brehms Tierleben. Kl. Ausg. Bd. 2. ²Leipzig, Wien 1893, S. 619)

9.1 „Für den Rehstand besonders gefährliches Raubthier!"
Als man Adler und Wolf jagte

🦋 Adler und Wolf ging es an den Kragen, wenn sie sich nur zeigten. Und das war vor gut 150 Jahren an Rhein und Lahn, im Taunus und Westerwald keine Seltenheit. Tier- und Naturschützer, die Einspruch erhoben hätten, gab es noch nicht. Zoologen studierten Bälge in verstaubten Arsenalen. Jäger aber hielten draußen die Augen offen in der Furcht, so ein „für den Rehstand besonders gefährliches Raubthier" könne sie um Trophäe und Braten bringen. Einer von ihnen hatte auch seinen Notizblock dabei. Und darin steht das Zitat. Aber aus dem Zettelkram entstanden erste Werke über die Fauna des Mittelrheins (1842). Nur wusste das lange keiner so richtig.

Die Rede ist von Maximilian Prinz zu Wied (1782–1876). Den kennt man in seiner rheinischen Heimat nur als Fernreisenden durch Dschungel und Prärie. Beim Schmökern in Wildwestromanen oder wenn in dem Kinofilm „Der mit dem Wolf tanzt" lässt vielleicht erahnen, welche Nachwirkung von den Reiseberichten mit den Indianerbildern des genialen Reisebegleiters Karl Bodmer (1809–1893) noch immer ausgehen. Spezialisten wissen vielleicht von exotischen Tieren und Pflanzen, die seinen Namen oder den von Neuwied tragen. „Brehm's Thierleben" erkor ihn zum Gewährsmann für die Tierwelt beider Amerikas. Dabei war eigentlich die Jagd Maximilians Leidenschaft. Als Jäger sammelte er Trophäen. Und als Sammler wurde er schließlich zum Zoologen. Der wiederum war nicht länger zufrieden mit Geweih und Gehörn, er brauchte ganze Tiere. Ausgestopft natürlich! Vor allem systematisch geordnet, wie es die Wissenschaft verlangt. So entstand seit etwa 1817 das wohl erste öffentliche Museum am Mittelrhein. Baedecker und Rheinischer Antiquarius rühmen die Sammlung in der Fasanerie des Schlosses von Neuwied als Sehenswürdigkeit.

Wie sehr sie damit Recht hatten, zeigte sich anlässlich einer Ausstellung in Hachenburg 1975, die von der Stiftung Kultur Rheinland-Pfalz finanziert worden war (1973). War bis dahin zwar der Verbleib der indianischen Objekte aus wiedischem Besitz bekannt, so musste nach dem zoologischen Material regelrecht gefahndet werden. Man wurde fündig in Berlin, Bonn, Wiesbaden – und in New York!

Inventar-Nr. 1 des American Museum of Natural History enthüllt, dass sozusagen der Grundstock dieser weltberühmten Sammlung ausgerechnet aus Neuwied stammt. Gleich auf der ersten Seite des Catalogue of Birds in Exhibition Collection erscheinen neunmal Neu-Wied, Prussia und Maximilian in den Rubriken Locality (Herkunftsort) und Name of Collector. Die handschriftlichen Eintragungen stammen von Edgar Alexander Mearns (†1916), dem Gründer der American Ornithologist's Union (AOU) und einem der besten Ornithologen seiner Zeit.

Gleich bei Gründung der Smithsonian Institution (1846), zu der das Museum gehört, scheint Prinz Maximilian Präparate nach Amerika verkauft oder dort eingetauscht zu haben. Nicht amerikanische Vögel bot er an, wie man vielleicht erwarten möchte, sondern rheinische Arten.

Hier muss allerdings erwähnt werden, dass die völkerkundlichen Objekte aus Brasilien und vom Missouri in der Fachwelt noch weitaus höher bewertet werden. Vor allem die indianischen Schmuck- und Gebrauchsgegenstände aus der ersten Hälfte des 19. Jahrhunderts, die von Neuwied schließlich nach Berlin, Stuttgart und Offenbach gelangt sind, stellen selbst in Amerika absolute Raritäten dar, derentwegen Fachleute eigens nach Europa reisen. Ausgenommen von Einzelstücken in Ottawa gibt es dort kaum Vergleichbares. Einiges davon in Hachenburg kurzfristig zeigen zu können, hat der dortigen Ausstellung eine besondere Bedeutung verliehen. Doch bleiben wir bei den Tieren. Anhand der Beschriftungen an den wiedischen Originalen lässt sich nicht nur erkennen, woher das Objekt stammte. Sie verraten vielmehr, dass Wied in lebhaftem Tauschverkehr mit anderen Sammlern stand. Darunter befanden sich bedeutende Museen und Institute des europäischen Auslandes. Auf diese Weise gelangten Schaustücke in das Neuwieder Privatmuseum, die nicht von Maximilian selbst erlegt oder gefangen worden waren.

Hier zeigte man demnach außer der heimischen Tierwelt Arten aus aller Welt. Schwerpunkte bildeten brasilianische und nordamerikanische Tiere aus dem Ertrag der Überseereisen Maximilians. Viele davon hat der Prinz entdeckt oder erstmals beschrieben. Über fünfzig Arten (und noch mehr Pflanzenarten) tragen international gültige Standardnamen, die auf diese Herkunft hindeuten, beispielsweise: maximilianus, wiedii, Neuwiedia und andere. Aber auch volkstümliche Bezeichnungen sind in Amerika noch heute geläufig, etwa Maximilians jay oder Maximilians flycatcher.

Im Hochdeutschen gab es sogar die Wiedische Katze, die in der Wissenschaft Felis wiedii heißt. Es handelt sich um den Baum-Ozelot, eine bedrohte Raubkatzenart. Über ein erfolgreiches Projekt zur Wiederansiedlung des Ozelot in Costa Rica berichtet ausführlich das neue Buch.

Bestseller hätten auch die Berichte über die Expeditionen des Prinzen nach Brasilien (1815–1817) und durch Nordamerika (1832–1834) werden können, wären die Bücher nicht so teuer gewesen. So bekannt diese trotzdem waren, so unbekannt blieb lange, dass es da noch andere Manuskripte geben musste. „Prinz Max", wie er sich selber nannte, hatte nicht nur als Jäger gewissenhaft Abschusslisten geführt. Auch Nichtjagdbares lief oder flog ihm vor die Flinte. Überdies brachten ihm Waidgenossen und Bauern gefangene oder verendete Tiere jeglicher Art. Fein präpariert kamen die Kadaver im Schauraum zu höheren Ehren. Schließlich zählte man dort 320 verschiedene Säugetiere und über 1700 Vogelarten.

Neu war und ist, dass Maximilian als erster und systematisch genau festhielt, woher seine Stücke stammten und wo sie im Rheinland vorkommen. Bei Bestandsschwankungen reflektierte er sogar über deren Ursachen. Allerdings wusste man das nur durch andere, denn veröffentlicht hat der Prinz davon fast gar nichts. Aber spätere Autoren zitierten ihn fleißig, so F. P. Brahts, Neuwied, in seiner „Vogel-Fauna von Neuwied" (1853) und August Römer, Wiesbaden, in seinem „Verzeichniss der im Herzogthum Nassau vorkommenden Säugethiere und Vögel" (1862/63). Nur: ihre Vorlage schien verschollen. Erst 1981 wurden im fürstlich-wiedischen Archiv zu Neuwied Korrekturbögen gefunden, die wörtliche Übereinstimmungen mit den Werken von Brahts und Römer enthielten. Sensationell war, als bei einer Ausstellung in der Universitäts- und Landesbibliothek Bonn die Fotografie des Titelblattes einer Fauna Neowidensis auftauchte. Das konnte nur das lang gesuchte, weil nie veröffentlichte Manuskript des Prinzen sein. Es war es, und zwar vollständig! Aufregend war dies deshalb, weil hier die erste Fauna des Mittelrheingebietes vorlag, eine unschätzbare Quelle gerade auch für Naturschutz und Ornithologie. Die sorgfältige Aufzählung der Tiere und ihres Vorkommens erlaubt nämlich, im Vergleich mit den heutigen Verhältnissen die seither erfolgten Änderungen unserer Umwelt zum Teil sehr präzise abzuschätzen.

285

Seit kurzem liegt diese Basisinformation gedruckt vor. In einem Sammelband, den Landrat Rainer Kaul 1995 im Kreismuseum Neuwied der Öffentlichkeit vorstellte, haben fünfzehn Wissenschaftler aus renommierten Forschungsstätten und Museen verschiedene Aspekte des Wirkens von Prinz Maximilian beleuchtet und eigene Forschungsergebnisse vorgelegt. Einen erheblichen Teil des Bandes füllt der Abdruck dieser ältesten Mittelrhein-Fauna und des fachlichen Kommentars dazu. Es ist Verdienst von Antonius Kunz, Nister, diese detektivische Kleinarbeit gemeistert zu haben.

Die Augen laufen einem über, wenn man liest, was es damals zwischen Neuwied und Runkel, in den Ämtern Dierdorf, Selters und Grenzhausen so alles gegeben hat. Adler natürlich! Einmal der Schlangenadler, dessen Nistgewohnheiten Prinz Max im Rockenfelder Wald studierte. Noch im Alter veröffentlichte er die Ergebnisse. Sogar der mächtige Seeadler wurde damals noch erfolgreich bei Rengsdorf im Gommerscheider Forst und an der Westerwälder Seenplatte gejagt.

Heutige Seltenheiten registriert Wied als gewöhnliche Brutvögel: Etwa Wanderfalken bei Hammerstein, Rheinbrohl und Arienfels, oder hier und in Altenwied den Uhu. Neu als Brutvogel war damals sogar das Auerhuhn, das bei Dierdorf, Seeburg und Leutesdorf erlegt wurde. Die merkwürdige Rohrdommel, der „Moorochse" des Volksmundes, war „zu Seeburg nicht gar selten". Selbst Trappen kamen „im Winter gewöhnlich in zahlreichen Flügen" an den Rhein, wie das Manuskript bemerkt. Harte Winter trieben sogar Wölfe aus der Eifel über den Rhein. In einem Jahr wurden gleich dreizehn Stück in den wiedischen Forsten erlegt. Manche paarten sich, so der Prinz, sogar mit Haushunden. Interessant sind auch die Bemerkungen über die Wildkatze, die heutzutage wieder in Taunus und Eifel vorkommt. Der Abschuss belief sich im Wiedischen jährlich auf bis zu vierzig Stück. Als nach der Revolution von 1848 die Jagd auch von ungeübten Männern aus dem Volk ausgeübt werden durfte, nahmen die Bestände sogar noch zu. Genau umgekehrt entwickelten sich der Besatz mit Rot- und Schwarzwild. Bis auf einen kleinen Bestand im Rheinbrohler Wald waren alle Rothirsche „seit dem Jahre 1831 in einem großen Park zusammengetrieben und eingefriedigt". Wildschweine, „ehemals sehr zahlreich in unseren reinen Buch- und Eichwaldungen" waren zu Zeiten Maximilians „gänzlich ausgerottet".

Aufschlussreich für die Wasserqualität von Rhein und Nebenflüssen sind die Angaben über die Fische. So wurden Lachse „zuweilen in Menge gefangen". Selbst der Stör verirrte sich gelegentlich in den Rhein und geriet ins Netz.

Entsprechend häufig kamen Arten vor, die vorzugsweise Fische erbeuten. Der Fischotter wurde „öfters am Ufer des Rheines beobachtet", im Holzbach bei Dierdorf „in großer Anzahl" und „im Dierdorfer Forst … bis zehn Stück in einem Jahr". „Der Fischaar (Fischadler) ist nicht gar selten bei uns", schreibt der Prinz. Graureiher sichtet er „besonders bei den Fischweihern zu Seeburg, und zuweilen auch an den Rheinufern". Einzelne Kormorane werden erlegt, einer sogar „bei Höchstenbach in der Gegend von Hachenburg".

Das ist nur eine willkürliche Auswahl aus dem Manuskript, das unsere Gegend in vielem ganz anders beschreibt, als wir sie heute kennen. Auffälligster Unterschied mag wohl die viel geringere Bewaldung sein. Sehr schön spiegelt das die Liste der Vogelarten, unter denen viele genannt werden, die nur in übersichtlichem Gelände, also nicht im Wald, brüten. Dieser war großflächig nur noch in herrschaftlichen Gebieten anzutreffen. Neben den fürstlich-wiedischen Besitzungen wären hier vor allem die ehemaligen kurtrierischen und herzoglich-nassauischen Jagdreviere zu erwähnen. Die Zeilen der „Fauna" gestatten auch indirekten Einblick in die Arbeitsweise der Zoologen und insbesondere der Ornithologen des 19. Jahrhunderts. Für uns heute ist das zum Teil recht befremdlich. Statt mit dem Feldstecher hantierte man mit der Büchse. Für Kleintiere standen Fallen bereit. Da machte Prinz Maximilian ebenso wenig eine Ausnahme wie Alfred Brehm und andere. Bei Wied jedoch ist ein ausgeprägtes Empfinden für die Gefahren zu spüren, die manchen Arten durch die Tätigkeit des Menschen drohen. Auch beklagt er das undisziplinierte Verhalten von Jugendlichen, die sich an Vogelnestern vergreifen. Bis zum Stellenwert, den der Naturschutz heute erreicht hat, war es ein weiter Weg. Aber Maximilian gehört zu den ersten, die diesen Gedanken am Rhein formuliert haben.

Kein Wunder, dass sich Neuwied zeitweilig zu einem internationalen Treffpunkt der gelehrten Welt entwickelte. Lang ist die Liste berühmter Persönlichkeiten, die im Schloss ihre Aufwartung machten. Einige teilten auch die Jagdleidenschaft des Prinzen und gingen mit ihm bei Monrepos oder im Gommerscheider Forst auf die Pirsch. Die berühmtesten sind der bekannte britische Ornithologe und Maler John Gould, dessen Vogelbilder noch heute immer wieder in Neuauflagen erscheinen und Bücher und Kalender zieren. Ein anderer war Lucien Bonaparte, ein Neffe Napoleons. Gescheiter als sein Onkel mied er die Politik und widmete sein Leben der Wissenschaft. Und der Jagd natürlich!

Die Revolution von 1848 bildete einen tiefen Einschnitt im Leben unseres Prinzen. Die resignative Stimmung kommt unterschwellig mitunter auch in seinen Notizen zum Tragen. Man kann darüber spekulieren, ob Maximilian in diesem Zusammenhang seine wissenschaftlichen Interessen zurückstellte und auf die Veröffentlichung eines Textes verzichtete, der für unsere Heimat ein epochales Werk hätte sein können. Schließlich stellt das Manuskript „die erste wissenschaftlich fundierte und auch kritisch reflektierende Übersicht zur Wirbeltierfauna des westlichen Westerwaldes" und der Koblenz-Neuwieder Talweitung dar. „Eine vergleichbare faunistische Quelle ist für diese Zeit und diesen Raum nicht verfügbar". Vor unseren Augen heute entsteht aus den nüchternen Angaben des einzigartigen Werkes ein Bild von Westerwald und Lahntal aus der Zeit vor der Industrialisierung, und zwar mit einer Detailgenauigkeit, wie sie kein Maler wiedergeben kann. Nicht allein für die Naturkunde ist das eine Bereicherung. Gerade auch das geschichtliche Bild der Rheinlande ist um wesentliche Züge ergänzt worden.

9.2   Ausgestorben und ausgestopft
Das Westerwälder Rind

❧   Rinderwahnsinn! Ob die widerstandsfähigen Rinder unserer Vorfahren eine Alternative zu „Melkmaschine" oder Galloway bieten, ist umstritten. Aber es gibt gute Gründe, die alten Nutztierrassen neu zu entdecken. Ob es beim Westerwälder Rind beim Abgesang bleibt?

Rote Listen bedrohter Pflanzen und Tiere haben im Naturschutz geradezu Normcharakter erlangt. Vor längerem hat die Welternährungsorganisation (FAO) eine „Rote Liste für Nutztiere" vorgelegt. Grund: Die uralten, robusten einheimischen Haustierrassen werden immer seltener oder verschwinden klammheimlich vom Erdboden. Von rund 5000 Rassen sollen annähernd 1500 vom Aussterben bedroht sein, davon 120 allein in Deutschland. Nicht mehr erwähnt werden die bereits erloschenen Rassen. Das Westerwälder Rind ist eine davon. Es gehörte zu den etwa 300 Rinderrassen, die man früher in Deutschland zählte. Kaum ein Dutzend davon dürfte die Industrialisierung der Landwirtschaft in nennenswerter Zahl überlebt haben. Inzwischen beginnt man zu ahnen, dass auch die Gentechnologie keine heile Welt garantiert. Und die intensive Züchtung hat wertvolle Eigenschaften zum Verschwinden gebracht. Der Naturschutzbund (NABU) nennt als Beispiel das Hinterwälder Rind aus dem Schwarzwald, das mit bis zu 400 Kilo Gewicht „leichtfüßig steile Bergwiesen" beweidet und keine Trittschäden verursacht hat. Aber Geländegängigkeit und Widerstandsfähigkeit waren allzu lange keine Zuchtziele mehr.

Der Naturschutzbund hat deshalb die Stiftung PRO SPECIE RARA ins Leben gerufen. Die Nordrhein-Westfalen-Stiftung unterstützt bereits seit einiger Zeit den Erhalt von fast vergessenen einheimischen Rinderrassen, wie etwa beim Glanrind aus der Eifel. Mitunter ist die Ausgangslage für solche Projekte recht günstig, weil noch genügend Exemplare der bedrohten Rasse zur Weiterzucht bereitstehen.

Dahinter steckt mehr noch als Nostalgie auf der Schützerseite. Das Comeback der alten Viecher ist ganz im Sinne der Verbraucher, die nicht als Folge ihrer Liebe zum Schnitzel „gleich einen Östrogen-Busen" bekommen möchten. Auch sonst hofft man bei den All-round-Rassen auf vielseitigere Nutzung. Das Glanrind der Eifel macht sich neuerdings als „Landschaftspfleger" in amtlichem Auftrag verdient.

Richtig ist das Argument der Zweifler: Rekordleistungen bringt keine der alten Rassen. Die Schwarzbunte, eine Rinderrasse, liefert jährlich gut und gern 6.000 bis 7.000 Liter Milch, die Hinterwälder Kuh aus dem Schwarzwald nur 3.000 Liter im Jahr. Aber dafür begnügt sie sich selbst mit dem Gras karger Wiesen, während die Weiden für die auf Fleisch- und Milchleistung einseitig hoch gezüchteten „Vielfraße" zusätzlich gedüngt werden. Die robusten Kühe kalben sogar ohne Hilfe. Wie Feinschmecker versichern, liefern sie nicht zuletzt geschmackvolles Fleisch. Was mit dem Glanvieh in der Eifel ausprobiert wird, geschieht mit einem anderen „Mehrnutzungsrind" im Sauerland, dem Roten Höhenvieh. Glückt das Experiment, rechnet man auch mit Nutzen für andere Lebewesen. Schon jetzt sieht man Bekassinen (Sumpf-Schnepfen) „in den Fußstapfen der Rinder nach Futter stochern". Beim Westerwälder Rind scheint indes die Lage fast aussichtslos. Glaner und Rotes Höhenvieh gab es noch in einigen Restexemplaren, aber diese Rasse ist praktisch ausgestorben. Zwar ist genetisch eine so genannte Rückkreuzung von Haustierrassen als nahe verwandte Formen denkbar und auch erfolgreich praktiziert worden. Selbst die wilde Stammform, der Ur oder Auerochs, konnte durch eine „rückgezüchtete" Rasse äußerlich anschaulich gemacht werden. Aber ein solches Projekt dürfte ein schwieriger und kostenintensiver Weg mit unsicherem Ausgang werden, wenn für den Stamm keine genauen Zuchtbücher existieren.

Deshalb und aus heimatkundlichem Interesse möchte der Naturschutzring Westerwald alle erreichbaren Nachrichten über die genügsame braune Rinderrasse sammeln, die als „Westerwälder Rind" früher nicht nur bei Landwirten und Züchtern ein fester Begriff gewesen ist.

Dieser Rindertyp gehört zu den zahlreichen Landschlägen, die seit der Mitte des 19. Jahrhunderts allmählich von anspruchsvolleren Rassen, meist vom Simmentaler Rind, über Jahrzehnte hinweg verdrängt wurden. Die Bauern waren zu Recht von der Leistungsfähigkeit und Größe des eingeführten Viehs beeindruckt, erlebten aber gerade im Westerwald auch böse Überraschungen. Die Simmentaler wollten oft nicht recht gedeihen. Als kurz vor dem Ersten Weltkrieg in den Kreisen Wetzlar und Biedenkopf Messungen durchgeführt und mit den original Simmentalern verglichen wurden, waren die Westerwälder Zuchten im Widerrist um zwölf bis dreizehn Zentimeter kleiner. Auch Milchleistung und Mastfähigkeit der „verkümmerten Simmentaler" hatten nachgelassen.

Die maßgebenden Stellen bemühten sich um die Erhaltung in den dafür geeigneten Gebieten. Und dazu zählte gerade auch der Westerwald. Gerade der kleinbäuerliche Landwirt war auf dreifache Nutzung als Arbeits- und Milchvieh sowie als Fleischlieferant angewiesen. Durch viele Zuchtgenerationen hindurch waren die Landschläge an die landschaftlichen Lebensbedingungen eben optimal angepasst. Die Nachteile lagen woanders. Zwar schnitt z. B. bei den Poppelsdorfer Leistungsprüfungen (1909) die beste Westerwälder Kuh erstaunlich gut ab und schlug in der Milchleistung sogar die Simmentaler Kuh. Sie erbrachte bei 500 kg Lebendgewicht fast 6400 kg Milch und 300 kg Fett. Beim Vergleich der schlechtesten Kühe aber fielen die Landschläge hoffnungslos zurück. Die Bestände waren zu unausgeglichen, da die Zuchtwahl offensichtlich nicht zielstrebig erfolgte. Vor allem wurden damals immer wieder die schlechten Weidegründe auf dem Westerwald als Hemmnis für die Rinderhaltung angeführt. Aber das traf ja nicht nur die einheimische Rasse! Wenn vom Westerwälder Rind die Rede ist, so darf nicht vergessen werden, dass es im Westerwald mehrere alteingeführte Landschläge gab.

Am bekanntesten ist das einfarbig gelbe oder rotgelbe Lahnrind. Es hat sich relativ lange halten können. In der Milchleistung lag es besser als andere vergleichbare Rassen. Die ursprünglich rote Form war wohl schon am Ende des 19. Jahrhunderts durch Einkreuzungen verdrängt.

Auch das ursprünglich rote Landvieh des Siegerlandes wurde vor hundert Jahren durch Allgäuer und Odenwälder Einkreuzungen verändert. Die hell- bis fuchsroten Tiere mit ihrem hellen Maul, wie sie zuletzt gezüchtet wurden, bildeten eine mittelschwere Rasse. Ihr Leistungsbild war eher unausgeglichen, da ähnlich wie bei der Lahnrasse die Zuchten lange nicht konsequent genug erfolgt waren. Deshalb wurde 1894 eine Herdbuch-Gesellschaft für das Siegerländer Rind gegründet.

Mit Westerwälder Rind im engeren Sinne wird ein blässiger Landschlag bezeichnet, der bei einem von braunrot bis rotbraun reichenden Grundton durch charakteristische Zeichnungen auffiel. Die Augen waren braunumrandet („Spiegelaugen"), Maul und Stirn weiß. Brust und Bauchseite zeigten weiße Flecken oder erschienen auch durchgehend weiß. Die Schwanzquaste war ebenfalls weiß, das Euter hell. Die ziemlich langen und oft schweren Hörner hatten dunkle Spitzen. Ein langer und breiter Schädel ruhte auf langem, aber eher dünnem Hals mit Wamme. Der Widerrist erhob sich leicht über die meist etwas eingesenkte Rückenlinie. Auffällig war die Kreuzregion, die sich schmal nach hinten verjüngte.

Die lebhafte und bewegliche Rasse wurde in erster Linie als Arbeitstier eingesetzt, was in einer Gegend wie dem Westerwald kaum wundert. Arbeitsleistung und Ausdauer waren beachtlich. Darunter litt die Milchleistung, zumal sie in der Regel auch kein vorrangiges Zuchtziel bildete. Dafür legte man mehr Wert auf die Mastfähigkeit.

Arbeitseinsatz und Weidebedingungen haben nur selten Rekordzahlen geliefert, selbst wenn man die rassetypischen Besonderheiten berücksichtigt. Bullen konnten bis 750 kg Lebendgewicht erreichen. Kühe bewegten sich zwischen 350 und 425 kg, konnten aber in Einzelfällen bis 500 kg auf die Waage bringen.

Das hier beschriebene Westerwälder Rind war vorwiegend im damaligen Oberwesterwaldkreis und in angrenzenden Teilen des Kreises Westerburg und des Dillkreises verbreitet. Im Unterwesterwaldkreis und angrenzenden Teilen des Kreises Westerburg herrschte das Lahnrind vor, das auch im Kreis Limburg gehalten wurde.

9.3 Kein Weibchen antwortet
Liebestolle Gimpel am Dreifelder Weiher

🍃 Immer wieder sind Nachrichten über seltene Vögel im Westerwald im Umlauf. Mitunter wird sogar behauptet, ihnen sei es sogar gelungen, hier dauerhaft sesshaft zu werden. Ornithologen, Naturfreunde und Naturschützer nehmen das eher kritisch wahr. Selbst wenn mehrere beisammen sind, lässt sich die Vogelwelt kaum stören. So geschah es an einem Sonntagmorgen, als der Naturhistorische Verein der Rheinlande und Westfalens (NHV) zu einer Exkursion an die Westerwälder Seenplatte eingeladen hatte.

Unüberhörbar, aber vergeblich schmetterte am Dreifelder Weiher der hier bislang sehr seltene Karmingimpel (im Fachjargon Carpodacus erythrinus) sehnsüchtig sein Werbelied. Der Fremdling hatte sich wohl zu weit aus seiner asiatischen Heimat nach Westen vorgewagt, wohin ihm kein Weibchen folgen mochte. Lockeres Gehölz und Buschwerk in der Nähe ausgedehnter Wasserflächen bevorzugt der Vogel als Lebensraum. Und solcher ist an der Westerwälder Seenplatte reichlich gegeben. Da findet er fast mühelos seine Hauptnahrung aus Knospen, Sämereien und Insekten. Aber was nützt das letztendlich, wenn keine Partnerin zu finden ist und keine Familie gegründet werden kann! Da hilft dem prächtigen Kerl die ganze Schönheit herzlich wenig. Seine karminrote Färbung von Kopf, Brust und Bürzel und die Braunfärbung von Flügeln und Schwanz, durch weißliche Querbänder apart betont – zu wenig wohl, so dass nur Ornithologen ihre Freude daran haben. Die nämlich haben noch genug andere Rätsel um diesen Vogel zu lösen. Jahre ist es nun her, dass erstmals dieser Gesang am Dreifelder Weiher erklang, der in etwa wie ein pfeifend vorgetragenes „tjü-hü-wi-ti-jüü" klingt. Seither hat der Karmingimpel seinen Lebensraum immer mehr nach Westen ausgedehnt und kann mitunter sogar in Parks und Obstgärten beobachtet werden, Hauptsache, die sind buschreich und liefern somit genug Nahrung. Im Winter zieht er bis nach Persien (Iran) und sogar nach Indien. Die Gründe für eine derart weit gespannte Vergrößerung des Lebensraumes werden unter Fachleuten heiß diskutiert. Nicht ohne Grund heißt das Tier Gimpel, abgeleitet von mittelhochdeutsch Gümpel. Das ist einer, der mutwillig aus der Reihe tanzt.

So lenkte der frustrierte Einzelgänger mit seinem unüberhörbaren Pfeifen schon deshalb die volle Aufmerksamkeit eines Ornithologentrupps auf sich, der eigentlich andere Spuren verfolgte. Die Westerwälder Ornithologen Peter Fasel und Antonius Kunz führten zu Wirkstätten ihres berühmten Vorläufers und vielleicht auch Vorbildes: Maximilian Prinz zu Wied, einem der Pioniere der rheinischen Naturkunde. Und diese Westerwälder Seenplatte ist immer gut für Überraschungen. Aufregung kam auf, als sogar der seltene Rothalstaucher (Podiceps grisegena) seine Stimme hören ließ. Diese absolute Rarität im Rheinland kommt ebenfalls aus Gebieten östlich der Elbe. Vorschnell wurden er für Dreifelder und Haidenweiher als sesshaft gemeldet. Diese und andere interessante Vogelarten, darunter Dorngrasmücke, Teich- und Sumpfrohrsänger, warfen die Frage nach den Biotopveränderungen im Bereich der Seenplatte auf. Aus botanischer Sicht wirkt sich besonders die Intensivierung der Weidewirtschaft spürbar aus. Auch die parkartigen Heckenanpflanzungen am Rundweg und die Drainage verändern diese einzigartige Kulturlandschaft zum Nachteil. Selbst eine so gewöhnliche Pflanze wie die Wiesen-Glockenblume ist inzwischen selten geworden. Nachdem frühere Akkerstandorte in Grünland umgewandelt worden sind, sucht man nach Kornblume und Roggentrespe oft vergebens. Auf Unverständnis stieß bei allen der an ökologisch unvereinbarer Stelle angelegte Golfplatz bei Dreifelden. Besonders reizvoll war der Vergleich der heutigen Situation mit jener, die vor ungefähr 170 Jahren Prinz Maximilian geliefert hat. Landschaft und Vogelwelt haben sich überaus stark verändert. Ob zum Vor- oder Nachteil, ist nicht nur Ansichtssache.

9.4 „Von der neuen Ideologie der Naturschützer erfasst ...“
Der Naturschutz rappelt sich auf

🍂 Es liest sich, als ob eine Umweltorganisation für „nachhaltige Entwicklung“ (sustainable development) plädiere. Dabei stammt die Urkunde aus dem Jahr 1321 und ist unterzeichnet von Wigand, Abt des Klosters Marienstatt. Ein Pächter der Zisterzienser wird angewiesen, Holz nur zu fällen, „soweit es zum

Hausbrand, zu den nötigen Bauten und zur Umzäunung" gebraucht wird. Umgekehrt jammert der Abt von Heisterbach im Siebengebirge 1663 darüber, dass die klösterlichen Weinberge „durch Kinder, Hunde und Hühner" gefährdet seien – Umweltfrevel im Jahre 1663!

Man ahnt: Naturschutz gibt es, seit der Mensch beim Ausschöpfen natürlicher Ressourcen auf Grenzen der Nutzung stößt. Den zitierten Urkunden der Zisterzienser ließen sich leicht weitere aus dem europäischen Mittelalter hinzufügen, in denen zum Beispiel weltliche und geistliche Landesherren die Schonung von Jagdwild festschrieben. Durch Waldordnungen suchte man seit Beginn der Neuzeit wohl in allen Staaten des alten Reiches der drohenden Verwüstung der Wälder entgegenzuwirken und eine systematische Forstwirtschaft zu begründen.

Nach dem Dreißigjährigen Krieg mehrten sich Bestrebungen, Naturschönheiten um ihrer selbst willen und zur Erbauung der Menschen zu schützen. Alexander von Humboldt prägte schließlich das Wort „Naturdenkmal" (1799), womit nach Übereinkunft der Beginn des Naturschutzes im heutigen Sinne zeitlich zu markieren wäre. Doch noch in Amtsstuben des 19. Jahrhunderts und bis fast in die Gegenwart trugen Akten, in denen es um Belange der Natur geht, Etiketten wie „Forstwesen, Fischerei, Landwirtschaft" oder nannten Handelsgüter und Waren, die der Natur entnommen waren.

Die Entstehung eines eigenständigen, privaten Naturschutzes im frühen 19. Jahrhundert vollzog sich kaum aufgrund naturwissenschaftlicher Erkenntnisse, sondern entsprang romantischem Naturempfinden und ausgeprägtem Heimatbewusstsein. Bis zum neuen Aufbruch zu Beginn der siebziger Jahre des 20. Jahrhunderts waren die meisten Naturschützer eher Individualisten. Ihre Zusammenschlüsse in Vereinen und ihr Gebaren muten von außen betrachtet manchmal nahezu chaotisch an. In ihren Geschäftsabläufen waren sie es nicht selten auch. Selbst die Etikettierungen sind unüberschaubar bunt. Sie reichen vom Vogelschutz über Botanisierclubs bis zur Heimatpflege und zum Wandern.

Rund um den Mittelrhein haben sich früher als anderswo in Deutschland jene Kräfte gebündelt, die dem Naturschutz als eigenem Wert zum Durchbruch verholfen haben. Dies ist kein Zufall, nährte doch die Landschaft zwischen Loreley und Siebengebirge jene Träume, die in Architektur, Malerei und Dichtung ihren Niederschlag gefunden haben.

Mit welchen Augen man damals das Rheintal sah, wie man den Rhein erlebte, bringt gut Joseph Görres zum Ausdruck, wenn er von den rechtsrheinischen Höhen gegen die untergehende Sonne nach Koblenz hinüber blickt und seine Eindrücke beschreibt. Alle diese „romantischen" Stimmungen verdichten sich gleichsam, wenn das „Echo tönt von sieben Bergen", wie Josef Ruland seine Anthologie zum Siebengebirge genannt hat. Erwartungsgemäß hat sich auch Carmen Sylva (1843–1916) in diesen Chor eingereiht und schwärmt: „Wenn nur der Rhein nicht wär / Und der Sonnenschein / … / Und die sieben Berge nicht, / …" Ganz anders reagiert Heinrich Heine (1797–1856), der mit Kommilitonen am nächtlichen Feuer auf der Drachenburg weilte, zugleich aber den studentischen Brauch ironisierte. Heutige Naturschutzfunktionäre, erst recht Umweltaktivisten, mögen sich vielleicht die Augen reiben, wenn sie sich in literarischer Nachbarschaft wiederfinden. Aber dies ist die Stimmung, die es erst möglich gemacht hat, den Gesteinsabbau im Siebengebirge zu bremsen und dem am Drachenfels endgültig Einhalt zu gebieten (1828). Durch Polizeiverordnung namens „Conservation mittels Expropriation" wird der Drachenfels 1836 zum ersten Schutzgebiet Deutschlands.

Die landschaftliche Bedeutung des Rheintales war aber nicht nur emotional begründet, sondern ergab sich auch aus dem gesteigerten wissenschaftlichen Interesse, das ihm bedeutende Gelehrte – darunter Georg Forster, Alexander von Humboldt und Johann Wolfgang von Goethe – widmeten. Die systematische Erfassung der geologischen Situation begann freilich erst 1841 mit der Kartierung durch Heinrich von Dechen (1800–1889) im Rahmen seiner Tätigkeit am Oberbergamt in Bonn. Später war er darüber hinaus engagiert im Verschönerungsverein für das Siebengebirge und als ehrenamtlicher Präsident des Naturhistorischen Vereins der Rheinlande und Westfalens (gegr. 1843). Wie damals schon sucht erst recht heute der Naturschutz die Untermauerung seiner Argumente bei den Naturwissenschaften. Dennoch bleibt festzuhalten: Naturschutz ist eine Wertvorstellung und keine Naturwissenschaft.

Das Schwärmen für die „unberührte Natur" mit ihren schroffen Felsen, tiefgründigen Schluchten und ungezähmten Gewässern ist ein neuzeitliches Phänomen. Vielleicht lebt darin archaische Naturverehrung wieder auf, die aus Ängsten der frühgeschichtlichen Menschheit erwachsen ist und sie kultisch zu überwinden suchte. „Ich weiß nicht, was soll es bedeuten …?", lässt Heinrich Heine den Fischer in seiner Todesangst fragen, als er zum Loreleyfelsen aufblickt.

Auch damalige Ornithologen befanden sich im Zwiespalt. Vogelschutz war und ist der vielleicht am stärksten emotional getönte Bereich des Naturschutzes. Neben und zeitlich vielleicht nach dem Schutz von Felsen, Quellen und alten Bäumen als „Naturdenkmäler" (!) ragt der Vogelschutz als tragende Säule der Anfänge des Naturschutzes hervor. Die Beobachtung der schutzbedürftigen Wesen führte nicht unbedingt zu ihrer Schonung. Maximilian Prinz zu Wied, der die Grundlage der Vogelkunde für unseren Raum lieferte, schoss unbekümmert alle Vögel ab, die er für seine wissenschaftliche Sammlung benötigte. Der Neuwieder Apotheker Franz Peter Brahts (1802–1872) hat die Arbeit des Prinzen mit denselben Methoden weitergeführt. Gleichwohl nahmen sie bereits Schädigungen der Natur wahr und beklagten sie gelegentlich.

Gleichzeitig griff aber auch eine schwärmerische Idealisierung der Vögel um sich, die durch das Werk „Tierseelenkunde" (1840) des Schweizer Professors P. Scheitlin, einem Bewunderer des Lorenz Oken, kräftig genährt wurde. Zu den Lesern gehörte auch Alfred Edmund Brehm (1829–1884). Seine Charakterisierung der Vögel im „Thierleben" spiegelt etwas von Scheitlins Geist. Mit Oken und Brehm bewegen wir uns innerhalb jener gelehrten Welt, für die Neuwied dank Prinz Maximilian einen Treffpunkt bildete. „So oberflächlich und abwegig die phrasenreichen Ausführungen Scheitlins auch sein mochten – jene gefühlsselige Generation, von der neuen Ideologie der Tierschützer erfasst, verschlang das Buch mit Begeisterung", urteilt Erwin Stresemann in ironischer Übertreibung.

Zwiespältig bewunderten alle diese Männer die Geschöpfe und bedauerten sie gleichzeitig, wenn sie de Wissenschaft geopfert werden mussten. Um das als notwendig erachtete Verfahren „gerechter" und „objektiver" zu gestalten, wog man bei jeder Art „Nutzen" und „Schaden" gegeneinander ab. Einer der engsten Brieffreunde des Prinzen Maximilian, der Züricher Arzt und Professor Heinrich Rudolf Schinz (1777–1861), hat in seiner „Naturgeschichte und Abbildungen der Vögel" (1830) ganz diese Linie verfolgt. Brehms Frühwerk „Leben der Vögel" (1861, 1867) bekennt sich zwar unmissverständlich zum Vogelschutz, liefert aber Charakterisierungen für einzelne Arten, insbesondere Greife, die geradezu archaisch anmuten.

Der Verschönerungsverein für das Siebengebirge (gegr. 1869) belebte die bisherigen Schutzbestrebungen. Eine Polizeiverordnung von 1899 – heute würde man sie Emissionsverordnung nennen – belegte die Steinbruchsbetriebe mit einschränkenden Auflagen, die schließlich in einer Verordnung (1902) zum fast vollständigen Schutz des Gebietes führten. Von Naturschutz als solchem war freilich damals noch keine Rede. Es sollte dauern, bis das Beispiel Siebengebirge im Mittelrheintal und im Westerwald Schule machen würde. Der erste Deutsche Naturschutztag 1925 in München schaffte dann den emotionalen Durchbruch. Einige Vogelschützer und Wanderfreunde begannen sich aus vereinsinternen Beschäftigungen zu lösen. Manchmal in einer Allianz mit engagierten Forstleuten wurden die ersten Naturschutzgebiete ausgewiesen: Langenbergskopf (1935), Ruppertsklamm bei Niederlahnstein (1936), Am Kronenberg bei Bad Hönningen (1937), Bertenauer Kopf und Telegraphenhügel (1939) und Erpeler Ley (1941). Die Rheinbereisung, zu der im Jahre 1938 der Oberpräsident der preußischen Rheinlande in Koblenz eingeladen hatte, stellt in ihrem Bericht fest: „Etwa von den Inseln Grafenwerth und Nonnenwerth ab zeigt sich uns der Rhein noch einmal in seiner ganzen romantischen Schönheit. Rechts sehen wir eins unserer schönsten und wertvollsten Naturschutzgebiete, das Siebengebirge …"

Im Übrigen erntet darin das rechte Rheinufer gleichermaßen Lob und Tadel, wobei in alter Tradition landschaftsästhetische Aspekte im Vordergrund stehen. So ernten die Rheinfronten von Neuwied bis Leutesdorf, von Rheinbrohl bis (Bad) Hönningen Kritik, von hier an bis Linz dagegen Lob. Große Aufmerksamkeit findet der Langenbergskopf wegen seiner Steppenheide-Flora, die von Dr. A. Meyer aus Neuwied erläutert wird. Für all das, was hier erzählt wird, gab es bislang keine zentrale Einrichtung, um die Zeugnisse dieser geistigen und organisatorischen Bewegung zu sammeln, zu sichten und zu publizieren. Deshalb wurde 1992/93 der Verein „Museum und Archiv zur Geschichte des Naturschutzes e.V." ins Leben gerufen. Schneller als erwartet erhielten seine Ideen Auftrieb, als sich mit der Drachenburg im Siebengebirge ein geeigneter Ort für Sammlungen und Versammlungen anbot. Einen ersten Höhepunkt erreichten die Bemühungen mit der Einweihung des Museums im März 2002 durch Bundespräsident Rau. Am Beispiel handelnder Personen wird die Geschichte des Naturschutzes als Teil der sozialen Bewegung deutlich.

10

"Einen Blick, geliebtes Leben"

Mein Westerwald *Wie man Heimatforscher wird*

Ketzerstein | (Federzeichnung von Kiefer, ca. 1930; Privatarchiv)

10.1 Mein Westerwald
Wie man Heimatforscher wird

🍂 Eine Federzeichnung lieferte mir das Schlüsselerlebnis: Am Rande eines dürr begrasten Hügels sind vierkantige Basaltblöcke aufgeschichtet. Deren scheinbar regelmäßige Anordnung suggeriert die Vorstellung einer Steinkanzel oder eines heidnischen Opferaltars. Vom Fels schweift der Blick über eine öde Landschaft, die sich fern im Dunkel verliert. Vom Sturm verzerrte Wolkenbahnen treiben drohend heran und geifern gegen die basaltischen Felsen. „Ketzerstein auf dem Hohen Westerwald" war handschriftlich vermerkt – das klang präzise und doch gleichermaßen phantastisch.

Unversehens war durch die bildhafte Dramatik meine kindliche Neugierde geweckt. Ferdinand Ebert, mein Onkel, zog mich vom Bild weg zum Fenster seines alten Pfarrhauses zu Oberelbert. Sein Finger beschrieb die Richtung, in der man gehen müsse, um zu den Steinen zu gelangen: Immer weiter nach Norden, wo die Berge ständig höher werden, bis sie in der Fuchskaute ihren höchsten Punkt erreichen. Dann sei es nur noch ein kleines Stück des Weges.

Noch Jahre sollte es dauern, bis ich als Heranwachsender den Weg auf den Hohen Westerwald finden würde. An einem Herbsttag blickte ich erstmals vom Ketzerstein in die karge Landschaft: Als wollte die vielgeschmähte Gegend ihren Ruf widerlegen, verzogen sich die Frühnebel aus den flachgründigen Talmulden, und die Sonne brach mächtig hervor. Licht ließ die Konturen einer sanftwelligen Hochfläche hervortreten, auf der die höchsten Erhebungen des Westerwaldes sich wie sanfte Kuppen abzeichneten. Zwischen Viehweiden und langen Äckern schoben sich schmale Fichtenstreifen als dunkelgrüne Riegel ins Land, um den Kräften von Wind und Wasser entgegenzuwirken – Erinnerung an überholte Maßnahmen herzoglich-nassauischer Forstleute. Der unverhoffte Glanz dieses Herbstes brachte es an den Tag, was ich längst zu wissen meinte: Der Westerwald ist ganz anders, als man ihn in all den Geschichten dargestellt hat!

Nein, dem Urteil des Wilhelm Heinrich Riehl darf man sich nicht anschließen. Auf den wirkte einst diese Hochfläche mit ihren Basaltblöcken „als habe der Himmel in seinem Zorn Felsen gehagelt". Aus seiner Zeit stammen auch „Verzällcher", da oben herrsche drei Monate Winter und es sei neun Monate kalt; oder die Kirschen benötigten zwei Jahre zum Reifen, weil der Bauer sie im Herbst am Baum wenden müsse, damit die seltene Sonne auch die andere Fruchtseite bescheine. Die Wärme des bunten Herbsttages und ein Blick auf die Klimakarte entlarvten diesen meteorologischen Unsinn, den ich nie so recht glauben mochte.

Etwas Richtiges hat der alte Riehl aber doch gesagt, als er 1911 schrieb: „Wenn man bei den Bewohnern Umfrage hält, wo denn nun der ‚eigentliche' Westerwald beginne, so wird man immer weiter nordwärts gewiesen; hat man endlich den höchsten Kamm des Gebirges erreicht, so weisen einen die Leute wieder nach dem Südhang zurück."

Auch meine Verwandten in Guntersdorf und Herborn fragten, ob ich „vom Westerwald" käme, als ich damals vom Ketzerstein zur Dill hinabstieg. Und bei meinen vielen Streifzügen bekam ich immer wieder zu hören, hier sei kein Westerwald: am Siebengebirge nicht, noch weniger im „Hinterland", weder auf der Denzer noch auf der Asbacher Heide.

Offenbar ist dieser Westerwald ein sehr schwieriger Partner. Wie eine scheue Geliebte scheint er sich jedem Annäherungsversuch entziehen zu wollen. Wer das jedoch als Spiel durchschaut, wird geradezu verwöhnt durch eine Schönheit, die sich nach und nach enthüllt. Zuerst war „Westerwald" ja nur die Gegend um den Ketzerstein, wie mich eine Haigerer Urkunde von 1048 belehrt. Nur zögernd griff die Bezeichnung seitdem auf angrenzende Gebiete über, mal willkürlich beansprucht, mal unbegründet verworfen. Eindeutig enthebt uns die Natur langer Diskussionen: Westerwald ist die Hochfläche zwischen den Tälern von Rhein, Lahn und Sieg. Auf meinem Weg vom Ketzerstein zur Dill schien der Westerwald immer neue Facetten seines Wesens preiszugeben. Bald hinter dem Heisterberger Weiher vollzog sich abrupt ein Szenenwechsel. Auf der Viehweide neben der Straße türmten sich unter stacheligen Hecken schwere Basaltbrocken. Gegenüber der Melancholie des Vordergrundes belebte sich die Ferne zu starkem Kontrast: Rinnsale und Bäche haben das Hochplateau, das im Osten zur Dill abfällt, an seinen Rändern regelrecht zerfranst.

302 Zutage tritt hier Schiefergestein, auf dem ich später ebenso in Eifel und Hunsrück, im Taunus wie im Bergischen wandern sollte und das mich heute anleitet, „Rheinland" als Einheit zu begreifen. Das nachgiebige Gestein, das im Hohen

Westerwald vom Basalt zugedeckt ist, gestattet den Naturkräften ungehindertes Modellieren. Ergebnis ist ein ganz anderer Westerwald, als er sich um die höchsten Erhebungen darbietet – ein Westerwald ohne Basalt. Und dieser „andere" Westerwald hat im Rechtsrheinischen zwischen Lahn und Sieg den weitaus größten Flächenanteil. Von den Höhen zu den Randlandschaften verzeichne ich seitdem auf allen Wegen einen Bildwechsel von herber Monotonie, über wechselhafte Anmut bis zur Dramatik des krassen Abbruches der Hochflächen zu den Flüssen. Menschenschlag und Lebensart scheinen dem mitunter getreu zu entsprechen. Damals also, noch ganz an die Stille der freien Landschaft zwischen Barstein und Höllkopf gewöhnt, packte mich dann in Driedorf ganz unerwartet fröhlicher Trubel. Auf dem Platz vor der wunderschönen Barockkirche saß man an langen Tischen bei Bier, Wecken und „Wurscht". Eine Blaskapelle spielte zum Tanz. Und diese angeblich so verschlossenen Menschen rückten zusammen, um mich, den Fremden, herzlich in ihrer Mitte aufzunehmen. Ich weiß heute noch immer nicht, was damals eigentlich gefeiert wurde und habe nur behalten, dass ich dort eine fröhliche Stunde erlebt hatte.

Im Unterwesterwald wäre ich kaum so unversehens in eine öffentliche Festversammlung geraten. Hier lässt nämlich die ganze Gegend lieber beizeiten wissen, was die Stunde geschlagen hat. Höchstes Fest im Jahr ist zweifellos die Kirmes, und das tut man weithin kund. In Holler durfte ich als Kind bei den Vorbereitungen helfen. Wochenlang bliesen wir Eier aus. Hundertfach fand ich die fast unversehrten Schalen danach zu einer kunstvollen Krone zusammengefügt am Kirmesbaum wieder. Leise schwankte der „Eierkranz" im Wind und lud zum Feiern. Unter der schalenleichten Krone sah ich voller Stolz meine älteren Vettern den Eröffnungstanz drehen.

Ungebrochen lebt die Kunst zu feiern in den Dörfern und Städten fort. Meine alte Tante in Holler sah ich hochbetagt mit ihren abgearbeiteten Händen den Takt zu lustigen Liedern klatschen. „Aich dun de Feste feiere, wie se falle", meinte sie.

Doch nicht zu allen Zeiten war den Westerwäldern zum Feiern zumute, wusste mein Vater. Als vor hundert Jahren das „Land der armen Leute" nicht genug Auskommen bot, suchten viele ihr Heil beim Militär, im Bergbau an Sieg und Ruhr oder unwiderruflich in Übersee. Mein Großvater setzte zweimal auf die falsche Karte: Herzog Adolf verabschiedete den Soldaten an der Donau nach der Niederlage gegen Preußen; aus den Schächten von Herdorf kehrte der Bergmann mit Staublunge zurück. Er war zu qualvollem Siechtum verurteilt.

Nicht alle ergaben sich in ihr Schicksal. Einer von ihnen galt uns stets als Beispiel: Friedrich Wilhelm Raiffeisen. In Weyersbusch besuchte ich das „Backes", das den Armen, die er genossenschaftlich im „Brodverein auf Treu und Glauben" organisiert hatte, Brot lieferte. Das war noch gut zu verstehen. Befremdlich dagegen, dass diese Maßnahmen die Kreditnahme von Juden verhindern sollten. Die leuchtende Gestalt wird durch ihren eigenen Antisemitismus überschattet.

Sonst aber habe ich lange nicht durchgeblickt, wo es langging in der verworrenen Geschichte des Westerwaldes. Seitdem der Mensch aus uralten Siedlungskammern an Rhein und Lahn in den Urwald vordrang, ihn lichtete und rodete, war die Gegend umstritten. Während auswärtige Mächte um territoriale Vorteile rangen, lernten die Westerwälder, sich selbst Nächster zu sein. Die Fernwege, die seit vorgeschichtlicher Zeit das Land durchziehen, ließen nicht immer nur Gutes zurück. Was an Kostbarkeiten auftauchte, war für andere bestimmt. Da karrten nämlich Kaufleute ihre Waren zu den Messen in Köln, Frankfurt oder Leipzig, da wurde Siegerländer Erz zum Rhein und Main verfrachtet, da geleitete man Kaiser oder Reichskleinodien zur Krönung nach Frankfurt oder Aachen. Dabei erlebten die Westerwälder oft nur die Last durchziehender Truppen oder die Zudringlichkeit ungebetener Gäste. Die angebliche Verschlossenheit meiner Landsleute erweist sich vor diesem Hintergrund als kluge Vorsicht. Wie gut verstehe ich den letzten Posthalter in Freilingen, der manche schuldige Zeche abschreiben musste. Er malte in Schnörkeln an sein Haus (1775): „Bewahre uns, o Herr, vor unseren Freunden."

Bewusste Selbstisolierung, das war vielleicht die eine Seite, die andere aber: Offenheit für die Einflüsse von außen, denen der Westerwälder doch so vieles zu verdanken hat. Außerstande, eigene kulturelle Zentren zu bilden, ging er auswärts zur Schule oder holte sich seine Meister von fernher. Romanische Dorfkirchen fast in jedem zweiten Dorf verraten mir, wie segensreich sich das Können kölnischer, trierischer oder mainzerischer Architekten ausgewirkt hat. Zudem boten die Baustellen Arbeit und Brot. Ich denke an den Umbau mittelalterlicher Burgen zu barocken Residenzen, an die Errichtung feudaler Klosterschlösser – sie bedeuteten nicht nur mühsame Plage für Handwerker und Tagelöhner, sondern auch klingende Münze, die der Westerwälder in diesem Maße nie dem kargen Boden seiner Heimat hätte entringen können. Freilich musste man nicht selten den Arbeitsplatz mit Ausländern teilen, hatte gar der Order fremder Zunge zu parieren. Doch ohne all die Fremden wäre der Westerwald nicht, was er ist. Und Westerwälder, das war auch immer der Jude, das waren Italiener, später Polen, das sind heute ebenso der Türke oder Kurde. Ich denke nur an Sanguinetti und Sebastiani, die das Montabaurer Schloss gestalteten, an Carlo Cerutti, der die Stuckaturen der Hachenburger Residenz schuf.

Wo Jahrhunderte lang eher Mangel als Überfluss herrschte, suchte man umso inniger Trost in der Religion. Aberglaube und Kirchenlehre gingen dabei Hand in Hand, solange ich mich entsinnen kann. Zur Erfüllung unserer Wünsche steckten wir oft der Muttergottes in Wirzenborn oder auf dem Westerburger Reichenstein ein Lichtlein an, zum Schutz vor Krankheit tranken wir aus dem Heilbörnchen bei Dernbach. Während des Gewitters flackerte die geweihte Kerze auf dem Küchentisch und wehrte Blitzschlag ab. Was die Leute auf dem Hohen Westerwald und im Dillgebiet alles an Pflanzenzauber kannten, hat mir Karl Löber aus Haiger verraten, der darüber Bescheid wusste wie kein anderer.

Im Kloster Marienstatt wähnten wir uns als Kinder dem Himmel besonders nahe. Mönche in weißen Gewändern lehnten im dunklen Gestühl, summten monotone und unverständliche Gesänge, schwenkten ihre viel zu weiten Ärmel und erzeugten jenen Schauder, der einen geneigt macht, auch manchmal Unglaubliches zu glauben. An einem Sonntag hörte ich eine erbauliche Predigt des Abtes über die himmlische Glückseligkeit. Tief beeindruckt fragte ich meinen Nachbarn, wie er das Kanzelwort aufgenommen habe. „Kaaner hot et geseh'n", meinte er trocken, der Westerwälder, wie es so seine Art ist.

Schau ich dem Volk aufs Maul, wie es der Luther empfahl, so merkte ich bald, dass es den einen Westerwälder Dialekt gar nicht gibt. „Westerwälder Platt" klingt in seinen nördlichen und südlichen Varianten stets anders, oft von Dorf zu Dorf unterscheidbar. Wie immer stoßen auch sprachlich viele Grenzen zusammen und überlappen sich hier. Das breite Platt, dessen man sich früher schämte, ist inzwischen wieder zu Ehren gekommen. Solide Heimatdichtung hat die Mundart in Form gebracht und dabei nicht einmal vor der Bibel zurückgeschreckt. Da klingt es dann am „Wäller Chresdag" unnachahmlich aus Prophetenmund: „Rappel deich off, losset höll werrn öm deich römm! Dei Licht kömt, ön d'wirsch usem

11

Blickwinkel

11.1 Das Westerwaldlied deutsch / lateinisch

Heute wollen wir marschier'n,
Einen neuen Marsch probier'n
Durch den schönen Westerwald,
Ja da pfeift der Wind so kalt.
Durch den schönen Westerwald,
Ja da pfeift der Wind so kalt.
Oh, Du schöner Westerwald,
Über Deinen Hoehen pfeift der Wind so kalt,
Jedoch der kleinste Sonnenschein
Dringt tief ins Herz hinein.

Und die Gretel und der Hans
Geh'n des Sonntags gern zum Tanz,
Weil das Tanzen Freude macht
Und das Herz im Leibe lacht.
Weil das Tanzen Freude macht
Und das Herz im Leibe lacht
Oh, du schöner …

Ist das Tanzen dann vorbei,
Gibt's gewöhnlich Keilerei.
Und den Bursch den das nicht freut,
Ja, man sagt der hat kein Schneid,
Und den Bursch den das nicht freut
Ja, man sagt der hat kein Schneid
Oh, du schöner …

Castra moveamus nunc,
Iter faciamus tunc
In ventosum nimium
Saltum pulchrum, frigidum.

O quam sa-a-al-tus es minficus!
Flat et spirat ventus tuus frigidus,
Cor imum solis radius
Penetrat minimus.

Die solis animo
Saltant libentissimo
Gretula, Ionannes, nam
Valde amant choream.
O quam . . .

Choreae finem capiunt,
Pueri rixam faciunt.
Qui non amat verbera
Caret puer audacia.
O quam . . .

11.2 Bibliographisches
Anmerkungen des Herausgebers

❧ Diese „Anthologie" ist kein Quellenwerk im buchstäblichen Sinne. Für wissenschaftliche Zwecke sind jeweils auch die Originaltexte heranzuziehen. Im Sinne der Leser wurden diese jedoch für vorliegende Ausgabe von Autor und Herausgeber kritisch durchgesehen, nach Möglichkeit Mängel beseitigt sowie Rechtschreibung und Schreibstil behutsam an heutige Gewohnheiten und Bedürfnisse angepasst. In mehreren Fällen sind die Texte für die vorliegende Ausgabe zum Teil erheblich erweitert worden.

Das nachfolgende Quellenverzeichnis nennt nach Möglichkeit die Herkunft der Originalbeiträge. Das geschieht auch dann, wenn sie nur als Vorlage für die erweiterte Fassung diente. Da diese unterhaltende Literatur jedoch nicht systematisch gesammelt worden ist und mitunter nur undatierte Zeitungsausrisse zugänglich waren, wurde auf inhaltlich ähnliche Publikationen des Autors an anderer Stelle hingewiesen. Fehlen Herkunftsangaben, so handelt es sich um Originalbeiträge für dieses Buch.

Schwierig gestaltete sich die Auswertung von Ton- und Bildaufzeichnungen, die von privater Hand auf MC oder VHS gemacht und leider nur selten datiert worden sind. Die Auswertung ist noch im Gange, so dass auf Quellenhinweise dazu vorerst verzichtet worden ist.

Über eine Auswahl lässt sich immer streiten, vor allem bei einem derart fruchtbaren Schriftsteller. Wer die rechtsrheinischen Landschaften gut kennt, wird manches vermissen. Aber genau das widerfährt auch dem, der nun mal die Schere ansetzen muss. Diese Subjektivität darf ich für mich in Anspruch nehmen und verweise zugleich auf die übrigen Veröffentlichungen von Hermann Josef Roth. Bereits die Originaltexte sollten unterhalten und so auf leichte Weise zu einer intensiveren Beschäftigung mit Lokal- und Regionalgeschichte sowie -kultur einladen. Sie wenden sich an einen großen Leserkreis, an alle, die sich für „Heimatkunde" interessieren oder zu ihr hinführen lassen möchten. Das bedeutet, dass die Texte nicht nur literarisch zu verstehen sind, sondern auch als Sachbeiträge. Bei der Bearbeitung wurde versucht, diese auf den neuesten Stand zu bringen und wo angebracht verstärkt den Blick auch auf die Nachbarlandschaften – Rhein-, Lahn- und Siegtal, Taunus und Bergisches Land – zu lenken.

Einigen Kapiteln sind „Blickpunkte" angehängt, die zusätzliche Informationen oder Materialien enthalten, die vielleicht für eine tiefere Beschäftigung mit dem jeweiligen Thema nützlich sein könnten.

Die Fußnoten zu den einzelnen Kapiteln im Haupttext bieten in der Regel nur kurze Begriffserläuterungen zu fremdsprachlichen oder Dialektausdrücken oder geographische Angaben. Daher sind im Quellenverzeichnis gelegentlich zusätzliche Eintragungen erfolgt. Gemäß der Intention dieser Anthologie wurde auf einen kritischen Apparat verzichtet.

Das Literaturverzeichnis nennt Titel, die vom Autor häufiger benutzt worden sind oder die er für weiterführende Studien empfiehlt. Die Liste erhebt keinerlei Anspruch auf Vollständigkeit.

Für eine fachliche Auseinandersetzung mit den Darlegungen und Thesen des Autors wird ausdrücklich auf dessen wissenschaftliche Publikationen hingewiesen. Die kulturwissenschaftlichen Publikationen sind durch eine Bibliographie erschlossen. Sie wurde von Diplombibliothekarin Patricia Penserot, Stadtbibliothek Koblenz, erarbeitet und veröffentlicht (in: Cistercienser Chronik 112, 1, 2005, S. 93–104; Bregenz). Eine Übersicht der Veröffentlichungen zum Thema „Westerwald" erhält die Broschüre „Der Westerwald. Das Heft zum Film (= Werkstatt-Beitr. z. Ww., 3). Montabaur, Westerburg 1995. Eine Bibliographie der naturwissenschaftlichen und naturkundlichen Schriften (einschließlich Naturschutz) ist in Vorbereitung. Eine kurze Gesamtschau der Sachliteratur von Roth bietet Kürschners Deutscher Sachbuch-Kalender 2003/2004, S. 626.

Herkunft der Texte

Kapitel ohne nähere Quellenangabe sind in Tageszeitungen erschienen und oft nur noch als undatierter Ausriss verfügbar. Ein großer Teil erschien in den beiden Serien der Westerwälder Zeitung (WZ) „950 Jahre Westerwald" (1998/99) und „Rückblick auf 2000 Jahre Geschichte" (2000/2001).

1.1   WZ Nr. 198 v. 27.8.1998
1.2   WZ Nr. v. 11.1.2000

2.1   WZ-Archiv 3.3.1998
2.2   WZ-Archiv 13.11.1999
2.3   Das Bergische Land. Köln 1982, S. 7–19
2.4   ebd. S. 132–142
2.5   Lahntal und Taunus 1983 – vgl. auch Rhein. Landschaften, 53. Köln 2004 – Ersterwähnung des „Taunus" bei: Pomponius Mela: Kreuzfahrt durch die alte Welt [De chorographia libri tres]. Darmstadt 1994, S. 153–154, Nr. III/30: montium altissimi Taunus (Von den Bergen sind die höchsten der Taunus …)

3.1   WZ-Archiv 6.11.1999
3.2   Hessen. München: Prestel, 1986, S. 557–559
3.3   Heimat an Lahn und Dill, Nr. 329. Beilag zu: Weilburger Tageblatt u. Nassauische Zeitung Jg. 158, Nr. 12 v. 15.1.1997
3.4   WZ v. 27.11.1999
3.5   WZ v. 4.12.1999
3.6   WZ Nr. 9 v. 11.1.1996
3.7   WZ v. 18.11.1999
3.8   WZ v. 18.4.1996
3.9   WZ Nr. 12 v. 15./16.1.2000
3.11   WZ Nv. 6.1. 2000
3.12   Vorgeschichte und Hintergründe … In: 40 Jahre CDU Montabaur. 1986, S. 34–39

4.1   WZ Nr. 244 v. 21.10.1998
4.3   vgl. Rhein. Landschaften 46: Kannenbäckerland
4.4   WZ Nr. 12 v. 15./16.1.2000
4.5   WZ Nr. 1 v. 2.1.1995
4.7   Gottesmutter Freude aller Leidenden, In: Cistercienser-Chronik 94, 1/2, 1987, S. 2–4, 1 Abb.; Bregenz – [dazu auch von HJR:] Die Kirche der hl. Alexandra zu Bad Ems und das Millennium Russlands. In: Rhein-Lahn-Kreis, Heimatjb. 1989, S. 117–122 – Unsere Heimat und die Russen. Montabaur 1989 [Hg.: HJR]
4.8   ULF Himmerod 76, 1, 2006, S. 47–52

5.1   Der Westerwald 77, 2, 1984, S. 55–57
5.2   Rheinisch-Bergischer Kalender, 68. Bergisch Gladbach 1998, S. 62–66
5.3   Damals. Das Geschichtsmagazin, Nr. 1, 1997, S. 20–23; Stuttgart
5.4   Hessen. München: Prestel, 1986, S. 542–556
5.5   vgl. 8. Jahrestagung Arbeitskreis Landes- u. Volkskunde am 27. April 2002.
        Geograph. Inst. d. Univ. Koblenz-Landau.
5.6   Bücherwürmer vgl. auch: WZ Nr. 149 v. 29./30.6.1996 – Jubiläumsschrift
        zum 175-jährigen Bestehen der Stadtbibliothek Koblenz, 2002, S. 54–63
5.7   Die Dorflinde. Zs. d. Odenwaldklubs 83, 3, 2001, S. 11-13;
        ULF Himmerod 72, 1, 2001, S. 13–21
5.8   vgl. CistC.109, 2, 2002, S.161–168
5.9   Der Sonntag (Limburg) Nr. 31/32 v. 4.–11.8.1996, S. 11;
        gleichzeitig in: Glaube und Leben (Mainz), Bonifatiusbote (Fulda)
5.11   WZ v. 4.1.2000
5.12   Gedenkschrift Karl Löber. Haiger 2002

6.4   Ww 67, 1, 1974, S. 17, Signatur: WwV – vgl. Heimat-Jahrbuch
        des Kreises Altenkirchen 51, 2008, S. 138–141
6.6   Ww. 68, 4, 1975, S. 39 17–19
6.7   Ww 69, 3, 1976, S. 119–120
6.9   Parta tueri! In: Cistercienser-Chronik 114, 2, 2007, S. 143–144; Bregenz;
        Schlosser, Franz: Cantate latine! Lieder und Songs auf lateinisch.
        Stuttgart: 1992, S. 54 (= Reclam UB Nr. 8802)

7.1   Kosmos 88, 12, 1992, S. 96–97
7.2   Pflanzenjäger – vgl. auch Rhein-Zeitung 49. Jg., Nr. 139 v. 18./19. 1994
7.3   Siegerland, Westerwald und Taunus. Geologie, Mineralogie und Paläontologie.
        Stuttgart 1983 (Bindlach ²1993) S. 16–18

8.2   Kölner Stadt-Anzeiger Nr. 296 v. 19./20. 12. 1992, 2 S., 9 Abb.

9.1   vgl. WZ Nr. 189 v. 16.8.1996
9.2   WZ Nr. 87 v. 15.4.1997
9.4   Der Ausweg. Informationen des Rheinisch-Bergischen Naturschutzvereins
        Nr. 2/1983, S. 3 – Jahrbuch des Westerwaldkreises 1989, S. 24–28

10.1   Westerwald. ³Würzburg 1999, S. 9–16

Haussprüche
        Luthmer, Ferdinand (Bearb.): Die Bau- und Kunstdenkmäler des Regierungsbezirks
        Wiesbaden, 4 – Frankfurt 1910, S. 162; 5, 1914, S. 56, 135

Benutzte oder weiterführende Literatur:

Clemen, Paul: Die Kunstdenkmäler der Rheinprovinz.
5/IV: Die … des Siegkreises, bearb. v. Edmund Renard. Düsseldorf 1907
16/I: Die … des Kreises Altenkirchen, bearb. v. Margot Bitterauf-Remy,
Josef Busley & Heinrich Neu. Düsseldorf 1935
16/II: Die … des Kreises Neuwied, bearb. v. Heinrich Neu & Hans Weigert. Düsseldorf 1940
Ebert, Ferdinand: Unser Bistum. Eine Handreichung zur Diözesankarte. Limburg 1940
Ebert, Ferdinand: Unser Bistum. Religiöse Heimatkunde für Main, Lahn und Eder, Bd. I.
Grevenbroich 1993
Elm, Kaspar, Joerißen, Roth (Hg.): Die Zisterzienser. Ordensleben zwischen Ideal und Wirklichkeit
(= Schr. d. Rh. Museumsamtes, 10). Bonn 1980
GNOR & Hermann Josef Roth: Maximilian Prinz zu Wied – Jäger, Reisender, Naturforscher
 (=Fauna und Flora in Rhld.-Pf., Beih. 17). Landau 1995
Häbel, Hans-Joachim: Die Kulturlandschaft auf der Basalthochfläche des Westerwaldes
vom 16. bis 19. Jahrhundert (= Veröff. Hist. Komm. Nassau, 27). Wiesbaden 1980
Herder, Fritz: Die Römer in unserer Heimat, Nassauische Blätter 8, 11, 12, 1928, S. 209–213, 229–231
Jacobi, Karl: Nassauisches Heimatbuch. Wiesbaden 1913
Jeck, Bernhard: Wäller Mundart, wie bist du so verschieden. In: Rhein-Lahn-Freund 28,1983, S.
116–128 (S. 116: „Einmal mehr bestätigte sich, daß es keine in sich geschlossene Westerwälder
Mundart gibt.“)
Kropat, Wolf Arno: Die Auswanderung aus Nassau. In: Herzogtum Nassau 1806–1866.
Politik – Wirtschaft – Kultur. Wiesbaden 1981
Krüger, Hans-Jürgen: Das Fürstliche Haus Wied, Grafen zu Isenburg, Herren zu Runkel und
Neuerburg (= Dt. Fürstenhäuser, 14). Werl 2005
Luthmer, Ferdinand: Die Bau- und Kunstdenkmäler des Regierungsbezirks Wiesbaden,
3–6. Frankfurt 1907–1921
Meier-Hussing, Brigitte: Das Volksbegehren von 1956 zur Rückgliederung des Regierungsbezirk Mon-
tabaur/Rheinland-Pfalz nach Hessen. In: Nass. Annalen 111. Wiesbaden 2000
Mittelrheinlande, Die. Hg.: Institut für Landeskunde. Wiesbaden 1967
Möller, Robert: Das Rheinische Tschö. In: Rhein. Vierteljahrrdsbll. 67, 2003, S. 333–339
Nassauische Kulturstiftung (Hg.): Heimatbuch des Regierungsbezirks Montabaur. Marienberg 1956
Otto, Heinrich: Hadamar in der Franzosenzeit. Limburg 1909
Prößler, Helmut: Das Weinbaugebiet Mittelrhein in Geschichte und Gegenwart. Koblenz 1979
Rausch, Jak.: Geschichte des Kreises Altenkirchen, Kreisverwaltung. Altenkirchen 1921
[Reprint: Schaan/FL, 1983]
Roth, Hermann Josef: Das Bergische Land. Geschichte und Kultur zwischen Rhein, Ruhr und Sieg.
Köln 1982
Roth, Hermann Josef: Lahntal und Taunus in alten Ansichten. Zaltbommel/NL 1983
Roth, Hermann Josef: Hessen. München 1986
Roth, Hermann Josef: Westerwald. Land zwischen Rhein, Lahn und Sieg in Bildern aus 100 Jahren.
Koblenz o. J., S. 153
Roth, Hermann Josef: Siegerland, Westerwald, Lahn und Taunus. Geologie, Mineralogie
und Paläontologie. ²Bindlach 1992
Ruland, Josef: Echo tönt von sieben Bergen. Boppard 1970
Schatz, Klaus: Geschichte des Bistums Limburg. Mainz 1983

Schüler, Th.: Beiträge zur Geschichte der Hexenprozesse in Nassau. In: Alt-nassauischer Kalender. Wiesbaden 1910, S. 14-28

Schüler, Winfried: Das Herzogtum Nassau 1806-1866. Deutsche Geschichte im Kleinformat (Veröfflichung Hist. Komm. Nassau, 75). Wiesbaden 2006

Strüder, Julius & Rolf (Hg.): Bilder und Gestalten aus der Vergangenheit der Stadt Neuwied. Neuwied 1953

Ullius, Fritz: Der deutsche Wandertag in Herborn. In: Nassauische Blätter 7, 12, 1927, S. 255-256

Walters, L.: Westerwälder Familiennamen. In: Nassauische Blätter 7, 1927, S. 67-69

Zabel, Norbert (Hg.): Die Orden im Bezirk Limburg seit der Gründung des Bistums Limburg. Hadamar 1992

Der Theologe **Johann Gottfried Kinkel** (1815–1882) aus Oberkassel am Sieben-gebirge nannte Herborn „halb seine Heimat". Als Republikaner geriet er 1848 in Haft, aus der ihn Carl Schurz befreite und ihm so die Flucht nach USA (1851) ermöglichte.

Als radikaler Demokrat musste Dr. **Franz Gerau** (1824–1896) aus Diez nach einem heftigen Wortwechsel mit Herzog Adolf 1849 seine Arztpraxis in Weilburg aufgeben und in die USA fliehen. Er wirkte in Williamsburg und Brooklyn be-sonders für die Armen.

Gustav Stutzer (1839–1921) war 1864–1866 evangelischer Pfarrer in Selters. Er wirkte 1885–1887 und 1891–1909 als Pflanzer bei Blumenau in Brasilien.

Emil Dapprich (1842–1903) aus Emmerichenhain. Nach der Lehrerausbildung in Usingen und Unterrichtspraxis in Wallmerod ging er in die Staaten und gründete 1866 eine deutsche Schule in Georgetown bei Washington. Fortan machte er sich als Hochschullehrer um moderne Unterrichtsformen in den USA hoch verdient.

Der aus Montabaur stammende Jesuit **Ambros Schupp** (1840–1914) lehrte seit 1874 an Höheren Schulen in Süd-Brasilien. Der erfolgreiche Jugendschriftsteller beschrieb auch das Leben der deutschen Auswanderer nach Brasilien.

Der Pädagoge und Schriftsteller **Karl Knortz** (1841–1918) aus Garbenheim bei Wetzlar wirkte seit 1864 in USA (u.a. in Detroit, Cincinnati, New York) und gilt als „einer der geistig bedeutendsten Deutschamerikaner".

Als „der vergessene Adler" wird **John Peter Altgeld** (1847–1902) von John F. Kennedy in Profiles in courage gewürdigt. Aus Selters stammend, weilte er seit 1848 in USA und stieg bis zum Gouverneur von Illinois auf.

Der katholische Priester **Heinrich Freisberg** (1871 bis ca. 1930) aus Nauort wirkte seit 1895 als Seelsorger in den USA. Als Dichter hat er seine Westerwälder Heimat besungen.

Ferdinand Zis(s)ler (Zieseler, 1875–1940) aus Langenaubach war seit 1904 bis zu seinem Tod als evangelischer Prediger in den USA tätig und ist in Vaucon/Illinois begraben.

Seit 1891 war der Arzt und Bischof Dr.med., Dr.h.c. **Arnold Krumm-Heller** (1876–1949) aus Neunkirchen-Salchendorf in Chile, Peru und schließlich in Mexiko tätig, wo er das Sanitätswesen des Heeres organisierte. Er vertrat das Land als Militärattaché in Berlin (1914–1918) und (nach 1920) bei der Nationalversammlung in Weimar. Zuletzt lebte er in Marburg und leitete dort das Rote Kreuz.

Karl Albert Münz (1877–1941) aus Niederelbert wurde Zisterzienser in Marienstatt und war als Abt von Himmerod seit 1935 mit der Gründung eines Tochterklosters in Itaporanga (Brasilien) befasst. Sein Grab ist in Itapenininga.

Der katholische Priester **Adam Heibel** aus Holler wurde zu Beginn des Ersten Weltkriegs in den USA während der Messe von einem Deutschenhasser ermordet.

Nachdem Dr. **Johannes Jacobi** (1881–1959) erfolgreich die deutsche Schule in Rio de Janeiro geleitet hatte, wirkte er seit 1948 als Studienrat am Gymnasium in Neuwied.

Der Geologe Dr. **Wilhelm Ottomar Kegel** (1890–1971) aus Breitscheid wirkte bis zum Lebensende am Departamento da Produção Mineral in Rio de Janeiro. Zuvor hatte er wichtige Beiträge zur Kenntnis des Westerwaldes geleistet.

Der in Höchstenbach geborene Germanist Dr. **Dieter Cunz** (1910–1969) emigrierte 1938 in die USA. Als Hochschullehrer in Maryland und Ohio erforschte er die Einwanderung nach Amerika.

Der Maler **Günter Hugo Magnus** (1933–1987) aus Herborn hatte eine feste Gastprofessur an der Ohio State University.

Br. Eusebius Hügel von der Genossenschaft wurde Vorsteher der ersten überseeischen Gründung der Barmherzigen Brüder von Montabaur in Buffalo (1924).

Ernesto Geisel (1908–1996), General und bis 1979 erster protestantischer Staatspräsident von Brasilien. Sein Vater Wilhelm August Geisel war 1883 von Herborn ausgewandert.

Prof. Dr. med. **Kurt Julius Isselbacher** (*12.9.1925 Wirges) war einer der bedeutendsten Fachleute für Verdauungsbeschwerden (Gastroenterologie) in den USA.

11.4 Rechtsrheinische Chronologie
Interessante Jahreszahlen zum Weiterforschen

55 u. 53 v. Chr. | Brückenschlag Caesars über den Rhein; 1. Kastell wohl bei Urmitz

49 n. Chr. | römische Rheinbrücke nach Ehrenbreitstein

4. Jh. | Lubentius † in Kobern; vor 841 Beisetzung in Dietkirchen

496 | Sieg Chlodwigs: Frankenherrschaft bis in den Taunus

772 | Karl d. Gr. bestätigt rechtsrheinischen Besitz der Trierer Kirche

773 | erstmals „Engersgau" genannt

845 | 1. Stiftsgründung in Kettenbach/Aar (später Gemünden bei Westerburg)

911–918 | Konrad I. deutscher König

1048 | erstmals „Westerwald" genannt

1064/65 | Erzbischof Anno gründet die Benediktinerabtei Siegburg

1096–1099 | 1. Kreuzzug

11. Jh. | Machtentfaltung des Hauses Berg um Sieg und Agger

1135 | Clairvaux macht Kloster Eberbach zur 1. rechtsrheinischen Zisterze

1164 | Elisabeth von Schönau †, Vertraute der Hildegard von Bingen

1235 | Erzbischof Dietrich von Wied weiht die Georgskirche („Dom") zu Limburg

1288 | bergische Bauern entscheiden die Schlacht von Worringen
gegen Erzbischof Siegfried von Westerburg

1336–1398 | „Limburger Chronik" des Tilemann Elhen von Wolfhagen

1347 | Grenzauer Fehde

1380 | Grafen von Berg jetzt Herzöge

1483–1484 | Reise des Bernhard von Breidenbach nach Palästina und Ägypten

1485 | „Gart der Gesundheit" des Johann von Kaub: 1. Kräuterbuch in deutsch

1525 | Bauernkrieg; das Eberbacher Fass wird leer gesoffen

1547 | Erzbischof Hermann von Wied dankt ab und zieht sich auf Burg Altenwied
die Reformation in Kurköln ist gescheitert

1560 | Graf Johann VI. von Sayn: Reformation in Hachenburg

1637–1644 | Johann Moritz von Nassau-Siegen Gouverneur in Pernambuco (BR)

1664 | Türkenkrieg

1775 | „Flora Herbornensis" von Johann Daniel Leers

1785 | 1. Luftreise in Deutschland führt Jean-Pierre Blanchard über den Taunus

1786 | „Emser Punktation" der Bischöfe gegen päpstliche Vorrechte

1794 | Franzosen in Koblenz,

Einmarsch ins rechtsrheinische Kurtrier und ins Bergische

Goethes 1. Lahn-Reise (1814 Rheingau, 1814 Taunus, Lahn)

1795 | Gefecht von Altenkirchen

1801 | Frieden von Lunéville bestätigt Rhein als deutsch-französche Grenze

1807 | „Nassauer Denkschrift" des Freiherrn vom und zum Stein

(† 1831, Grab in Frücht)

1808–1811 | Herzogtum Berg umfasst große Teile des Westerwaldes & Dillgebietes

1817 | „Nassauische Union" zwischen Lutheranern und Reformierten

1822 | preußische Rheinprovinz

1836 | Drachenfels: erstes „Naturschutzgebiet" in Deutschland

1846/47 | F. W. Raiffeisen gründet den „Weyerbuscher Brodverein"

1866 | Nassau fällt an Preußen

1884 | Eisenbahn Engers-Siershahn, Limburg-Altenkirchen (1887 bis Au/Sieg)

1890 | Erfindung der Schreibmaschine (Wagner, Heimbach)

1892 | Ausgrabung des Limes (Reichs-Limes-Kommission)

1895 | Erste farbige Leporellos vom Rheintal Mainz-Köln

1897 | Karl May spricht in Königswinter

1899 | 'Land und Leute' von Wilhelm Heinrich Riehl in 10. Auflage

1907 | Landrat Büchting überfliegt im Ballon den Westerwald

1910 | Zeppelin II strandet am Lahnfelsen vor Weilburg

1944 | Abschuss von V-Waffen im Westerwald

Pädagoge Dr. Adolf Reichwein (* 1898 Bad Ems) in Plötzensee hingerichtet

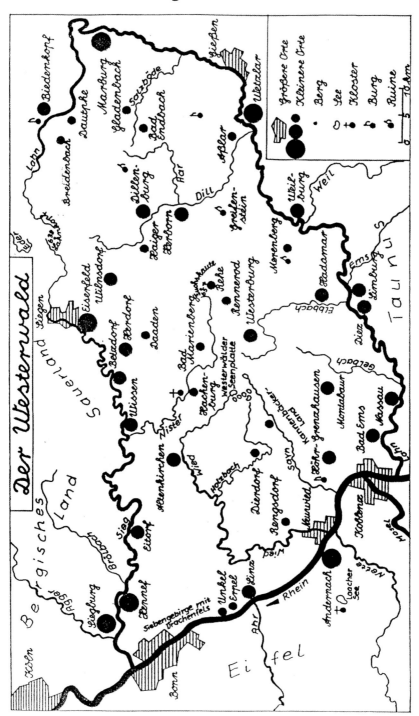

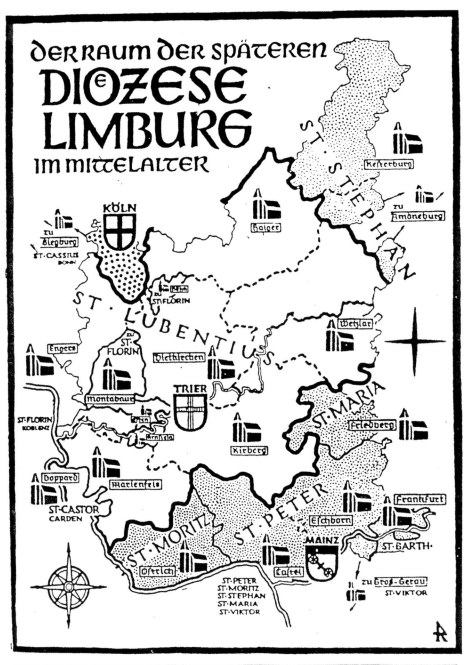

DER RAUM DER SPÄTEREN
DIÖZESE
LIMBURG
IM MITTELALTER

KÖLN

zu
Siegburg
ST·CASSIUS
BONN

zu
ST·FLORIN

ST·LUBENTIUS

Engers

zu
ST·
FLORIN

Dietkirchen

Montabaur

TRIER

ST·FLORIN
KOBLENZ

Arnstein

Kirberg

Boppard

Marienfels

ST·CASTOR
CARDEN

ST·MORITZ

Oftrich

ST·PETER

Eschborn

MAINZ

Caftel

ST·PETER
ST·MORITZ
ST·STEPHAN
ST·MARIA
ST·VIKTOR

ST·STEPHAN

Kefterburg

zu
Amöneburg

Kalper

Wetzlar

ST·MARIA

Feldberg

Frankfurt

ST·BARTH·

zu Groß-Gerau
ST·VIKTOR

Zur Erzbiözele	Dekanat	Grenze
::: Köln	[Landkapitel, Chriftianität] oder befonderer Bezirk	der Erzbiözefen
□ Trier		der Archibiakonate
::: Mainz		‑ ‑ der Dekanate
		des jetzigen Biotums

327

Soldaten der Herzoglich Nassauischen Armee (1866); rechts: Anton Roth († 1906), Holler

[Kapitel 5.6] Prof. Johannes Ebert und Ehefrau Helene geb. Franz (1904)

[Kapitel 3.11] Appell einer französischen Militäreinheit im Hof von Schloss Nassau (ca. 1920)

329

[Kapitel 5.6 u. 6.9] Kaiser-Wilhelms-Gymnasium Montabaur: Oberstudiendirektor Richard Holtz, Pedell Anton Herborn (links davon) und Prof. Johannes Ebert (rechts) vor Pennälern

[Kapitel 3.2] Im Vorfeld der Gründung von Rheinland-Pfalz – vertraute Runde im Hotel „Waldesruhe" im Gelbachtal, v.l.n.r. Peter Altmeier, Zimmer, Gretel Spielmann geb. Jung, Grete Altmeier, Heinrich Roth, Franz Spielmann, unbekannt, Gertrud Roth geb. Ebert

[Kapitel 3.12] Westerwälder Liederfest am 22. Juni 1947 auf dem „Reiterplatz" bei Horessen. V.l.n.r.: Oberst André Chevallier († 1967) mit Gattin, Landrat Heinrich Roth, Oberstudiendirektorin Dr. Christel Orth, Gretel Altmeier (ihr Mann saß links von Chevallier), Gertrud Roth geb. Ebert, Else Wahl

[Kapitel 5.11] Der Nachwuchs für Klerus Orden kam im Kurtrierischen fast ausnahmslos aus kinderreichen Familien. Die Familie Frink von der Frinksmühle in der Marau im Mündungsbereich des Stelzenbach in den Gelbach stehe als Beispiel. Bereits ein Vorfahr, Johann Adam Frink gehörte als Bruder Stanislaus zu den Gründern der Barmherzigen Brüder von Montabaur. Großmutter Anna Maria Frink geb. Hellinghausen wird umgeben von ihren Enkeln (v.l.n.r.) Heinz Frink, ?, Rudi und Hans-Ludwig Walterfang; dahinter ihre Kinder Schw. Modesta (Justina Frink), Alfons Frink mit Ehefrau Maria geb. Dörr, Schw. Petronella (Susanne Frink), Hedwig Walterfang geb. Frink und Ehemann Willy Walterfang

[Kapitel 5.1,2] Einweihung der (seit 1935) renovierten Zisterzienser-Klosterkirche Marienstatt am 4. Mai 1947. In der Bildmitte: Ministerpräsident Dr. Wilhelm Boden († 1961) und der Kölner Erzbischof Josef Kardinal Frings († 1978), dazwischen Landrat Heinrich Roth († 1955), rechts die Äbte von Marienstatt und Himmerod Dr. Idesbald Eicheler und Vitus Recke

[Kapitel 9.4] „Tag des Baumes" im Leuteroder Wald (ca. 1951); 1. Reihe v.r.n.l.: Klaus Bößwetter, Revierförster N. N., Peter Leister, Hermann Josef Roth, Klaus Gerlach

[Kapitel 9] Eröffnung einer Ausstellung des Deutschen Bundes für Vogelschutz (DBV, heute: NABU) im alten Landratsamt des Westerwaldkreises (ca. 1976/77); Kurt Viertel (5.v.r), Hermann Josef Roth (3.v.r) und Mitarbeiter der Kreisverwaltung

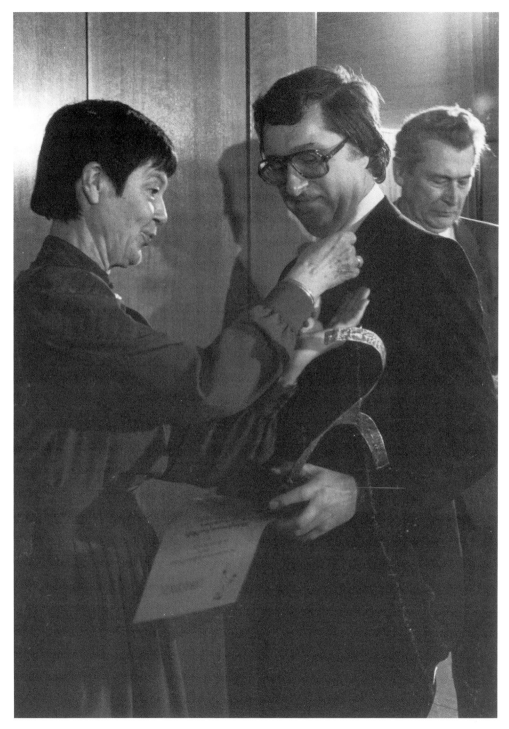

336

[Kapitel 9] Hannelore „Loki" Schmidt und Hermann Josef Roth im Kanzlerbungalow in Bonn

[Kapitel 7.2] Fritz Encke und Ehefrau zwischen Dieter Krämer, Hauptnaturschutzwart des Westerwaldvereins (li) und Hermann Josef Roth in Greifenstein

[Kapitel 9] Büchermarkt in Köln; v.l.n.r. Elmar May, Journalist, Peter Strunden, Leiter des Grün-
flächenamtes der Stadt Köln, Hermann Josef Roth, Angelika Schulz (BUND)

[Kapitel 8.1] Eröffnung der Ausstellung „Vom Rhein nach Rio" anlässlich der 500-Jahrfeier Brasiliens in der Landesvertretung Rheinland-Pfalz in Bonn (2000). V.l.n.r.: Fürst Carl zu Wied und seine Gattin, H. J. Roth, Gabi von der Heyden (Dt.-Brasilian-Ges.), Martin Stadelmeier (Landesregierung Rhld.-Pf.), vor einem Porträt des Botokuden Qäck

340 [Kapitel 6.2] „Westerwälder Tracht" in Wirklichkeit: Das Ehepaar Hübinger († vor 1975) aus Holler im „Sonntagsstaat". Während die Frau noch traditonell gekleidet ist, trägt der Mann bereits den „Bratenrock"

[Kapitel 3.7] Kurfürstlich-Erzbischöfliches Wappen vom St. Michaelsaltar (1701) der ehemaligen
Schlosskapelle Montabaur. Der Altar kam 1829 in die neue Pfarrkirche von Oberelbert und wurde
Ende der 1960er Jahre bis auf die Figur des Patrons restlos zerstört. Privatleute retteten das
Wappen aus den Trümmern

[Kapitel 5] Feldkreuz „in der Asbach" oberhalb von Holler. Beim Abriss des Wohnhauses der Geschwister Roth in Dorfmitte („beim Kreuz") wurden Balken aus dem Fachwerk zur Herstellung
dieses Kreuzes verwendet. Für seine Instandhaltung sorgte der Malermeister Aloys Roth (†)

[Kapitel 4.5] Lazaro Maria Sanguinetti schuf vor 1696 die Stukkaturen und Deckengemälde im kurfürstlichen Schloss zu Montabaur. Er ist einer der vielen Ausländer, die in den Rheinlanden gewirkt und sie mitgestaltet haben.

343

[Kapitel 9.2] Alte Hautsierrassen im Bergischen Freilichtmuseum Lindlar: NRW-Umweltministe-rin Bärbel Höhn und H. J. Roth mit „Bergischem Kräher"

[Kapitel 9.4] Grundschule Weißenthurm: Studientag der „Rucksackschule"

[Kapitel 4.7] Russische Ikone „Freude aller Leidenden“ (Privatbesitz)

[Kapitel 5.3] Cäsarius von Heisterbach unterrichtet Novizen. Miniatur aus Codex C 27 der Universitäts-bibliothek Düsseldorf

[Kapitel 5.6 u. 6.4] Montabaur: Links: Ehemaliges Haus der „Frühmesser" (Benefiziaten), rechts: „Alte Lateinschule", später Kreis-Heimatmuseum, jetzt Tourist-Info. Foto: Karl Vater, ca. 1952

Als einer der ältesten historischen Vereine Deutschlands
wurde im Jahre 1812 der

Verein
für Nassauische Altertumskunde und Geschichtsforschung

in Wiesbaden gegründet. Sein Wirkungsbereich umfaßt das Gebiet des früheren Herzogtums Nassau, also die Landschaft zwischen Rhein, Main, Lahn und Sieg. Zur Zeit gehören ihm rund 1.700 Mitglieder an. Der Hauptverein hat seinen Sitz in der alten nassauischen Metropole Wiesbaden. Zweigvereine bestehen in Bad Ems, Diez, Idstein, Limburg/Weilburg, Nassau, Nauort/Montabaur (Geschichts- und Kulturwerkstatt Westerwald) und in Selters (Goldener Grund).

Der Verein gibt jährlich die „Nassauischen Annalen" heraus, die seit 1827 erscheinen und zu den angesehensten landesgeschichtlichen Zeitschriften in Deutschland zählen. Jeder Band enthält mehrere Aufsätze, die über die neuesten Ergebnisse der Geschichtsforschung in unserer Landschaft informieren; sie behandeln sowohl landes- und ortsgeschichtliche als auch wirtschafts- und kulturhistorische Themen. Der Besprechungsteil mit aktuellen Buchrezensionen und einer Zeitschriftenschau macht auf Neuerscheinungen zur deutschen und nassauischen Geschichte aufmerksam.

In den Sommermonaten lädt der Verein seine Mitglieder zu Exkursionen ein, die zu archäologischen, historischen und kunstgeschichtlichen Sehenswürdigkeiten in Nassau und den benachbarten Gebieten führen. Dazu gehören auch die jährlich an wechselnden Orten stattfindende Mitgliederversammlung und eine ortsgeschichtliche Tagung, die dem Kontakt zu Mitgliedern im Lande und zu lokalen Geschichtsvereinen dient. Im Winter stehen zwei Vortragsreihen - im Museum Wiesbaden und im Hessischen Hauptstaatsarchiv - mit archäologischen und landesgeschichtlichen Themen auf dem Programm. Zu allen Veranstaltungen sind auch Gäste willkommen.

Jahresbeitrag für Mitglieder € 25,--, für Anschluß-Mitglieder € 5,--.
Mitglieder des Vereins erhalten die Nassauischen Annalen kostenlos.

Wenn Sie weitere Informationen wünschen oder Mitglied werden möchten, wenden Sie sich
bitte an die Geschäftsstelle des Vereins im Hessischen Hauptstaatsarchiv:
Verein für Nassauische Altertumskunde und Geschichtsforschung e.V.,
Mosbacher Straße 55, 65187 Wiesbaden
Telefon 0611/881132, Telefax 0611/881145, e-mail poststelle@vna.hessen.de

Werkstatt-Beiträge zum Westerwald

Herausgeber: Geschichts- und Kulturwerkstatt Westerwald (= Verein für Nassauische Altertumskunde und Geschichtsforschung, 7. Ortsverein) – Verfügbare Bände:

1   Hermann Josef Roth: Bibliographie Westerwald. 1995. 42 S., brosch.
2   Uli Jungbluth: Hitlers Geheimwaffen im Westerwald. Zum Einsatz der V-Waffen gegen Ende des zweiten Weltkriegs. 1995; 2. A. 1996. 144 S., Abb., ISBN 3-0949-4839
3   Hermann Josef Roth: Der Westerwald. Das Buch zum Film. 1995. 18 S., Taf., brosch.
4   Karl May & Co. Radebeul 1997. 8 S., 1 Farbtaf., Abb. im Text, geh.
5   Uli Jungbluth: 1848. Westerwald und Altenkirchen. 1999. 256 S., Abb., brosch., ISBN 3-00-005397-2
6   Joachim Jösch, Uli Jungbluth u.a. (Hg.): Juden im Westerwald. Leben, Leiden und Gedenken. Ein Wegweiser zur Spurensuche. 1998. 355 S., Abb., brosch., ISSN 3-0949-4839
7   Hubert Metzger & Hermann Josef Roth: Westerwald. Würzburg: Flechsig 1999. 70 Farbtafeln, 16 Abb. im Text, 3 Ktn., geb.
8   Uli Jungbluth: Barfuß nach Chicago. Vom Vagabund zum Gouverneur oder das Leben des Westerwälder Auswanderers John Peter Altgeld. Roman. Mit Federzeichnungen von Titus Lerner. Rheinbach: CMZ-Verlag, 2002. 256 S., ISBN 3-87062-704-2, ISBN 3-87062-705-0 (Vorzugsausgabe)
10 Uli Jungbluth: Frieden ist, wenn die Kinder Krieg spielen. Vom Westerwald in den Südlibanon. Einblicke in die arabische Welt. Koblenz: Fölbach, 2004. 184 S., ISBN 3-934795-27-7
12 Jungbluth: Metallgeschmack. Aus dem Leben eines Hitlerjungen im Westerwald. Kölbingen: VCK, 2005. 296 S., geb., ISBN 3-929656-01
13 Jungbluth: Es stand in der Zeitung … Eine Dokumentation zur veröffentlichten Meinung im Westerwald 1932 bis 1945. Kölbingen: VCK, 2005. 459 S., geb., ISBN 3-929656-02-7
16 Jungbluth: Widerstand gegen den „Nationalsozialismus" im Westerwald. Sonderdruck aus:] Nassauische Annalen 116, 2005. 27 S.; Wiesbaden
17 Heimat Westerwald. Literarische Streifzüge. Mit Federzeichnungen von Titus Lerner. Montabaur/Kölbingen: CVK, 2006, 122 S., ISBN 3-929656-3
18 Jungbluth: Wundertüten. Fantastische Geschichten. Selters: uli-jungbluth-press, 2007. 73 S., ISBN 978-3-940118-00-4

11.6   Biographisches

Dr. Hermann Josef Roth:
stammt aus Montabaur (*1938) und machte dort Abitur.
Bei den Zisterziensern von Marienstatt entdeckte er seine publizistischen
Neigungen. Nach dem Studienabschluss in Philosophie und Theologie
war er zunächst in Jugendarbeit und Pfarrseelsorge tätig. Dann studierte
er Biologie, Chemie und Physik. Er lehrte seitdem am Gymnasium, zuletzt
als Fachbereichsleiter bei der Bezirksregierung Köln.

Ehrenamtlich engagierte er sich in naturwissenschaftlichen Gesellschaften
und bei Organisationen für Denkmalpflege, Landschafts- und Naturschutz
sowie in der Wanderbewegung. Erfolgreich als Wissenschaftler hat er deren
Ergebnisse von Kanzel und Katheder oder in Beiträgen für Zeitungen und
Magazine, Hörfunk und Fernsehen weiten Kreisen vermittelt. Er arrangierte
sowohl bedeutende Ausstellungen in großen Museen als auch solche, die
eigens für Heimat- und Spezialmuseen konzipiert waren.
Als berufenes Mitglied wissenschaftlicher Gesellschaften ist er auch Mitarbeiter an renommierten Nachschlagewerken und Herausgeber oder Redak-
teur von Fachpublikationen.

Näheres zu Person und Werk ist den gängigen Nachschlagewerken und
Bibliographien zu entnehmen, z. B.: Kürschners Dt. Sachbuch-Kalender
Bd. II, 2004, S. 625; Bibliographie Rhld.-Pfalz, Mainz, passim; CistC. 112, 1,
2005, S. 93-104, Bregenz.